KB212581

清涼國師華嚴經疏鈔

청량국사화엄경소초 1

— 화엄현담 ① —

청량징관 찬술 · 관허수진 현토역주

운주사

서언

천이백 년 침묵의 역사를 깨고

오늘도 나는 여전히 거제만을 바라본다.

겹겹이 조종하는 산들

산자락 사이 실가닥 저잣길을 지나 낙동강의 시린 눈빛

그 너머 미동도 없는 평온의 물결 저 거제만을 바라본다.

십오 년 전 그날 아침을 그리며 말이다.

나는 2006년 1월 10일 은해사 운부암을 다녀왔다.

그리고 그날 밤 열한 시 대적광전에서 평소에 꿈꾸어 왔던 『청량국사 화엄경소초』 완역의 무장무애를 지심으로 발원하고 번역에 착수하였다.

나의 가냘픈 지혜와 미약한 지견으로 부처님의 비단과도 같은 화장세계에 청량국사의 화려하게 수놓은 소초의 꽃을 피워내는 긴 여정을 시작한 것이다.

화엄은 바다였고 수미산이었다.

그 바다에는 부처님의 용이 살고 있었고

그 산에는 부처님의 코끼리가 노닐고 있었다.

예쁘게 단장한 청량국사 소초의 꽃잎에는 부처님의 생명이 태동하고 있었고,

겁외의 연꽃 밭에는 영원히 지지 않는 일승의 꽃이 향기를 뿜어내고

있었다.
그 바다 그 산 그리고 그 꽃밭에서 10년 7개월(구체적으로는 2006년 1월 10일부터 2016년 8월 1일까지) 동안 자유롭게 노닐었다.
때로는 산 넘고 강 건너 협곡을 지나고
때로는 은하수 별빛 따라 오작교도 다니었다.
삼경 오경의 그 영롱한 밤
숨쉬기조차 미안한 고요의 숭고함
그 시공은 영원한 나의 역경의 놀이터였다.

애시당초 이 작업은 세계 인문학의 자존심
내가 살아 숨쉬는 이 나라 대한민국 그리고 불교의 자존심에 기인한 것이다.
일찍이 그 누가 이 청량국사의 『화엄경소초』를 완역하였다면 나는 이 작업을 하지 않았을 것이다.
지금도 여전히 완역자는 없다.
더욱이 이 『청량국사화엄경소초』의 유일한 안내자 인악스님의 『잡화기』와 연담스님의 『유망기』도 그 누가 번역한 사실이 없다.
그러나 내 손안에 있는 두 분의 『사기』는 모두 다 번역하여 주석으로 정리하였다.

이 청량국사 화엄경의 소는 초를 판독하지 않으면 알 수가 없다.
그래서 그 이름을 구체적으로 대방광불화엄경수소연의초大方廣佛華嚴經隨疏演義鈔라 한 것이다.

즉 대방광불화엄경의 소문을 따라 그 뜻을 강연한 초안의 글이라는 것이다.
청량국사는 『화엄경』의 소문을 4년(혹은 5년) 쓰시되 2년차부터는 소문과 초문을 함께 써서 완성하시고 5년차부터 8년 동안 초문을 쓰셨다.
따라서 그 소문의 양은 초문에 비하면 겨우 삼분의 일에 지나지 않는다 할 것이다.

나는 1976년 해인사 강원에서 처음 『청량국사화엄경소초 현담』 여덟 권을 독파하였고,
1981년부터 3년간 금산사 화엄학림에서 『청량국사화엄경소초』를 독파하였다.
그때 이미 현토와 역주까지 최초 번역의 도면을 완성하였고,
당시에 아쉽게 독파하지 못한 십정품에서 입법계품까지의 소초는 1984년 이후 수선 안거시절 해제 때마다 독파하여 모두 정리하였다.

그러나 번역의 기연이 맞지 않아 미루다가 해인사 강주시절 잠시 번역에 착수하였으나 역시 기연이 맞지 않아 미루었다.
그리고 드디어 2006년 1월 10일 번역에 착수하여 2016년 8월 1일 십만 매 원고로 완역 탈고하고, 2020년 봄날 시공을 초월한 사상 초유 『청량국사화엄경소초』가 1,200년 침묵의 역사를 깨고 이 세상에 처음 눈을 뜨게 된 것이다.

번역의 순서는 먼저 입법계품의 소초, 다음에는 세주묘엄품 소초에서 이세간품 소초까지, 마지막으로 소초 현담을 번역하였다.
번역의 형식은 직역으로 한 글자도 빠뜨리지 않고 번역하였다.
따라서 어색하게 느껴지는 곳도 있을 것이다.
예를 들면 소所 자를 "바"라 하고, 지之 자를 지시대명사로 "이것, 저것"이라 하고, 이而 자를 "그러나"로 번역한 등이 그렇다.
판본은 징광사로부터 태동한 영각사본을 뿌리로 하였고, 대만에서 나온 본과 인악스님의 『잡화기』와 연담스님의 『유망기』와 또 다른 사기 『잡화부』(잡화부는 검자권부터 광자권까지 8권만 있다)를 대조하여 번역하였다.

앞에서 이미 말한 것처럼, 그 누가 청량국사의 『화엄경소초』를 완역한 적이 있었다면 나는 이 번역에 착수하지 않았을 것이다.
지금까지 이 황금보옥黃金寶玉의 『청량국사화엄경소초』가 번역되지 아니한 것은 나에게 주어진 시대적 사명이고 역사적 명령이라 생각한다.
나는 이 『청량국사화엄경소초』의 완역으로 불조의 은혜를 갚고 청량국사와 은사이신 문성노사 그리고 나를 낳아준 부모의 은혜를 일분 갚는다 여길 것이다.

끝으로 이 『청량국사화엄경소초』가 1,200년의 시간을 지나 이 세상에 눈뜨기까지 나와 인연한 모든 사람들 그리고 영산거사 가족과 김시열 거사님께 원력의 보살이라 찬언讚言하며, 나의 미약한 번역으로 선지자의 안목을 의심케 할까 염려한다.

마지막 희망이 있다면 이 『청량국사화엄경소초』의 완역 출판으로 청량국사에 대한 더욱 깊고 넓은 연구와 『화엄경』에 대한 더욱 다양한 연구가 이루어지기를 바라는 것뿐이다.

장세토록 구안자의 자비와 질책을 기다리며 고개 들어 다시 저 멀리 거제만을 바라본다.

여전히 변함없는 저 거제만을.

2016년 8월 1일 절필시에 게송을 그리며

長廣大說無一字 장광대설무일자
無碍眞理亦無義 무애진리역무의
能所兩詮雙忘時 능소양전쌍망시
劫外一經常放光 겁외일경상방광

화엄경의 장대한 광장설에는 한 글자도 없고
화엄경의 걸림없는 진리에는 또한 한 뜻도 없다.
능전의 문자와 소전의 뜻을 함께 잊은 때에
시공을 초월한 경전 하나 영원히 광명을 놓누나.

불기 2564년 음력 1월 10일 최초 완역장
승학산 해인정사 관허 수진

- 화엄경소초현담華嚴經疏鈔玄談(1~8)

- 화엄경소초華嚴經疏鈔

1. 세주묘엄품世主妙嚴品
2. 여래현상품如來現相品
3. 보현삼매품普賢三昧品
4. 세계성취품世界成就品
5. 화장세계품華藏世界品
6. 비로자나품毘盧遮那品
7. 여래명호품如來名號品
8. 사성제품四聖諦品
9. 광명각품光明覺品
10. 보살문명품菩薩問明品
11. 정행품淨行品
12. 현수품賢首品
13. 승수미산정품昇須彌山頂品
14. 수미정상게찬품須彌頂上偈讚品
15. 십주품十住品
16. 범행품梵行品
17. 초발심공덕품初發心功德品
18. 명법품明法品

御製大方廣佛華嚴經序[1]

왕이 지은 대방광불화엄경 서문

蓋聞호니 統萬法唯一理요 貫萬古唯一心이라 心也者는 萬法之源이요 衆妙之體니 靈明不昧하며 淸淨空寂하야 非色相之可求며 非比量之可擬라 故로 有無相之知와 不用之用하니 惟不泥知故로 無所不知요 惟不泥用故로 無所不用이니 所以森羅寶印而周徧沙界也니라

대개[2] 들으니, 만법萬法을 통괄하는 것은 오직 한 이치(一理)뿐이요,
만고萬古를 관통하는 것은 오직 한 마음(一心)뿐이다.
마음이라고 하는 것은 만법의 근원이요
수많은 묘문의 자체이니,
신령하게 밝아 어둡지 아니하며
청정하게 비고 고요하여 색상으로 가히 구할 것이 아니며,
비량比量으로 가히 헤아릴 것이 아니다.

---

1 어제御製에서 어御는 명나라 3대 성조이고, 제製는 성조 10년(1412년)에 지었다는 것이다. 즉 이 서문은 명나라 성조成祖, 영락대제永樂大帝가 쓴 것이다.

2 대개(蓋)는 대강의 뜻도 있다. 노자 『도덕경』(하권 덕경) 제50장에 개문선섭생자蓋聞善攝生者는 육행불우시호陸行不遇兕虎라 했다. 즉 대개 들으니 섭생을 잘하는 사람은 육지를 다녀도 들소와 호랑이를 만나지 않는다는 것이다.

그런 까닭으로 색상이 없는 지해知解와 작용이 없는[3] 작용이 있나니,
오직 지해에만 빠지지 않는 까닭으로 알지 못하는 바가 없고,
오직 작용에만 빠지지 않는 까닭으로 작용하지 못하는 바가 없나니,
그런 까닭으로 삼라森羅의 보배 도장(寶印)[4]이 항하사 세계(沙界)[5]에 두루하는 것이다.

大方廣佛華嚴經者는 諸佛之性海요 一眞之法界니 顯玄微之妙詮하며 演無盡之宗趣라 語其廣大면 則無所不包요 語其精密이면 則無所不備니라 雖一路一門之可入이나 而千殊萬變之無窮이라 望之者가 莫測其津이요 卽之者가 莫睨其際니 所謂會滄海而爲墨하며 聚須彌而爲筆이라도 不能盡一句之義어든 而況以淺近之觀과 卑下之識으로 而欲探其閫奧者哉아

대방광불화엄경이라고 하는 것은 모든 부처님의 자성의 바다요,
하나의 참다운 법계[6]이니,
깊고 미묘한 묘전妙詮을 나타내는 것이며,
다함이 없는 종취宗趣를 연설하는 것이다.
그 광대함을 말한다면 곧 포함하지 않는 바가 없고,

---

3 색상이 없다고 한 것은 위의 색상으로 구할 것이 아니라는 말이고, 작용이 없다고 한 것은 위의 비량으로 헤아릴 것이 아니라 한 것이다.

4 삼라의 보배 도장이라고 한 것은 해인삼매를 말하는 것이다.

5 항하사 세계는 사계沙界라고 쓰고, 사바세계는 사계娑界라고 쓴다.

6 하나의 참다운 법계라고 한 것은 일심법계一心法界이니, 사법계의 총칭이다.

그 정밀함을 말한다면 곧 갖추지 않는 바가 없는 것이다.
비록 한 길(一路)과 한 문(一門)[7]으로 가히 들어가지만, 그러나 천 가지 다르고 만 가지 변하는[8] 것을 다할 수 없는 것이다.
그것을 바라보는 사람이 그 길을 측량할 수 없고,
그곳에 나아가는[9] 사람이 그 끝을 엿볼 수 없는 것이니,
말하자면 큰 바닷물을 모아 먹을 삼으며 수미산을 모아 붓을 삼을지라도[10] 능히 한 구절의 뜻도 다 쓸 수 없거든, 하물며 얕고 가까운 관찰과 낮고 하열한 지식으로 그 깊고 오묘함을 찾고자 하는가.

雖然이나 至道는 無形하대 至理는 有要하니 蓋要者는 以一而爲衆이요 以衆而爲一이며 以大而爲小요 以小而爲大며 愈煩而愈簡이요 愈多而愈約이며 含十方虛空於一毫하고 納無量刹土於芥子하니라 行布萬象之粲明이나 圓融海波之一味라 總貫于一이어니 奚有差別이리오 事理交徹而兩忘하며 性相融通而無盡이 若圓鏡之互照하며 猶

7 한 길(一路)과 한 문(一門)이라고 말한 것은 평등을 말하는 것이다.
8 천 가지 다르고 만 가지 변한다고 한 것은 차별을 말하는 것이다.
9 나아간다(卽)고 한 것은 들어간다(卽入)는 뜻도 포함하고 있다 하겠다.
10 큰 바닷물(滄海)을 모아 먹을 삼는다고 한 등은, 입법계품 53선지식 가운데 제2번째 선지식인 해운海雲비구가 말하기를, "내가 여래의 처소에서 법문을 수지 독송하고 기억하고 관찰하는 것은 어떤 사람이 바닷물로 먹을 삼고 수미산으로 붓을 삼아 보안법문普眼法門의 한 품 가운데 한 문장이나, 한 문장 가운데 한 법이나, 한 법 가운데 한 뜻이나, 한 뜻 가운데 한 구절을 쓴다 해도 조금도 쓸 수 없거든 하물며 다 쓸 수 있겠는가" 하였으니, 측량할 수도 없고 그 끝을 엿볼 수도 없다는 것이다.

明珠之相含이라

비록 그러나 지극한 도(至道)는 형상이 없지만 지극한 이치(至理)는 요체가 있나니,
대개 요체라고 하는 것은 하나로써 많은 것을 삼고
많은 것으로써 하나를 삼는 것이며,
큰 것으로써 작은 것을 삼고
작은 것으로써 큰 것을 삼으며,
더욱 번거롭지만 더욱 간결하고,
더욱 많지만 더욱 간략하며,
시방에 허공을 한 털끝[11]에 함유하고,
한량없는 국토를 한 겨자씨 속에 용납하는 것이다.
행포行布[12]로는 만 가지 모습이 밝게 빛나지만, 원융圓融으로는 바다의 파도가 한 맛이다.
모두 하나로 관통하거니, 어찌 차별이 있겠는가.
사실과 진리(事理)가 서로 사무쳐 둘 다 없으며,
자성과 모습(性相)이 융통하여 다함이 없는 것이
마치 둥근 거울이 서로 비추는 것과 같으며,
밝은 구슬이 서로 포함하는 것과 같다.

---

11 한 털끝이라는 것은 마음, 자성에 비유한 것이다. 뒤에 나오는 한 겨자씨도 역시 그렇다.

12 행포行布는 고인들이 글줄 항이라 하여 항포라 하였으나, 여기서는 편리상 행포로 읽는다. 행렬行列의 의미도 있다.

故로 悟之者는 得圓至功於頃刻하며 見金色界於塵毛하나니 普雨應量에 隨其好樂이 鮮不由於自心이어니 亦何有於佛說이리오 如彼世人이 同遊寶藏에 各隨所欲하야 皆獲如意하며 又如饑餐香積하야 皆得充飽하니 詮是理以闡敎에 其調伏利益者가 至矣로다

그런 까닭으로 깨달은 사람은 지극한 공덕을 찰나간(頃刻)에 원만히 하며,
금색세계[13]를 작은 털끝에서 봄을 얻나니,[14]
널리 비를 내려 중생의 양에 응함에 그 중생이 좋아함을 따르는 것이 자기 마음을 인유하지 아니함이 없거니,[15]
또한 어찌 부처님의 말씀에만 있겠는가.
마치 세상 사람들이 다 같이 보배 창고를 유행함에 각각 하고자 하는 바를 따라 다 여의주를 얻는 것과 같으며,
또 마치 굶주림에 향적세계의 밥[16]을 먹어 다 배가 부름을 얻는

---

13 금색세계라고 한 것은 문수보살 정토淨土의 이름이고, 문수보살은 부동지불을 모신다. 그러나 여기서는 부처님 세계를 말한다.

14 지극한 공덕을 찰나 간에 원만히 한다고 한 등은 이 아래 화엄종지華嚴宗旨에도 있다. 다만 금색세계를 부처님 세계라고 한 것만 다르다.

15 깨달은 사람의 능력을 말하고 있다는 뜻이다.

16 향적세계의 밥이라고 한 것은 좋은 음식의 상징이다. 『유마경』 향적불품에 '사리불이 공양 때가 되어 이 수많은 보살들을 어떻게 밥을 먹게 할 것인가를 생각함에, 유마거사가 잠시만 기다려라 하고는 삼매에 들어 신통으로 상방 40항하사 불토를 지나 중향衆香세계의 향적부처님께 향밥을 얻어 와서 대중에게 먹게 하였다'는 데서 유래한 말이다.

것과 같나니,
진리를 설명하여 가르침을 펼침에 그 중생을 조복하여 이익케 하는 것이 지극하도다.

朕이 間窺眞諦하야 略究旨歸에 求千訓於一言하며 索群象於一字하니 深歎컨대 如來之道가 甚深廣大하야 以一心而爲宗이나 啓多門而無礙며 千流之異而同源이요 萬車之殊而同轍이니라 最勝之法과 眞實之義는 非名言之可窮이어니 豈小機之可解아 直須了悟自心하야 圓信成就하야사 庶可叩眞 如之玄關하야 以造空王之寶殿也리라 於是에 鏤梓하야 徧布流通하야 廣大乘之教宗하며 爲群生之方便하노니 若夫剖微塵之千卷은 有待明人이요 書大藏於空中은 俟彼智者니라 謹書此爲序하야 以發其端云이로다

永樂十年六月初四日

짐이 간간이 진제眞諦를 엿보아 종지가 돌아갈 곳을 간략하게 연구함에 천 가지 가르침을 한 말씀에서 구하며,
수많은 모습을 한 글자에서 찾나니,
깊이 찬탄하건대 여래의 도道가 깊고도 깊고 넓고도 커서 한 마음(一心)으로써 종宗을 삼지만, 수많은 문門을 열어도 걸림이 없으며,
천강에 흐르는 물이 다 다르지만 그 근원은 같고,
만 개의 수레가 다 다르지만 그 바퀴 자국은 같은 것이다.
가장 수승한 법과 진실한 뜻은 명자와 말로써 가히 궁구할 것이 아니거니,

어찌 소인의 근기가 가히 알 수 있겠는가.

바로 반드시 자기의 마음을 깨달아 원만한 믿음을 성취하여야 가히 진여眞如의 현묘한 관문(玄關)을 두드려 공왕空王의 보배궁전[17]에 이름을 바랄 수 있을 것이다.

이에 판목에 새겨 두루 유포하고 유통시켜 대승의 교종敎宗을 넓히며 중생을 제도하는 방편을 삼나니,

만약 대저 미진 속에서 대천세계의 경권을 쪼개어 꺼내는 것[18]은 현명한 사람을 기다림이 있어야 할 것이요,

대장경을 허공 가운데서 쓰는 것[19]은 저 지혜로운 사람을 기다려야 할 것이다.

삼가 이 글로 서문을 삼아 그 단서만을 일으킬 뿐이다.

영락永樂[20] 십년(1413) 유월 초사일

17 공왕空王의 보배궁전이라고 한 것은 부처님의 세계이다.

18 미진 속에서 대천세계의 경권을 쪼개어 꺼낸다고 한 것은 여래출현품의 말이다.

19 대장경을 허공 가운데서 쓴다고 한 것은, 『금강경 찬영기』에 "수隋나라 익주 신번 왕자촌에 구苟씨 성을 가진 사람이 천신들을 위하여 허공 가운데 『금강경』을 썼다. 그런데 신기하게도 그곳은 비가 와도 비가 내리지 않았다. 이에 사람들이 그 주변에 난간을 만들어 보호한다" 하였다.

20 영락永樂은 중국 명明나라 성조成祖 때의 연호로, 1403~1424년을 이른다. 따라서 영락 10년은 서기 1412년이고 조선 태종 12년이다.

華嚴四祖淸涼國師像讚

화엄종 제사조인 청량국사 영상을 찬탄하다

文宗皇帝가 勅寫國師眞하야 奉安大興唐寺하고 御製讚曰호대 朕觀法界하니 曠闃無垠이라 應緣成事가 允用虛根이로다 淸涼國師가 體象啓門하야 奄有法界하니 我祖聿尊이로다 敎融海嶽하고 恩廓乾坤하니 首相二疏로 拔擢幽昏이로다 間氣斯來하야 拱承佛日하니 四海光凝이요 九州慶溢이로다 敞金仙門하고 奪古賢席하니 大手名曹가 橫經請益이로다 仍師巨休하야 保余遐曆할새 爰抒顯毫하야 式揚茂實이로다 眞空罔盡이나 機就而駕하니 白月虛秋요 淸風適夏로다 妙有不遷이나 緣息而化하니 邈爾禹儀여 煥乎精舍로다

(按帝心順和尙이 爲東土華嚴初祖면 師爲四祖어니와 若依西土馬鳴이 爲初祖하고 龍樹爲二祖면 則師爲六祖)

문종 황제[1]가 칙령으로 국사의 진영을 그려 대흥당사에 봉안하고, 황제가 찬탄하는 말을 지어 말하기를

짐이 법계를 관찰하니

---

1 문종(文宗, 809~840)은 중국 당나라의 제14대 황제(재위 826~840). 청량국사가 838년에 열반하였으니, 문종이 즉위한 지 13년차이다.

넓고도 고요하여 끝이 없는지라.

인연에 응하여 일을 이루는 것이[2]

진실로 허적虛寂의 뿌리[3]를 쓴 것이로다.

청량국사께서

법계의 모습을 체득하고 법계의 문을 열어[4]

문득 법계를 소유하시니

우리 조사께서 이에 존귀하도다.

가르침은 바다와 산에 융통하고

은혜는 하늘과 땅에 크게 두루하시니

처음에 지은[5] 두 가지 소문疏文[6]으로 더불어

깊은 어둠에서 뽑아주도다.[7]

---

2 인연에 응하여 운운한 것은, 법계의 연기를 말하고 있지만 청량스님이 떠나고 없음을 아쉬워하는 의도가 깔려 있다. 서로 만나 심사를 도모하였으나 끝내 무無로 돌아가니 애당초 공적의 무無로 뿌리 하였다는 의미라 할 것이다.

3 허적虛寂의 뿌리라고 한 것은 이理의 관점으로 노자가 천지의 근원을 현빈玄牝이라 한 것과 같다. 현빈이란 도의 오묘한 곳을 말한다.

4 법계의 모습 운운한 것은, 원문에 체상體象은 법계의 모습을 체득했다는 뜻이고, 계문啓門은 법계의 문에 들어갔다는 뜻이니, 따라서 체득하고 연다고 번역해야 한다.

5 처음에 지었다고 한 것은 원문의 수상首相의 뜻이니, 여기서 상相 자는 짓다, 엿보다, 돕다의 뜻이 있다.

6 두 가지 소문疏文이라고 한 것은, 어떤 사람은 현수스님의 신·구新舊의 두 가지 소문이라 하고, 『사기』에는 『건중소建中疏』와 『정원소貞元疏』의 두 가지 소문이라 했다. 그러나 『현수소賢首疏』와 『혜원소』(慧苑疏, 즉 『간정기』)이다.

7 깊은 어둠에서 뽑아준다고 한 것은, 청량스님이 처음에 지은 두 가지 소문을

불세출(間氣)의 인물[8]이 이에 나와

불일을 반드시니

사해四海에 빛이 모이고

구주九州[9]에 경사가 넘쳐나도다.

금선金仙의 문門을 열고

옛 현인[10]의 자리를 빼앗으시니

대문장가와 유명한 무리들[11]이

경전을 비껴들고 와서 이익을 청하도다.

이에 청량스님[12]을 스승 삼아

나의 먼 국운國運[13]을 보전하려 하기에

도와 해석하여 수많은 사람들을 깊은 어둠에서 빼내어 준다는 뜻이다.

8 불세출(間氣)의 인물이라고 한 것은, 원문의 간기間氣는 간기호걸間氣豪傑과 같은 말로서 세상에 간간이 나오는 인물·어쩌다 나오는 인물·불세출의 인물이라는 뜻이니, 청량스님을 말한다.

9 구주九州는 중국 전체를 아홉 주로 나눈 것이니, 요·순·우·은·주의 시대마다 다르다. 주周나라 구주는 양주·영주·예주·청주·연주·옹주·유주·기주·병주이다.(탄허본 44책, p.29엔 옹·형 등이라고 하였다.)

10 옛 현인이란 옛날의 수많은 현인달사를 말하나, 여기서는 혜원慧遠, 현수賢首, 혜원慧苑스님을 말한다.

11 대문장가와 유명한 무리들이란 원문의 대수大手와 명조名曹를 말한 것이니, 대수는 대문장가를 말한다.

12 청량스님은 원문의 거휴巨休를 해석한 것이니, 거휴는 청량스님의 자字이다. 또 대휴大休라 하기도 한다. 소초연기문엔 대휴라 하였다. 또 청량스님의 도를 통지通指하여 거미巨美라 하기도 한다.

13 먼 국운이란 원문의 하력遐曆을 해석한 것으로, 역曆은 역법, 역서이니 전하여

붓을 들어
청량스님의 무성하고 충실한 공을 적어 찬양하는[14] 것이다.
진공眞空[15]으로는 다함이 없지만
교화할 바 근기(중생)가 다 성취됨에 연을 타고 가시니
밝은 달이 가을 허공에 비춰 오는 것과 같고
맑은 바람이 여름에 적당히 불어오는 것과 같도다.
묘유妙有로는 천화하지 않지만
교화할 인연이 다함에 천화하시니
막막하도다 우씨禹氏[16] 청량의 위의 갖춘 모습이여.
이 정사에 영원히 빛날 것이로다.

(살펴보니 제심존자인 두순화상이 중국의 화엄 초조가 된다면 청량국사가 제4조가 되거니와, 만약 인도의 마명보살이 초조가 되고 용수보살이 제2조가 됨을 의지한다면 곧 청량국사가 제6조가 되는 것이다.)

연대, 운명, 수명의 뜻으로 쓴다.

14 찬양한다고 한 것은, 원문에 식양式揚의 식式 자는 "쓸 식"이다. 즉 적는다는 뜻이다.

15 진공 운운은, 진공문으로 보면 교화할 사람이 없지만, 그러나 교화할 근기가 성취된 까닭으로 저 세상으로 연을 타고 가는 것이니, 그 교화의 작용이 가을 달이 비쳐오는 것 같고 맑은 바람이 불어오는 것 같다는 것이다.

16 우씨禹氏는 청량스님의 속성이니, 하夏나라 우왕의 자손이다.

清涼國師疏鈔緣起
청량국사가 화엄경소초를 지은 연기

清涼國師澄觀의 字는 大休니 會稽人이라 姓은 夏侯氏니 生於開元戊寅하다 身長은 九尺四寸이요 垂手過膝하며 口四十齒요 目光夜發하며 晝乃不眴하니라 天寶七年에 出家하야 至肅宗二年丁酉에 受具하고 是年에 奉詔入內하야 敕譯華嚴하니라 初至德中에 卽以十事로 自勵曰호대 體不捐沙門之表하고 心不違如來之制하며 坐不背法界之經하고 性不染情礙之境하며 足不履尼寺之塵하고 脅不觸居士之榻하며 目不視非儀之綵하고 舌不味過午之肴하며 手不釋圓明之珠하고 宿不離衣鉢之側이라하니라

청량국사 징관澄觀의 자字는 대휴大休이니,
회계會稽[1] 사람이다.
성은 하후夏侯씨[2]이고,
개원(開元, 당 현종의 두 번째 연호) 무인년(戊寅, 738)에 태어났다.
신장은 아홉 자 네 치이고,
손은 내리면 무릎을 지나며,

---

1 회계는 오吳나라에 있다. 지금의 절강성 월주 산음 지방이다.

2 하후씨란 하나라 우왕의 후예라는 뜻이다.

입에는 사십 개의 치아가 있고,

눈은 빛이 밤에도 발하며

낮에는 이에 눈을 깜박이지 아니하였다.

천보(天寶, 당 현종의 세 번째 연호) 7년(748)에 출가하여 숙종 2년 정유년(757)에 이르러 구족계를 받고,

이 해[3]에 왕의 조칙을 받들어 왕궁 안에 들어가 칙령으로 『화엄경』을 번역[4]하였다.

처음 지덕(至德, 숙종의 첫 번째 연호) 원년(756) 가운데 곧 열 가지 일로써 스스로 경계하여 말하기를, "몸은 사문의 표상을 버리지 않고,

마음은 여래의 제지制止[5]를 어기지 않으며,

앉아서는 법계의 경전[6]을 등지지 않고,

자성은 정애情碍[7]의 경계에 물들지 않으며,

발은 비구니 절의 먼지도 밟지 않고,

옆구리는 거사의 걸상도 닿지 않으며,

눈은 예의가 아닌 색채를 보지 않고,

---

3 이 해는 대력大曆 3년이니 768년이다. 숙종 2년이 아니고 따로 대력 3년을 말하고 있다. 즉 대력 3년 무신년, 스님의 나이 41세 때이다.

4 『화엄경』 번역이란, 인자권人字卷을 기준한다면 현수보살이 지은 『화엄행원경』으로 별행권이다. 혹자는 '대부화엄경'이라 하고, 혹자는 '보현행원품'이라 하지만 아니다.

5 제지란 계율을 말한다.

6 법계의 경이란 『화엄경』이다.

7 정애란 오욕의 장애, 오욕의 경계이다.

혀는 정오가 지난 음식을 맛보지 않으며,
손은 둥글고 밝은 염주를 풀지 않고,
잠은 가사와 발우의 곁을 떠나지 않을 것이다"고 하였다.

從牛頭忠과 徑山欽하야 問西來宗旨하고 授華嚴圓教於京都詵禪師하니라 至是大曆三年하야 代宗이詔入內하야 與大辯正三藏으로 譯經에爲潤文大德하니라 旣而요 辭入五臺大華嚴寺하야 覃思華嚴에 以五地聖人이 棲身佛境하며 心體眞如호대 猶於後得智에 起世俗心하야 學世間解라하고 由是로 博覽六藝圖史와 九流異學과 華夏訓詁와 竺經梵字와 及四圍五明인 聖教世典等書하야 靡不該洽하니라 至建中四年하야 下筆著疏할새 先求瑞應하니 一夕에夢金容이 當陽山峙하사 光相顒顒이어늘 因以手로 捧咽面門하고 旣覺而喜하며 以謂獲光明遍炤之徵이라하니라 自是로 落筆無停思하며 乃以信解行證으로 分華嚴爲四科하니 理無不包하니라

우두산의 혜충국사[8]와 경산의 도흠선사[9]를 좇아 서래西來의 종지를 묻고

8 우두혜충(牛頭慧忠, 683~769)은 당나라 때의 우두종牛頭宗 승려이다. 강소江蘇 윤주潤州 상원上元 사람으로, 속성俗姓은 왕王씨이다. 우두종 5세인 지위智威의 법을 이었는데, 간혹 동시대의 남양혜충南陽慧忠과 혼동하기도 한다.

9 경산도흠(徑山道欽, 716~794)은 당나라 때의 승려로, 법흠法欽이라고도 한다. 곤산昆山 사람이고, 속성은 주朱씨. 현소선사玄素禪師를 따라 우두선법牛頭禪法을 익혔으며, 여항餘杭 경산徑山에 머물렀다.

화엄의 원교圓敎를 경도京都의 법선선사[10]에게서 전수하였다. 대력(大曆, 대종의 세 번째 연호) 3년(768)에 이르러 대종代宗의 조칙으로 왕궁 안에 들어가 대변정삼장大辯正三藏[11]으로 더불어 『화엄경』을 번역함에 윤문하는 대덕이 되었다.

그 뒤에 조금 있다가 사직하고 오대산 대화엄사에 들어가 『화엄경』에 "오지五地[12]의 성인聖人이 몸을 부처님의 경계에 깃들이며 마음에 진여를 체달하였지만, 오히려 후득지後得智에 세속의 마음을 일으켜 세간의 지해(解)를 배운다"고 한 것을 깊이 사유하고, 이것을 인유하여 여섯 가지 예술[13]과 도서와 역사와 구류九流[14]의 다른 학문과 중국(華夏)[15]의 문자를 해석하는 학문과 인도 경전의 범자梵字와, 그리고 사베다(四圍)[16]와 오명五明[17]인 성인의 가르침과 세속의 전적 등의 글을 널리 보아 흡족하게 갖추지 아니함이 없었다.

---

10 법선(法詵, 718~778)은 당나라 때의 승려로, 속성은 손孫씨이다. 『화엄경』을 10여 차례 강론할 정도로 『화엄경』에 뛰어났다. 뒤에 현수(법장)를 의지하였으니, 화엄원교는 법선과 법장 두 분을 뿌리 하였다 할 것이다.

11 대변정삼장은 금강지金剛智를 말하는 것으로 곧 반야삼장이다. 대변정삼장은 황제가 내린 시호이다.

12 『화엄경』 오지는 『화엄경』 제5지 보살이 몸을 부처님의 경계에 운운한 것이다.

13 여섯 가지 예란 예禮·악樂·사射·어(御, 말타기)·서書·수(數, 수학)이다.

14 구류九流는 유가, 도가, 음양가, 법가(法), 명가(名), 묵가(墨), 종횡가(縱橫), 잡가(雜), 농가이니 한나라 시대에 구류파이다.

15 중국을 화하華夏라 한 것은 "화"는 화려함, "하"는 크다는 뜻이다. 즉 화려한 대국이라는 뜻이다. 또 화하의 하夏는 하·은·주 삼대를 대하大夏라 한다.

16 사베다(四圍)는 리구·사마·야주·아타르 베다이다.

17 오명五明은 성聲·공교工巧·의방醫方·인因·내명內明이다.

건중(建中, 덕종의 첫 번째 연호) 4년(783)[18]에 이르러 붓을 내려 『화엄경』의 소문을 지으려고 먼저 상서로운 감응(瑞應)을 구하니,
하룻밤 꿈에 부처님이 양산[19]의 정상에 당도하여 광명의 모습이 더욱 왕성하고 온화하거늘[20], 그로 인하여 손으로 그 광명을 잡아 입에 삼키고 조금 있다가 깨어나 기뻐하며 말하기를, "부처님의 광명이 두루 비침[21]을 얻을 징조"라 하였다.
이로부터 붓을 내림에 생각이 머물지 않았으며[22],
이에 믿음과 이해함과 실행함과 증득함(信·解·行·證)으로써 『화엄경』을 나누어 네 가지 과목(四科)[23]으로 하였으니,
모든 진리를 포함하지 아니함이 없었다.

觀이 每慨舊疏가 未盡經旨하고 唯賢首國師만 頗涉淵源이라하야 遂

18 건중 4년은 임술년 서기 783년, 스님 나이 56세 때이다.

19 양산은 남산 혹은 산 정상이라고 한다. 뒤에 남대가 나온다.

20 왕성하고 온화함이란 옹옹顒顒을 해석한 것이니, 옹옹은 본래 엄숙하고 온화하다는 것이다. 즉 그 광명이 뛰어나다는 것이다.

21 광명이 두루 비침은 비로자나불을 구역으로 한 것이니, 광명변조光明徧照의 해석이다.

22 붓을 내림에 등은, 원문에 낙落 자는 하下 자의 뜻이니 내린다는 의미이다. 생각이 머물지 않는다는 것은 임운자재任運自在, 즉 붓을 들면 자유자재로 걸림 없이 써 내려갔다는 뜻이다.

23 화엄사과華嚴四科란 ① 거과권락생신분 - 신信 - 제1회 6품
② 수인계과생해분 - 해解 - 제2회~제7회 31품
③ 탁법진수성행분 - 행行 - 제8회 이세간 1품
④ 의인증입성덕분(돈증법계분) - 증證 - 제9회 입법계 1품

宗承之하야 製疏러니 凡歷四年而文成하니라 又夢身爲龍하야 矯首南臺하고 尾蟠北臺하야 宛轉凌虛하니 鱗鬣耀日하며 須臾에 變百千數하야 蜿蜒靑冥이라가 分散四方而去하니 識者가 以爲流通之像也라하니라 初爲衆講之에 感景雲이 凝停講堂庭前之空中하니라 又爲僧叡等하야 著隨疏演義四十卷과 隨文手鏡一百卷云하니라

징관국사가 매일같이 옛날의 소문[24]이 『화엄경』의 뜻을 다 말하지 못했다고 슬퍼하고, 오직 현수국사賢首國師만[25] 자못 화엄의 깊은 근원까지 건너셨다 하여, 드디어 그 현수대사를 종宗을 삼고 계승하여 소문을 짓더니, 무릇 4년이 지나 소문을 완성하였다.
또 꿈에 몸이 용이 되어 머리를 남대[26]에 치켜들고 꼬리를 북대에 휘어감아 천천히[27] 허공을 날아 올라가니,
비늘과 수염이 태양에 빛나며, 순식간에 백천 마리로 변하여 푸른 하늘[28]에 꿈틀거리다가[29] 사방으로 분산하여 가나니, 그 꿈을 아는 사람들이 『화엄경』의 소문이 널리 유통될 징조의 모습이라 하였다.
또 처음 대중을 위하여 『화엄경』을 강설할 때 경사로운 구름이

---

24 옛날 소문이란 광통·영유·혜원·혜원慧苑의 소문이니, 의외로 혜원慧遠스님의 소를 곳곳에서 많이 의지하고 있음을 엿볼 수 있다.

25 현수국사 등은 현수스님의 『탐현기』를 말한다.

26 남대란 앞의 양산을 남대라 하였으니 일맥 통한다 하겠다.

27 천천히란, 원문의 완전婉轉은 자전에 '구르는 모양·천천히'의 뜻이라 하였다. 원문에 능凌은 더 높이 올라간다는 뜻이다.

28 원문에 청명靑冥은 자전에 '푸른 하늘'이라 하였다.

29 원문에 원연蜿蜒은 '꿈틀거릴 원蜿 자와 연蜒 자'다.

강당의 마당 앞 허공 가운데 모여와 머무는 것을 감득하였다. 또 승예 등[30]을 위하여 『수소연의초』 40권과 『수문수경』 100권을 저술하였다.

30 승예 등이란, 종밀·승예·보안·적광 이 네 스님을 청량의 사철四哲이라 한다.

詔淸凉講華嚴經題

청량국사를 모셔와 화엄경 제목을 강설케 하다[1]

丙子十二年에 宣河東節度使禮部尙書李詵하야 備禮迎法師澄觀入京하니라 觀至어늘 有旨하야 命同罽賓三藏般若로 翻譯烏茶國所進인 華嚴後分梵策하고 帝가 親預譯場호대 一日不至면 卽差僧寂光하야 依僧欲云호대 皇帝는 國事因緣으로 如法僧事에 與欲淸淨이니다하니라

병자丙子 12년[2]에 하동 절도사 예부상서인 이선李詵에게 선명宣明[3]하여 예의를 갖추어 법사 징관대사를 영접하여 경성京城으로 들어오게 하셨다.

징관대사가 경성에 이르거늘, 황제가 뜻을 두어 계빈국의 삼장인 반야[4]와 같이 오다국[5]에서 올린 바 『화엄경』 뒷부분[6]의 범본책을

---

1 화엄 제목을 강설하는 배경은, 덕종이 오다국에서 길상자재가 보내온 『화엄경』 입법계품과 보현행원품을 청량스님께 번역해 달라 하여 반야다라와 796년에 시작하여 798년에 번역을 마치니, 황제가 『화엄경』 제목 일곱 자를 강설해 달라 하여 설한 내용이다.

2 병자 12년은 당 정원 12년이니, 당나라 덕종 12년으로 서기 796년이다.

3 선명은 왕의 명령이니, 소詔·칙勅·선宣은 다 왕의 명령이다.

4 반야般若는 북인도 가필시국迦畢試國 출신의 승려로, 781년에 중국에 와서

번역하기를 명령하고, 황제가 친히 역경장을 참예하되 하루도 오지 아니하면 곧 적광스님을 보내어 승욕법僧欲法[7]을 의지하여 말하기를, "황제는 국사國事의 인연으로 참여하지 못하지만 여법한 스님의 일에 참여하고자 하는 뜻과 마음은 청정합니다" 하였다.

『대승이취육바라밀다경大乘理趣六波羅蜜多經』·『대승본생심지관경大乘本生心地觀經』·『반야바라밀다심경』·40권 『화엄경』 등을 번역하였다.

5 오다국烏茶國은 산스크리트어 oḍra의 음사이니, 인도의 동고츠 산맥 북쪽, 지금의 오리사(Orissa) 지역에 있던 고대 국가이다.

6 『화엄경』 뒷부분이란 입법계품과 보현행원품이니, 40권본 『화엄경』이다. 인자권人字卷 초8장(文)에 오다국은 남인도라 했다. 바로 이 남인도 오다국왕인 길상자재吉祥自在가 직접 보내온 것이다. 보내온 시기는 덕종 11년으로 서기 795년이며, 모두 칠필로 쓴 것을 보내온 것이다.

7 승욕법이란, 계를 설할 때에 계를 받고자 하는 사람이 직접 오지 못하면 오지 못하는 사정을 말하고 계를 받을 것을 위임하는 것과 같이, 황제가 역경장에 직접 오지 못하면 오지 못하는 사정과 마음이 청정함을 적광스님에게 대신 전한 것을 말한다. 즉 계를 설할 때에 계사가 대중이 다 모였는가, 화합하는가 등등 마지막으로 이 자리에 오지 못하는 사정과 자기의 청정함을 부탁한 사람은 없습니까, 나아가 이 가운데 대중은 청정하십니까 하고 세 번 물어 청정합니다 하면 계를 설하는 것이다. 즉 황제도 바쁜 국사로 역경장에 참석하지 못하지만 청량스님의 역경사업에 마음이 청정함은 변하지 않았다고 적광스님에게 대신 전한 것은 승욕법을 따른 것이다.
승욕법은 그 스님이 하고자 한다는 뜻이니, 여기에 세 가지가 있다.
첫 번째는 여욕與欲이니 하고자 하는 뜻을 위임하는 것이고,
두 번째는 수욕受欲이니 그 위임을 받는 것이고,
세 번째는 설요說欲이니 하고자 하는 사실을 말해주는 것이다.
따라서 황제가 대신 전하고 위임한 것은 첫 번째 여욕법에 해당한다 하겠다.
그 승욕법의 의식은 포살본을 참고하여도 좋을 것이다.

觀承睿旨하야 翻宣旣就하고 進之에 帝命開示華嚴宗旨하니 群臣이 大集이라 觀陞高座曰호대 我皇御宇에 德合乾坤이요 光宅萬方에 重譯來貢이로다 東風入律에 西天이 輸越海之誠하고 南印御書로 北闕에 獻朝宗之敬이로다特回明詔하사 再譯眞詮하니 光闡大猷하고 增輝新理로다 澄觀은顧多天幸하야 欽屬盛明하야 奉詔譯場하고 承旨幽讚에 抃躍兢惕하야 三復竭愚하리다 露滴天池에 喜合百川之味나 塵培華岳인달 無增萬仞之高로다 極虛空之可度이나 體無邊涯는 大也요 竭滄溟而可飮이나 法門無盡은 方也요 碎塵刹而可數나 用無能測은 廣也요 離覺所覺하야 朗萬法之幽邃는佛也요 芬敷萬行하야 榮耀衆德은華也요 圓茲行德하야 飾彼十身은 嚴也요 貫攝玄微하야 以成眞光之彩는 經也니 總斯七字하야 爲一部之宏綱하니라 將契本性인댄 非行莫階일새 故說普賢의 無邊勝行이니 行起解絶하야 智證圓明하고 無礙融通하야 現前受用이니이다 帝가 大悅하야 賜觀紫方袍하고 號敎授和尙이라하니라

징관대사가 황제의 뜻을 받들어 번역을 다 하여 이미 마치고 이것을 황제에게 올림에, 황제가 화엄의 종지를 열어 보이기를 명령하니 수많은 신하들이 크게 모였다.
그때 징관대사가 높은 법좌에 올라 말하기를,
"우리 황제께서 우주를 다스림에 그 덕이 하늘과 땅에 합하고 빛이 만방을 덮음에 중역重譯[8]들이 와서 조공하였나이다.

8 중역重譯이란 거듭 번역한다는 뜻으로 통역사를 말하는 것이니, 즉 외국사신을

동풍東風이 운율(律)에 맞게 불어들 때[9] 서천西天이 바다를 넘어 정성을 보내고,
남인도[10]가 어서御書로 북궐北闕의 황제[11]에게 조공의 공경을 드렸나이다.
특히 성명聖明[12]의 조칙을 돌이켜 진실한 『화엄경』(眞詮)을 다시 번역하니,
그 빛이 큰 길을 열고 새로운 진리를 더욱 빛나게 하나이다.
징관은 돌이켜 보니, 선천의 행운이 많아 공경히 황제의 크고 밝은 지혜를 따라 조칙을 받들어 역경장에 참여하였고, 이제 황제의 뜻을 받아 화엄의 깊은 진리를 찬탄하려 함에 손뼉을 치고 뛰고 달리고도 싶지만, 삼가하여 세 번이고 네 번이고[13] 다시 새겨 우납愚納[14]이 정성을 다하여 설할 것입니다.

말한다 하겠다.

9 동풍이란 동쪽의 맑은 바람이니, 동풍이 운율에 맞게 불어든다는 것은 태평성대하여 풍우가 순조로운 것을 말한다. 시우시풍時雨時風은 태평성대이다.

10 남인도는 오다국이다. 어서御書는 오다국왕인 길상자재가 보낸 입법계품과 보현행원품이다.

11 북궐의 황제는 당나라 현종이다. 북궐은 왕이 거처하는 곳이다.

12 성명聖明은 황제의 현명한 지혜를 말한다.

13 세 번이고 네 번이고는, 『논어집주』 11권에 남용南容이 매일같이 『시전(詩經)』 대아大雅 억지편抑之篇에 나오는 '흰 옥의 티는 오히려 가히 갈아낼 수 있지만, 이 말의 티는 어떻게 할 수 없다(白圭之玷 尙可磨也 斯言之玷 不可爲也)'는 말을 세 번씩 반복해서 외우니, 공자가 남용에게 형의 딸을 시집보냈다는 것이다. 즉 말은 신중하고 신중하게 해야 한다는 것이니, 당신도 신중하게 강설하겠다는 것이다.

이슬이 천지天池에[15] 떨어짐에 백 천川의 맛을 포함한다 기뻐할 것이지만, 작은 티끌 하나 화악華岳에 더한다고[16] 만 길의 높이가 더 높아질 수는 없습니다.

허공을 다 가히 헤아린다 하여도 자체가 끝이 없는 것은 크다(大)는 뜻이요,

바닷물을 다 가히 마신다 하여도 법문이 다함이 없는 것은 바르다(方)는 뜻이요,

미진수 세계를 부수어 가히 헤아린다 하여도 작용을 능히 측량할 수 없는 것은 넓다(廣)는 뜻이요,

능히 깨달을 사람과 깨달을 바를 떠나 만법의 깊은 곳까지 밝힌 것은 부처(佛)라는 뜻이요,

만행을 수없이 펼쳐 수많은 공덕을 번성하고 빛나게 하는 것은 꽃(華)이라는 뜻이요,

이 만행의 공덕을 원만케 하여 저 열 가지[17] 몸을 꾸미는 것은 장엄(嚴)

---

14 우납愚納이란, 우愚는 우성愚誠·우설愚說의 뜻이니 어리석음을 다하여 설한다는 겸손의 말을 함유하고 있다. 즉 갈우竭愚의 뜻이다.

15 이슬이 천지에 운운은 한 방울의 이슬에도 천하 산천의 물이 들어 있듯이, 대·방·광·불·화·엄·경 단 일곱 자의 법문에도 모든 화엄의 도리가 있음을 말하니 얼마나 기쁜지 모른다는 것이다.

16 작은 티끌 운운은, 작은 티끌 하나를 화악의 꼭대기에 올려놓는다고 그 산이 높아 보이지 않듯이, 당신이 아무리 잘 강설하여도 화엄의 높은 진리는 잘 현시할 수 없다는 것이다. 화악華岳은 오악五嶽의 하나이니 화산華山이다.

17 열 가지 몸은 보리신, 원신, 화신, 역지신, 장엄신, 위세신, 의생신, 복덕신, 법신, 지신, 또는 중생신, 국토신, 업보, 성문, 벽지, 보살, 여래, 지신, 법신,

이라는 뜻이요,
현묘하고 미묘한 진리를 꿰어 거두어 진실한 광명의 문채를 이루는 것은 경전(經)이라는 뜻이니,
이 일곱 글자를 총괄하여 일부 화엄의 큰 강령[18]을 삼나이다.
그리고 장차 본래의 자성에 계합하고자 한다면, 수행[19]이 아니면 오를 수 없기에 그런 까닭으로 보현의 끝없는 수승한 행을 말하는 것이니,
행이 일어나면 해解가 끊어져 증득한 지혜가 원만하게 밝고 걸림 없이 융통하여 현재 눈앞에서 수용할 것입니다."
황제가 크게 기뻐하여 징관대사에게 자줏빛 가사를 하사하고 별호를 교수화상敎授和尙이라 하였다.

其後에 相國齊抗과 鄭餘慶과 高郢이 請에 撰華嚴綱要三卷하고 相國李吉甫와 侍郎歸登과 駙馬杜琮이 請에 述正要一卷하며 又爲南康王韋皐와 相國武元衡하야 著法界觀玄鏡一卷하고 僕射高崇文이 請에 著鏡燈說文一卷하고 司徒嚴綬와 司空鄭元과 刺史陸長源이 請에 撰三聖圓融觀一卷하고 節度使薛華와 觀察使孟簡과 中書錢徽와 拾遺白居易와 給事杜羔等이 請에 製七處九會華藏界圖心鏡說文

허공신이다.

18 일부一部 화엄이란 『화엄경』 전체를 말하는 것이기도 하지만, 구체적으로는 오다국에서 온 입법계품과 보현행원품이다. 강령은 『화엄경』의 개요, 대요이다.

19 수행이란, 여기서는 보현행에 근간하고 있다 하겠다.

十卷하며 又與僧錄靈邃大師와 十八首座와 十寺三學上流로 製華嚴圓覺四分中觀等의 經律論關脈三十餘部하니 皆古錦純金이 隨器任用耳로다

그 뒤에 상국相國[20] 제항과 정여경과 고영이 간청함에 『화엄강요』 3권을 짓고,

상국 이길보와 시랑侍郎[21] 귀등과 부마駙馬[22] 두종이 간청함에 화엄경 『정요』 1권을 지었으며,

또 남강왕 위고[23]와 상국 무원형을 위하여 『법계관현경』 1권을 짓고,

복야僕射[24] 고숭문이 간청함에 『경등설문』 1권을 짓고,

사도司徒[25] 엄수와 사공司空[26] 정원과 자사刺史[27] 육장원이 간청함에 『삼성원융관』 1권을 짓고,

절도사節度使[28] 설화와 관찰사觀察使[29] 맹간과 중서中書[30] 전휘와 습유

---

20 상국相國은 백관의 수장이니, 진시황이 여불위呂不韋를 임용한 데서 시작했다.

21 시랑侍郎은 진·한 시대에 궁중의 수호를 담당한 벼슬이다.

22 부마駙馬는 한나라 때 무제의 수레의 예비 말을 담당한 벼슬이다.

23 위고는 본래 당나라 절도사였으나 뒤에 남강왕이 되었으니, 자전을 보라.

24 복야僕射는(자전에 사射를 야라 하였다) 진나라 때 활 쏘는 것을 담당한 벼슬이나, 당나라 때는 상서성의 장관이다.

25 사도司徒는 주나라 때 교육을 담당한 벼슬이다.

26 사공司空은 주나라 때 토지, 민사를 담당한 벼슬이다.

27 자사刺史는 한·당 시대 주州의 장관, 태수이다.

28 절도사節度使는 당·송 시대 지방의 군정과 행정사무를 총괄하는 벼슬이다.

29 관찰사觀察使는 여러 주州를 관찰, 순찰하는 벼슬이다.

30 중서中書는 궁중에서 천자의 소명을 담당하는 벼슬이다.

拾遺[31] 백거이와 급사給事[32] 두고 등이 간청함에 『칠처구회화장계도심경설문』 10권을 지었으며,

또 승록僧錄[33]인 영수대사와 열여덟 수좌와 열 곳 사찰에서 삼학에 달통한 최상의 스님으로 더불어 『화엄경』과 『원각경』과 『사분율』과 『중관론』 등 경율론에 관련되고 맥이 되는 삼십여 부를 지었으니, 다 옛날의 비단과 순금[34]을 근기 따라[35] 마음대로 사용한 것일 뿐이다.

31 습유拾遺는 천자의 알지 못하는 것을 바로잡는 벼슬이다.

32 급사給事는 일을 대는 사람이다. 급사給使는 잔심부름을 하는 사람이다.

33 승록僧錄은 승려의 일을 기록하는 사무총관이다. 당나라 헌종 원화 2년 단보가 처음이다.

34 옛날의 비단과 순금은 부처님의 경전이다.

35 청량스님이 근기 따라 요청하는 대로 지었다는 것이다.

詔淸涼講華嚴宗旨

청량국사를 모셔와 화엄경 종지를 강설케 하다[1]

己卯十五年에 淸涼이 受鎭國大師號하고 進天下大僧錄하니라 四月帝誕節에 敕有司備儀輦하야 迎教授和尙澄觀入內殿하야 闡揚華嚴宗旨케하시니 觀이 陞高座曰호대 大哉라 眞界여 萬法이 資始하야 包空有而絶相하고 入言象而無跡이니다 妙有가 得之而不有하고 眞空이 得之而不空하며 生滅이 得之而眞常하고 緣起가 得之而交映하나이다 我佛이 得之하야 妙踐眞覺하고 廓盡塵習하사 寂寥於萬化之域하며 動用於一虛之中하고 融身刹以相含하며 流聲光而遐燭하나이다 我皇이 得之하야 靈鑒虛極하고 保合太和하사 聖文掩於百王하며 淳風扇於萬國하고 敷玄化以覺夢하며 垂天眞以性情하나니 是知니다 不有太虛면 曷展無涯之照며 不有眞界면 豈淨等空之心이리가 華嚴教者는 卽窮斯旨趣하야 盡其源流니 故로 恢廓宏遠하며 包納沖邃하야 不可得而思議矣니다 指其源也인댄 情塵有經이나 智海無外요 妄惑非取나 重玄不空하며 四句之火는 莫焚이나 萬法之門에 皆入하며

1 『화엄경』 종지를 강설한 배경은, 덕종이 생신날 청량스님을 모셔 화엄의 종지를 듣고 마음이 청량하여 호를 청량이라고 내렸다. 그리고 법문이 끝나자 감회를 술회하고 청량스님을 찬탄하니, 그로 인하여 군신들이 팔관계를 받고 모두 스승으로 모셨다는 것이다.

冥二際而不一이요 動千變而非多니다 事理交涉而兩忘하고 性相融通而無盡이 若秦鏡之互照하고 猶帝珠之相含하야 重重交光하며 歷歷齊現이니다 故得圓至功於頃刻하고 見佛境於塵毛하며 諸佛心內에 衆生이 新新作佛하고 衆生心中에 諸佛이 念念證眞하며 一字法門이 海墨書而不盡이요 一毫之善을 空界盡而無窮이니다 語其定也인댄 冥一如於無心이요 卽萬動而常寂이며 海湛眞智는 光含性空하고 星羅法身은 影落心水하며 圓音은非扣而長演이요 果海는 離念而心傳이며 萬行은 忘照而齊修요 漸頓은無礙而雙入하며 雖四心被廣하고 八難頓超나 而一極唱高에 二乘絶聽이니다 當其器也인댄 百城詢友하고 一道棲神하니 明正爲南에 方盡南矣요 益我爲友에 人皆友焉이니다 遇三毒而三德圓이요 入一塵而一心淨하며 千化가 不變其慮요 萬境이 順通于道하며 契文殊之妙智에 宛是初心이요 入普賢之玄門에 曾無別體니다 失其旨也인댄 徒修因於曠劫이요 得其門也인댄 等諸佛於一朝니이다 諦觀一塵하니 法界在掌이니다 理深智遠커늘 識昧辭單하야 塵黷聖聽하니 退座而已니이다

기묘己卯 15년[2]에 청량스님이 진국대사鎭國大師라는 호를 받고 천하의 대승록大僧錄[3]에 올랐다.
사월 덕종 황제가 당신의 탄생절에 유사有司[4]에게 칙령을 내려 예의

---

2 기묘 15년은 당 정원 15년이니, 당나라 덕종 15년으로 서기 799년이다. 덕종 11년에 남인도 오다국왕 길상자재가 칠필 40권 『화엄경』(입법계품)과 보현행원품을 보내왔다.

3 대승록은 도총섭, 국사, 왕사격이다.

와 연輦[5]을 갖추어 교수화상인 징관스님을 맞이하여 내전으로 들게 하여 화엄의 종지를 널리 떨치게 하시니,
징관스님이 높은 법좌에 올라 말하기를,
"크도다,[6] 진여법계[7]여!
만법이 여기로부터 시작하여 공과 유를 포함하고 있지만 모습이 없고,
말과 형상에 들어갔지만 자취가 없나이다.
묘유가 그것을 얻었지만 있지 않고,
진공이 그것을 얻었지만 없지 않으며,
생멸이 그것을 얻었지만 진실로 영원하고,
연기가 그것을 얻었지만 서로 비추나이다.
우리 부처님이 그것을 얻어 묘하게 진실한 깨달음을 밟으시고,
널리 육진의 습기를 다하여 천변만화의 경계에서 고요하시며,
하나의 텅 빈[8] 가운데서 움직여 쓰시고,
몸과 국토를 융합하여 서로 품으시며,
소리와 빛을 유출하여 멀리까지 비추셨나이다.

---

4 유사는 관사이니, 왕의 업무를 직접 보는 사람이다.
5 연輦은 임금이 타는 수레이다.
6 크도다 운운은 보현행원품 서문이다.
7 진여법계는 일진법계이니, 왕복서에 "가고 오는 것이 끝이 없지만 움직이고(가는 것) 고요한 것(오는 것)이 한 근원이며, 수많은 묘문을 포함하였으나 여유가 있고, 말과 생각을 초월하여 멀리 벗어난 것은 그 오직 법계뿐이라" 하였다.
8 하나의 텅 빈 것은 곧 본각을 말한다.

우리 황제께서 그것을 얻어 텅 빈 극치[9]를 신령하게 비추고,
크게 화평한 기운을 보합[10]하여 황제의 성덕聖德과 문예文藝가 백대代의 제왕을 가리며,
맑은 바람이 만국萬國에 불어가고
현묘한 교화를 펴 꿈[11]을 깨우며,
천진을 내려 망정妄情을 본성本性 같게 하시니,[12]
이에 알아야 합니다.
큰 허공[13]이 있지 아니하면 어찌 끝이 없는 비춤을 펴며,
진여법계가 있지 아니하면 어찌 허공과 같은 마음을 청정케 하겠나이까.
『화엄경』의 가르침은 곧 이런 뜻의 나아갈 바를 궁구하여 그 원류를 다 말하고 있나니.
그런 까닭으로 넓고 높고 크고 멀며,
포함하고 용납하고 비고 깊어 가히 사의함을 얻을 수 없나이다.
그 근원을 가리킨다면 망정의 육진은[14] 경계가 있지만 지혜의 바다는

---

9 텅 빈 극치는 끝까지 텅 빈 세계, 비고 깊은 태극의 도를 말한다. 『노자』 16장에 "텅 빈 극치를 이루는 것은 고요함을 지킴에 독실하라" 하였다.

10 크게 화평한 기운은 음양이 크게 화평한 이치이니, 정기精氣·원기元氣이다. 『주역』에 "하늘의 도는 변화하여 만물의 성명을 바르게 하나니, 크게 화평한 기운을 보합하여 이에 이롭고 곧다" 하였다. 보합이란 변함이 없다는 것이다.

11 현묘한 교화란 황제의 덕화를 말한다. 꿈은 무명의 꿈이다.

12 본성 같게 한다는 것은, 고래로 요순은 본성과 같은 사람이고, 탕왕과 무왕은 본성에 반하는 사람이라 하니, 황제는 요순 같다는 뜻이다.

13 큰 허공은 황제에 비유한 것이다.

밖이 없고,

허망하게 미혹한 사람은 취할 수 없지만 중중으로 현묘한 진리는 공하지 아니하며,

사구四句의 불은 태울 수[15] 없지만 만법의 문門으로 다 들어가며,

이제二際[16]에 명합하지만 하나가 아니고,

천변만화에 움직이지만 많은 것이 아닙니다.

사실과 진리가 서로 간섭하여 둘이 함께 있고,

자성과 모습이 융통하여 끝이 없는 것이 마치 진시황의 거울[17]이 서로 비추는 것과 같고,

제석천왕의 구슬이 서로 함섭하는 것과 같아서 중중으로 서로 빛나며,

역력하게 가지런히 나타나나이다.

---

14 망정의 육진 운운은 여래출현품에 "망정의 육진 가운데 부처님의 지혜가 있는 까닭으로 이 부처님의 지혜가 밖이 없나니, 한 중생도 갖추지 아니함이 없는 까닭이다. 허망하게 미혹한 사람은 가히 취할 수 없는 까닭으로 중중으로 현묘한 진리는 공하지 않는다" 하였다. 또 "망정의 육진 가운데 부처님의 지혜 경전이 있나니, 이 부처님의 지혜 경전이 작은 것 같으나 또한 밖이 없다" 하였다.

15 원문의 분分 자는 분焚 자의 잘못이다.

16 이제二際는 전제와 후제이다.

17 진시황의 거울이란 넓이는 4척이고 높이는 5척 9촌이다. 진시황의 궁중에 있는 사람의 마음을 비추어보는 심경대가 그것이니, 불교의 업경대를 묘사한 것이다. 따라서 이런 말이 있는 것이다.
"서쪽 하늘에 진시황 거울이 있나니, 그 빛이 세상에 보기 드물다. 사람을 비춰 간담을 보고, 사물을 비춰 깊고 미묘한 곳까지 다 본다" 하였다.

그런 까닭으로 지극한 공덕을 찰나 간에 원만히 하고,
부처님의 경계를 털끝에서 봄을 얻으며,
모든 부처님의 마음 안에 중생이 새롭게 새롭게 부처를 짓고,
중생의 마음 가운데 모든 부처님이 생각 생각에 진리를 증득하며,
한 글자의 법문을 바닷물로 먹을 삼아 쓸지라도 다 쓸 수 없고,
하나의 털끝만한 선법을 허공계가 다하도록 말할지라도 다 말할 수 없나이다.
그 선정을 말한다면 한결같이 여여함에 명합하여 무심하고,
만 가지 움직임에 즉하여 항상 고요하며,
바다와 같이 담담한 진실한 지혜는 그 광명이 자성의 허공을 함유하고,
별과 같이 나열된 법신은 그 그림자가 마음의 물에 떨어져 있으며,
원만한 음성은 묻지 않고 깊이 연설하고[18],
불과佛果의 바다는 생각을 떠나 마음으로 전하며,
보살의 만행은 비춤이 없이 가지런히 닦고,
돈과 점의 법은 걸림이 없이 함께 들어가며,
비록 사무량심으로 가피하는 것이 넓고,
여덟 가지 재난[19]을 문득 초월하였으나 한 번 지극히 높은 소리[20]로

---

18 묻지 않고 깊이 연설한다는 것은 무문자설無問自說이다.

19 여덟 가지 재난이란 지옥·아귀·축생·장수천·북울단월(北洲)·귀머거리 봉사 벙어리·세지변총·불전불후이다. 또 배고프고·목마르고·춥고·덥고·물·불·칼·병사이다.

20 한 번의 지극히 높은 소리는 큰 사자후를 말하는 것이니, 화엄의 큰 사자후를

연창함에 이승이 들음을 끊었나이다.[21]

그 근기에 해당하는 사람이라면 일백 성城에서 선지식을 묻고[22]

한 길(一道)에서 정신을 쉴 것이니,

밝고 바른 것으로 남쪽을 삼음에 사방이 다 남쪽이고,

나에게 이익하는 것으로 선지식을 삼음에 사람들이 다 선지식입니다.

삼독을 만남에 삼덕이 원만하고,

한 티끌에 들어감에 한 마음이 청정하며,

천 가지 변화가 그 생각을 변화하지 못하고,

만 가지 경계가 그 도를 따라 통하며,

문수의 묘한 지혜에 계합함에 완전히 처음 마음이고,[23]

보현의 깊은 행문에 들어감에 일찍이 다른 자체가 없나이다.

그 뜻을 잃는다면 한갓 광겁에 인행을 닦을 것이고,

그 법문을 얻는다면 하루아침에 모든 부처님과 같아질 것입니다.

하나의 작은 티끌을 자세히 관찰하니,

법계가 다 이 손바닥에 있나이다.

의미한다 하겠다.

21 이승이 들음을 끊었다는 것은 귀머거리 같고 봉사 같다는 것이다. 즉 이승은 여롱약맹如聾若盲이라는 것이다.

22 일백 성城에서 선지식을 묻는 것은 입법계품에 선재가 53선지식을 만나 구법하는 사실을 말하고 있는 것이다.

23 문수의 묘한 지혜에 계합하는 것은 원인이 결과의 바다를 갖추는 것이고, 완전히 처음 마음은 결과가 원인의 근원에 사무치는 것이다.

그 진리가 깊고 지혜가 심원하거늘,
식견이 어둡고 말이 단조로워 황제의 총명(聖聰)함을 더럽혔으니,[24]
법좌에서 물러나 법문을 마치겠나이다."

帝 時에 默湛海印하야 朗然大覺하시고 顧謂群臣曰 朕之師는 言雅而簡하며 辭典而富라 扇眞風於第一義天하야 能以聖法으로 淸涼朕心하니 仍以淸涼으로 賜爲國師之號하노라 朕思從來에 執身心我人과 及諸法定相은 斯爲甚倒로다 群臣이 再拜稽首하야 頂奉明命하니 由是中外에 台輔重臣이 咸以八戒로 禮而師之하니라 凡歷九朝에 爲七帝門師하니 是爲六祖니라
(九朝者 唐玄宗肅宗代宗德宗順宗憲宗穆宗敬宗文宗也 七帝者卽代宗以下七帝也)

황제가 그때에 묵묵히 해인삼매에 잠기어 밝고 크게 깨달으시고
수많은 신하들을 돌아보고 말하기를,
"짐의 스승은 말이 청아하고 간결하며 말이 법답고 풍부하시니라.
진리의 바람이 제일의천에서 불어와 능히 부처님의 법으로써 짐의
마음을 청량케 하시니,
이에 청량이라는 말로써 국사의 호를 하사하노라.
짐이 생각하니, 옛날로 좇아오면서 몸과 마음과 나와 사람, 그리고

---

24 더럽혔다는 것은, 원문에 진塵·독黷은 다 '더럽힐 진', '더럽힐 독'자이다. 즉 욕되게 하였다는 것이다.

모든 법이 결정된 모습이라고 집착한 것은, 이것은 전도된 것이었느니라."

수많은 신하가 두 번 절을 하고 머리를 조아려 황제의 명령[25]을 높이 받드니,

이로 인유하여 궁중과 궁 밖에 삼공(台)과 재상(輔)[26]인 중신重臣들이 다 팔재계八齋戒[27]를 받고 예를 갖추어 스승으로 모셨다.

무릇 구조九朝[28]를 지나면서 일곱 황제(七帝)의 문사門師가 되었으니 이분이 화엄의 제6조가 되는 청량국사이다.

(구조九朝는 당나라 현종, 숙종, 대종, 덕종, 순종, 헌종, 목종, 경종, 문종이고, 칠제七帝는 곧 대종 이하의 일곱 황제이다.)

---

25 황제의 명령이란 원문에 명명明命이니, 즉 천자의 명령이다.

26 삼공(台)은 태사·태전·태보이다. 재상은 원문에 보輔이니, 즉 '재상보'이다.

27 팔재계는 오계에 ⑥꽃다발·향·노래·풍류·구경도 마라. ⑦높은 평상에 앉지 마라. ⑧때 아닌 때 먹지 마라이다.

28 무릇 구조라 한 이하는 편집자의 말이다.

上問華嚴法界

천자(上)[1]가 화엄의 법계를 묻다

帝가 問國師澄觀曰호대 華嚴所詮은 何謂法界니잇고 奏曰호대 法界者는 一切衆生之身心本體也니 從本以來로 靈明廓徹하며 廣大虛寂하야 唯一眞境而已니다 無有形貌나 而森羅大千하고 無有邊際나 而含容萬有하며 昭昭於心目之間이나 而相不可睹요 晃晃於色塵之內나 而理不可分이니 非徹法之慧目과 離念之明智면 不能見自心의 如此之靈通也니다 故로 世尊이 初成正覺하시고 歎曰호대 奇哉라我今普見一切衆生호니 具有如來智慧德相이언마는 但以妄想執著으로 而不能證得이라하시고 於是에 稱法界性하사 說華嚴經에 全以眞空으로 簡情하사 事理融攝하고 周遍凝寂이니이다 帝가 天縱聖明으로 一聽玄談하시고 廓然自得하사 於是에 敕有司하야 備禮鑄印하며 遷國師하야 統冠天下緇徒하고 號僧統淸涼國師라하니라

황제[2]가 청량국사에게 물어 말하기를,
"『화엄경』에서 설명하는 바는 무엇을 법계라 말합니까?"
청량국사가 아뢰어 말하기를,

---

1 천자란 상上이라 표현하나니, 여기서는 헌종을 말한다.

2 황제란 여기서는 헌종 황제이니, 헌종 5년 서기 810년이다.

"법계라고 하는 것은 일체중생의 몸과 마음의 본체이니,
본래로 좇아옴으로 신령하고 밝고 높고 사무치며,
넓고 크고 비고 고요하여 오직 하나의 진실한 경계뿐입니다.
형체도 모습도 없지만 대천세계에 수없이 벌여 서 있고,
끝도 끝도 없지만 일체만유를 포함하여 용납하고 있으며,
마음의 눈 사이에 밝게 나타나 있지만 그 모습을 가히 볼 수 없고,
색진(色塵)의 경계 안에 빛나고 있지만 그 이치를 가히 분별할 수 없나니,
법을 사무쳐 보는 지혜의 눈과 생각을 떠난 밝은 지혜가 아니면 능히 자기의 마음이 이와 같이 신령하고 신통함을 볼 수 없나이다.
그런 까닭에 세존께서 처음 정각을 성취하시고 찬탄하여 말씀하시기를, '신기하도다[3], 내가 지금 일체중생을 널리 보니
여래의 지혜와 공덕의 모습을 갖추고 있지만 다만 망상과 집착으로 능히 증득하지 못하는도다' 하시고,
이에 법계의 자성에 칭합하여 『화엄경』을 설하심에 온전히 진공으로써 망정을 간택하여 사실과 진리를 융합하여 섭수하고 두루 적멸에 엉기었나이다."
황제가 하늘이 허락(天縱)한 총명(聖明)[4]으로 화엄의 현묘[5]한 말씀을

---

3 신기하도다 운운은 여래출현품의 말이다.

4 하늘이 허락한 총명이란, 『논어』 자한편子罕篇에 자공이 공자를 칭송하여 말하기를 "진실로 하늘이 내린(天縱) 장차 성인될 사람(將聖)이고 또 다재다능하다" 하였다. 총명(聖明)이란 천자의 고명한 덕을 말하는 것이다.

5 화엄의 현묘란 『화엄경』이다. 고래로 세간에 삼현三玄이 있다. ①진현眞玄이니

듣고 확연하게 스스로 체득하여 이에 유사에게 칙령을 내려 예의를 갖추고 인장을 만들게 하며,

청량국사라는 이름을 바꾸어 천하의 모든 스님을 통치하는 우두머리로 삼고 이름을 승통[6]청량국사라 하였다.

『주역』이고, ② 허현虛玄이니 『도덕경』이고, ③ 담현談玄이니 『장자』이다.

6 진나라 문제 때에 보경스님이 왕명으로 경읍京邑의 대승통이 되었다. 이것이 승통의 시조이다.

御讚淸涼國師碑銘

황제[1]가 청량국사의 비명을 지어 찬탄케 하다

開成三年三月六日에 僧統淸涼國師澄觀이 將示寂할새 謂其徒海岸等曰호대 吾聞호니 偶運無功을 先聖이 悼歎하며 復質無行을 古人이 恥之라 無昭穆動靜하며 無綸緖往復하니 勿穿鑿異端하며 勿順非辯僞하며 勿迷陷邪心하며 勿固牢鬪諍이니라 大明도 不能破長夜之昏이요 慈母도 不能保身後之子니 當取信於佛이언정 無取信於人이니라 眞理는 玄微하야 非言說所顯이니 要以深心體解하야사 朗然現前이니라 對境無心하며 逢緣不動하면 則不孤我矣리라하고 言訖而逝하시니라

개성開成 3년(838)[2] 3월 6일에 승통僧統 청량국사 징관스님이 장차 열반을 보이려 할 때, 그 문도 해안海岸스님 등에게 일러 말하길,

---

1 여기서 황제는 문종황제로, 배휴裵休로 하여금 청량국사의 비명을 짓고 찬탄케 하였다는 것이다.

2 개성開成은 당唐 문종文宗의 836~840년까지의 연호이다. 개성 3년은 신라 민애왕敏哀王 1년이고 서기로는 838년이다. 불교사전엔 개성 4년 서기 839년 기미년에 열반하셨다 하니, 그렇다면 102세가 옳다. 개원 26년 무인년에 태어나셨으니 그렇다. 생몰연대는 보통 737~838이다.

"내가 들으니
운을 만나도 공적이 없는 것을 옛 성인[3]은 슬퍼하고 탄식하였으며,
다시 태어나도[4] 행한 것이 없는 것을 옛사람은 부끄러워하였다.
이 법은 소昭와 목穆[5]과 동動과 정靜이 없으며,
윤綸과 서緖[6]와 왕往과 복復이 없나니,
이단異端에 천착하지 말며,
그른 것을 따라 거짓을 논하지 말며,
미혹하여 삿된 마음에 빠지지 말며,
굳게 투쟁하지 말 것이다.
태양의 밝음[7]도 능히 긴 밤의 어둠을 깨뜨릴 수 없고,
자비한 어머니도 능히 자신이 죽은 뒤에 자식을 보호할 수 없나니,
마땅히 부처님만 취하여 믿을지언정 사람을 취하여 믿지 말 것이다.

---

3 옛 성인이란 선성先聖을 말한다.

4 다시 태어난다고 한 것은 원문에 부질復質을 해석한 것이니, 부질은 부명復命과 같은 뜻으로 다시 소생한다, 출생한다는 뜻이다.

5 소昭와 목穆이란 종묘宗廟에 신주神主를 모시는 차례이다. 천자는 태조를 중앙에 모시고, 2세·4세·6세는 소昭라 하여 왼쪽에 모시고, 3세·5세·7세는 목이라 하여 오른쪽에 모시나니, 3소·3목으로 7묘七廟이다. 제후諸侯는 2소와 2목으로 하고, 대부大夫는 1소와 1목으로 한다. 즉 신주를 모시는 차례이다. 그러나 여기서 '이 법은 소·목이 없다' 한 것은, 이 법은 평등하여 고하가 없고 존비가 없고 차례가 없다는 것이다.

6 윤綸과 서緖가 없다고 한 등은 인사를 위하여 오고 가지 말라는 뜻이다.

7 태양 운운은 나도 더 이상 보존할 수 없고, 자비한 어머니 운운은 더 이상 보호해줄 수 없다는 뜻이다.

진리는 현묘하고 미묘하여 말로써 현시할 바가 아니니,
반드시 깊은 마음으로 체득하여 알아야 밝게 눈앞에 나타나는 것이다.
경계를 상대하여도 무심하며, 인연을 만나도 움직이지 않는다면 곧 나의 뜻을 저버리지 않는 것이다."
말을 마치고 열반하였다.

師가 生歷九朝하야 爲七帝門師하시니 春秋는 一百有二이요 僧臘은 八十有八이며 身長은 九尺四寸이요 垂手過膝하며 目光이 夜發하고 晝視不瞬하며 才供二筆하고 聲韻如鐘하니라 文宗은 以祖聖崇仰하야 特輟朝三日하고 臣民이 縞素奉全身하야 塔于終南山하니라 未幾에 有梵僧이 到闕하야 表稱호대 於葱嶺에 見二使者가 凌空而過하고 以呪로 止而問之하니 答曰호대 北印度文殊堂神也로 東取華嚴菩薩大牙하야 歸國供養이라하니라 有旨啓塔하니 果失一牙요 唯三十九가 存焉이라 遂闍維하니 舍利는 光明瑩潤하고 舌如紅蓮色이러라 賜謚하야 仍號淸凉國師妙覺之塔이라하니라

국사가 태어나 구조九朝를 지나면서 일곱 황제의 문사門師가 되셨으니,
나이는 백이 세요[8]

8 102세란 개원 26년 무인년(서기 737)에 태어나 개성 4년 기미년(서기 839)에 열반하셨으니, 102세이다. 서기 838년은 만으로 101세를 보아 그런 것이다.

승랍은 팔십팔 세이며,[9]
신장은 아홉 자 네 치요,
손은 내리면 무릎을 지나며,
눈은 빛이 밤에도 발하고,
낮에는 해를 보고도 눈을 깜박이지 않으며,
재주는 두 개의 붓을 공급하고[10],
음성은 여운이 종소리와 같았다.

문종 황제는 청량국사가 열반하자 역대 황제[11]처럼 숭상하고 우러러 특별히 조정에 정사政事를 삼일 간 철폐하고 신하와 백성[12]이 하얀 소복으로 전신全身을 받들어 종남산에 탑을 세웠다.

얼마 지나지 않아 어떤 범승梵僧이 궁궐에 이르러 황제에게 글을 써서[13] 아뢰기를, "저 총령에 두 사신이 허공을 건너 지나가는 것을 보고 주문으로 그치게 하여 물으니,

---

9 88세란 11세에 폐선씨霈禪氏를 섬기고 14세에 스님이 되었으니, 102세에 열반하셨다면 88세가 맞다. 그러나 『회현기』에 83세라 한 것은 구족계를 받은 것이 757년이고, 열반하신 것이 839년이니 83세라 한 것이다. 따라서 정리하면 11세 출가, 14세 사미계, 20세 비구계(757년), 102세에 열반하셨다고 보는 것이다.

10 재주는 두 개의 붓을 공급한다고 한 것은 재주가 뛰어나 두 사람이 불러주어도 다 받아쓰는 것을 말한다. 고래로 문장은 이태백이요, 명필은 왕희지라 하였다.

11 역대 황제란 조성祖聖으로, 역대 황제와 임금을 말한다.

12 신하와 백성이란, 『사기』에는 중신重臣으로 고치라고 하였다. 영인본 1책, p.19, 5행에는 중신이라 하였다.

13 황제에게 글을 올리는 것을 표表라 하고, 아뢰는 것을 칭稱이라 한다.

대답하여 말하기를 '우리는 북인도 문수당을 지키는 신으로 동방에 화엄보살의 큰 어금니를 가지고 우리나라로 돌아가 공양할 것이다' 고 하였습니다."

황제가 칙령을 내려 탑을 열어보니
과연 한 개의 어금니가 사라지고 오직 서른아홉 개의 이만 있었다.
그 결과[14] 다비(闍維)를 하니
사리는 광명이 빛나 윤택하고,
혀는 붉은 연꽃 색과 같았다.[15]
이에 시호를 내려 이름을 청량국사묘각의 탑이라 하였다.

相國裴休가 奉敕撰碑하니 其銘曰호대 寶月淸凉하야 寂照法界니 以沙門相으로 藏世間解로다 澄湛含虛하야 氣淸鍾鼎하니 雪沃剡溪하고 霞橫緱嶺이로다 眞室寥敻하며 靈嶽崔嵬하니 虛融天地하고 峻拔風雷로다 離微休命이여 實際龐鴻하니 奉若時政하야 革彼幽蒙이로다 炯乎禹質이여 元聖孕靈하니 德雲冉冉하야 凝眸幻形이로다 谷響入耳하니 性不可爲요 靑蓮出水하니 深不可闚로다 才受尸羅하야 奉持止作하며 原始要終하야 克諧適莫이로다 鳳藻瑰奇로 遺演秘密하며 染翰風生하고 供盈二筆이로다 欲造玄關에 咽金一象하며 逮竟將流에 龍飛千颶이로다 疏新五頂하니 光衒二京하며 躍出法界하니 功齊百城이로다 萬行芬披이여 華開古錦하며 啓迪群甿이여 與甘露飮이로

14 그 결과란 원문의 수遂 자를 해석한 것이니, 드디어라는 뜻은 마침내 그 결과라는 뜻이다.

15 혀는 붉은 연꽃 색과 같다고 한 것은 구마라습도 그랬다.

다 變讚金偈하야 懷生保乂하니 聖主師資여 聿興遐裔로다 貝葉翻宣에 譯場獨步하고 譚柄一揮에 幾回天顧오 王庭闡法에 傾河湧泉이요 屬辭縱辯에 玄玄玄玄이로다 紫衲命衣와 淸涼國號여 不有我師면 孰知吾道리오하야 九州傳命하야 然無盡燈하고 一人拜錫하야 統天下僧이로다 帝網沖融하야 潛通萬戶하고 歷天不周나 同時顯晤로다 卷舒自在하고 來往無蹤하니 大士知見은 允執厥中이로다 西域供牙에 梵倫遽至하야 奏啓石驗하니 嘉風益熾로다 敕俾圖眞하니 相卽無相하고 海印大龍만 蟠居方丈이로다 哲人去矣여 資何所參고 卽事之理니 塔鎖終南이로다

그리고 상국相國 배휴[16]가 칙령을 받들어 비명을 지었으니 그 비명에 말하기를,

보배 닭이 맑고 맑아
고요히 법계를 비추나니
사문의 모습으로
세간의 지해를 간직하셨도다.

맑고 담담하기 허공을 함유하여
그 기품이 종정鐘鼎[17]의 소리보다 깨끗하나니

---

16 배휴(裵休, 791~870)는 당나라 때의 유명한 정치가로, 자는 공미公美이다. 문장에 능했고, 글씨도 잘 썼다. 규봉종밀과 황벽희운에게 사사하는 등 선종禪宗에 귀의하여 선사들과 깊게 교유하였으며 많은 일화를 남겼다.

눈이 염계剡溪[18]에 내려 쌓인 듯하고
노을이 구령緱嶺[19]에 가로 비낀 듯하도다.

진실한 집은 쓸쓸하고 멀며[20]
신령한 산은 높고 가파르나니
하늘과 땅에도 텅 비어 융합하고
바람과 우뢰에도 높이 솟아났도다.

오셨다가 가신[21] 국사의 아름다운 삶이여.

---

17 종정鐘鼎이란, 종鐘은 편종編鐘이니 열여섯 개의 작은 종을 한 틀에 매어단 악기이다. 정鼎은 편정編鼎이니 편경編磬과 유사하고 역시 열여섯 개의 작은 솥(경쇠)을 한 틀에 매어단 악기이다. 이 두 가지 악기는 다 소리가 맑고 곱다. 즉 청량스님의 허공을 함유한 기품이 편종과 편정의 소리보다 깨끗하다는 것이다.

18 염계剡溪는 절강성의 조아강曹娥江 상류에 있는 곳으로, 중국에서 설경이 가장 아름다운 곳이다.

19 구령緱嶺은 하남성에 있는 곳으로, 중국에서 저녁노을이 가장 아름다운 곳이다.

20 진실한 집이라 한 이하의 여덟 구절은 응화신을 일으킨 모습을 말한 것이다. 진실한 집이란 청량스님의 보배 탑이니, 그 탑은 비록 쓸쓸하고 아득하지만 그 산에 신령한 기운이 내리면 천지에 융화하고 비바람에도 우뚝 솟아 상관하지 않는다는 것이다.

21 오셨다가 가셨다고 한 것은, 원문의 이離는 출현·있음의 뜻이고, 미微는 들어가고·없다는 뜻이다. 휴休는 대휴·거휴이니 청량을 말하고, 명命은 생활·삶을 말한다.

진실로 큰 기러기[22]가 나타남에 해당하나니
한 시대의 정치를 받들고 따라[23]
저들의 깊은 몽매함을 변혁케 하셨도다.

빛나도다, 우 씨의 기질이여.
으뜸가는 성모聖母[24]로 성령을 잉태하니
공덕의 구름이 아래로 내려와[25]
눈동자를 환상의 형체에 엉기게 하셨도다.

골짜기의 메아리가 귀에 들어가니
그 자성[26]을 가히 들을 수 없고
푸른 연꽃[27]이 물에서 나오니

---

22 큰 기러기란, 원문에 방홍龐鴻은 큰 기러기이니 성인이 출현하여 태평성대가 올 때 나타나는 동물이다. 기린·봉황도 마찬가지이다. 제際란 여기서는 당當의 뜻이다.

23 원문에 약若 자는 따른다는 뜻이다.

24 으뜸가는 성모는 청량스님의 어머니를 말한다. 장자는 천지를 원성元聖, 즉 으뜸가는 성모라 했다.

25 아래로 내려온다고 한 것은 염염冉冉이 원문이니, 아래로 내리는 모습이고 늘어진 모습이다. 비나 이슬이 조용히 내리는 모습, 또는 해와 달이 점점 기울고·점점 멀어져가는 모습의 뜻도 있다. 여기서는 탄생의 뜻이니 앞의 뜻만 취한다. 이 네 구절은 탄생이고, 골짜기 이하 네 구절은 탄생 이후이다.

26 자성이란 그 목소리의 자성이다. 원문에 위爲 자는 위문爲聞으로 듣는 행위이다.

27 푸른 연꽃이란, 그 모습이 연꽃과 같다는 것이다.

그 깊음을 가히 엿볼 수 없나이다.

겨우 계를 받아[28]
받들어 가지고 악을 그쳐 선을 지으며
처음 마음을 원궁하고[29] 끝에 마음을 요망하여
능히 맞고 맞지 아니함[30]을 고르게 하셨도다.

봉황[31]과 같은 무늬와 옥과 같은 진기한 문장으로
화엄의 비밀한 도리를 연설하여 남기셨으며
붓에 먹을 묻혀[32] 글을 씀에 바람이 이는 듯하였고
두 개의 붓을 공급하여도 여유가 있었나이다.

화엄의 현관玄關[33]을 짓고자 함에

---

28 겨우 계를 받아 이하 네 구절은 율법으로 사신 위의를 말하고 있다. 즉 십원율十願律까지 제정하여 시종 맞고 맞지 아니함을 항상 살폈다는 것이다.

29 원문에 원시요종原始要終은 처음부터 끝까지라는 뜻이다.

30 맞고 맞지 아니함이란, 원문에 적適은 가可의 뜻이고, 막莫은 불가不可의 뜻이다. 그리고 계諧는 합合의 뜻으로 조합한다는 것이다.

31 봉황 이하 네 구절은 청량스님이 소초를 지은 것을 말하고 있다. 원문에 봉조鳳藻는 문감文鑑으로, 문감 뒤에 봉황을 그려놓고 그 위에 문채를 그려놓는 것이니 화려함의 극치이다.

32 붓에 먹을 묻힌다는 것은 원문에 염필染筆이니, 붓에 먹을 찍어 글씨나 그림을 그리는 것을 말한다.

33 화엄의 현관 이하 네 구절은 전후의 상서로운 감응을 말하고 있다. 현관이란

황금 불상 하나를 삼켰으며[34]
그리고 소疏를 지어 마치고 장차 유통하고자 함에
수천 마리 용[35]이 천 길 높이 하늘로 날아갔나이다.

『화엄경』 소문을 오대산에서 새로 지으니
그 광명이 이경二京[36]을 품었으며
법계를 뛰어났으니
그 공덕이 일백 개의 성城과 같나이다.

만행의 향기를 입음이여,
꽃을 옛 비단에 피우셨으며
군맹群甿을 가르쳐 이끎이여,
감로수를 주어 마시게 하셨도다.

금게金偈[37]를 조화하고 찬탄하여
중생을 품고 편안하게 기르나니[38]

『화엄경소초』를 말한다.

34 황금 불상을 삼켰다는 것은, 영인본 1책, p.12, 6행에 일석몽금용 운운一夕夢金容云云이라 한 유형이다.

35 수천 마리 용이란, 영인본 1책, p.12, 10행에 꿈에 몸이 용이 되어 백천 마리 수로 변화하였다고 하였다.

36 이경二京은 동경과 서경이다.

37 금게金偈 이하 네 구절은 구조 칠제의 스승이 됨을 말하고 있다. 금게는 『화엄경』을 말한다. 燮은 '화할 섭'이니 조화한다는 뜻이다.

성주聖主의 스승[39]이여,

드디어 멀리 후손까지 흥하게 할 것입니다.

패엽경을 번역하여 밝힘에[40]

번역장을 독보하였고

담병譚柄[41]을 한 번 휘두름에

천자께서 돌아보심이 그 몇 번이더이까.

왕의 뜨락에서 법을 천양闡揚하심에

뻗어 있는 은하수[42]와 솟아나는 샘물과 같으셨고

글을 짓고 말을 하심에[43]

깊고도 깊고[44], 깊고도 깊으셨나이다.

---

38 편안하게 기른다는 것은 원문에 보예保乂의 해석이다.

39 스승이란, 원문의 사자師資는 자전에 스승과 제자라고 하고 또 스승이라고도 하였다.

40 패엽경 이하 여덟 구절은 청량스님의 역경과 설법을 밝히고 있다. 패엽경 번역이란 오다국에서 보내온 40본 입법계품(40권 『화엄경』)을 반야다라와 같이 번역한 때를 말한다.

41 담병譚柄은 말하는 기구이니 불자와 주장자 등이다.

42 뻗어 있는 은하수란 경하傾河이니 끝없이 뻗어 있는 은하수라는 뜻이다. 즉 아래 끝없이 솟아나는 샘물과 더불어 끝없이 법문을 쏟아낸다는 뜻에 비유한 것이다.

43 글을 짓는 것은 속사屬辭이고, 말을 종횡무진 자유롭게 하는 것은 종변縱辯이다.

44 깊고도 깊다는 것은 노자 『도덕경』 제1장에 도가도비상도道可道非常道 운운하여 현지우현玄之又玄 중묘지문衆妙之門이라 하였으니, 참작할 것이다.

자줏빛 칙령의 가사와[45]
청량국사의 호號여.
우리 국사가 있지 않았다면
누가 나의 도[46]를 알았으리요 하여

구주九州에 칙명을 전하여
끝이 없는 등불을 켜게 하시고
한 사람[47]이 예배하고 승통으로 임명[48]하여
천하의 스님을 통령케 하셨나이다.

도가 제석의 그물[49] 같이 조화하고 융화하여
만호萬戶에 깊이 들어가[50] 소통하였고
하늘을 지나 두루 다니지 않았지만
동시에 밝게 나타나셨나이다.

---

45 자줏빛 칙령 이하 여덟 구절은 황제가 청량스님을 숭봉함을 말하고 있다. 이 대목은 배상국이 스님만이 황제의 뜻을 알았기에 황제가 스님에게 가사와 승통이라는 벼슬을 내려 통령케 했다는 뜻을 상기시키고 있다 하겠다.

46 나의 도란 문종文宗의 도이다.

47 한 사람이란 문종이다.

48 임명이란 석錫 자의 뜻이니 준다(임명)는 말이다. 또 석錫 자는 석장으로 청량스님을 가리킨다고도 한다.

49 도가 제석의 그물 이하 네 구절은 청량스님의 도를 말하고 있다.

50 만호는 일만 가구가 사는 장안을 말한다. 깊이 들어간다는 것은 원문에 잠潛의 뜻이니, 그윽이·몰래·조용히의 뜻도 있다.

말고 펴는 것[51]을 자재로 하고
오고 가는 것을 자취도 없이 하나니
대사의 지견은
진실로 그 중도를 잡으셨나이다.[52]

서역에서 치아를[53] 공양하려 함에
어떤 범승[54]이 갑자기 궁궐에 이르러
석탑을 열어보기를 아뢰어 조사하여 보니
아름다운 덕풍[55]이 더욱 치성하였나이다.

칙령으로 하여금[56] 진영을 그리게 하시니

---

51 말고 편다고 한 이하 네 구절은 청량스님의 모든 인연을 쉬고 열반에 들어감을 나타내되 생사가 둘이 없는 중도를 말하고 있다.

52 진실로 그 중도를 잡았다고 한 것은, 『서경』 대우모편大禹謨篇에 말하기를 "사람의 마음은 오직 위태롭고 도의 마음은 오직 은미隱微하나니, 오직 정일精一하여야 그 중도를 잡을 것이다(允執厥中)" 하였다. 『중용』에도 이 말이 있다.

53 서역에서 이하 네 구절은 청량스님이 열반한 뒤에 숭봉함을 말하고 있다.

54 여기 원문에서 범륜梵倫이라 한 것은, 영인본 1책, p.22, 초행에는 범승이라 하였다.

55 아름다운 덕풍이란, 관을 열어보니 정말로 치아가 없고, 화장을 하니 그 광명이 더욱 빛나고, 혀는 홍련과 같다는 뜻을 묘사한 것이다.

56 칙령으로 이하 네 구절은 천자의 숭봉을 말하고 있다. 이 아래 여덟 구절 가운데 앞의 네 구절은 청량스님의 진영을 그리고, 아래 네 구절은 탑을 세우는 것을 말하고 있다.

스님의 모습은 곧 모습이 없고
해인의 큰 용만
방장실을 휘감고 있나이다.

국사이신 철인哲人께서 서거하심이여.
어느 곳을 의지하여 참배할까요.
사실에 즉하여 진리에 나아가나니[57]
탑을 종남산에 세웠나이다.

附

宋洪覺範林間錄에 云棗栢大士와 淸凉國師가 皆弘大經코사 造疏論하야 種於天下하니라 然이나 二公制行이 皆不動하니 棗栢跣行不帶하며 超放自如하야 以 事事無礙로 行心이어니와 淸凉則精嚴玉立하며 畏五色糞하야 以十願律身하니라 評者가 多喜棗栢의 坦宕하고 笑淸凉의 束縛하야 意非華嚴宗의 所宜爾也하나니 予曰是는 大不然이라 使棗栢으로 薙髮作比丘면 未必不爲淸凉之行이리라 蓋此經은 以遇緣卽宗合法이니 非如餘經에 有局量也니라

附: 송나라 홍각범[58]의 『임간록』에 말하기를, 조백대사[59]와 청량국사

57 사실에 즉하여 진리에 나아간다고 한 것은 현실에 맞게 이상적으로 종남산에 탑을 세웠다는 것이다.

58 홍각검(洪覺範, 1071~1128)은 송나라 때의 승려로, 덕홍德洪으로도 불린다.

가 다 대경인『화엄경』을 홍포하려고 소疏와 논論을 지어 천하에 종삼게 하였다.

그러나 두 분이 제정한 행이 다 같지 않나니,

조백대사는 곧 맨발로 다니고 허리띠를 매지 않았으며,

초탈하고 분방함을 태연히 하여 사사무애로써 마음을 행하였거니와,

청량국사는 곧 정결하고 단엄한 것이 옥이 서 있는 것 같았으며,

오색의 더러운 것을 두려워하여 열 가지 서원으로써 몸을 단속하였다.

평가하는 사람들이 다분히 조백대사의 너그럽고 분방함을 좋아하고,

청량국사의 속박함을 비웃고서 청량국사의 뜻은 화엄종에 마땅한 바가 아니라 하나니,

내가 말한다면 이것은 대체로 그렇지 않다.

속성은 창彰씨고, 서주瑞州 사람으로, 자는 각범覺範이다. 14살 때 승려가 되었으며, 저서에『임간록林間錄』,『선림승보전禪林僧寶傳』30권,『고승전高僧傳』12권,『지증전智證傳』10권 등이 있다.

59 조백대사는 이통현(李通玄, 635~730) 장자를 이른다. 하북河北 창주(滄州, 지금의 河北省 滄縣) 출신으로, 송宋 휘종徽宗에게 현교묘엄장자顯敎妙嚴長者라는 시호를 받았다. 유교와 불교에 두루 능통했으며, 40여 세 무렵부터 불교 경전을 본격적으로 연구하였다. 특히『화엄경』에 몰두하여『신화엄경론』등의 논서를 저술하였다. 당시 3년 동안 하루에 대추 열 개와 잣나무 잎으로 만든 떡만 먹으며 저술에 몰두하여 사람들이 그를 조백대사棗柏大士라고 불렀다고 한다.

조백대사로 하여금 머리를 깎고 비구가 되게 한다면 반드시 청량국사처럼 행동하지 않을 수 없을 것이다.

대개 이 『화엄경』은 인연을 만남으로써[60] 종취에 즉하고 법칙에 부합하게 하는 것이니,

다른 경전에 다만 국한하고 정한 양이 있는 것과는 같지 않은 것이다.

60 인연을 만난다고 한 등은, 청량스님은 스님의 인연을 만난 까닭으로 속박의 행이 종취에 맞고 법칙에 부합하는 것이며, 조백은 속인의 인연을 만난 까닭으로 너그럽고 분방한 행이 종취에 맞고 법에 부합하는 것이다.

大方廣佛華嚴經隨疏演義鈔序

대방광불화엄경수소연의초 서문

청량산 대화엄사 사문 징관 찬술

대한민국 조계종 사문 수진 현토역주

至聖이 垂誥하사 鏡一心之玄極하시고 大士가 弘闡하사 燭微言之幽致로다 雖忘懷於詮旨之域이나 而浩瀚於文義之海니 蓋欲寄象繫之迹하야 窮無盡之趣矣나 斯經文理는 不可得而稱也로다 晉譯幽祕에 賢首가 頗得其門하고 唐翻靈編에 後哲은 未窺其奧일새 不揆膚受하고 輒闡玄微하니 偶溢九州하고 遐飛四海로다

부처님(至聖)[1]이 가르침(訓誥)[2]을 내려 일심一心의 현묘한 극치를

---

1 부처님을 지성至聖이라 한 것은 지인至人·지도至道라는 말과 같다. 3조 승찬스님은 "지극한 도는 어려운 것이 없나니, 오직 간택하는 것만 싫어한다" 하였다. 지至 자에 묘가 있다 하겠다.

2 가르침을 훈고訓誥라 한 것은, 아랫사람에게 이르는 말을 고誥라 하고, 윗사람에게 아뢰는 것을 고告라 한다. 따라서 『금강경』에 불고수보리언佛告須菩提言이라 할 때 고告 자는 고誥 자가 옳다 하겠다. 그러나 일정하지는 않다. p.80 주석에 자세히 설명하고 있다.

비추시고,

대사大士[3]들이 크게 열어 미묘한 말씀의 깊은 이치를 밝히셨도다.

비록 전지詮旨[4]의 영역은 생각조차 끊어지고 없지만, 그러나 문의文義[5]의 바다는 넓고도 많나니,

대개 상象과 계繫[6]의 자취를 의지하여 끝없는 이취理趣를 궁진하고자 하지만

이 『화엄경』의 문장과 이치는 가히 무엇이라 이름함을 얻을 수 없는 것이다.

진역晉譯의 비전秘典[7]에 현수대사만 자못 그 법문(門)[8]을 얻었고,

당번唐翻의 영편靈篇에 후철后哲[9]은 그 깊은 뜻을 엿보지도 못하였기

---

3 대사는 보살들이다.

4 전지詮旨는 소전이니 진공을 말하고 있다.

5 문의文義는 능전으로 묘유를 말한다.

6 상象과 계繫: 상계의 상象은 괘卦의 모습이고, 계繫는 괘를 더 자세히 설명한 것이다. 즉 상은 효상爻象이고, 계는 계사繫辭이다. 십익十翼의 하나이니, 영인본 1책, p.34, 6행을 참고하라. 그 뜻은 『주역』은 우주의 이취를 상·계로 계산 분석하여 아는 것이나, 이 화엄의 이취와 문장은 그런 식으로 따지고 분석하여 알 수 있거나 명명할 수 없다는 것이다.

7 진역비전은 진나라 번역 60권 『화엄경』이다. 비전이란 신비한 경전이라는 뜻이다.

8 문門은 화엄의 미묘한 법문이니 화엄의 이취理趣·지취旨趣이다. 영인본 1책, p.37, 1행엔 지취라 하였다.

9 당번의 영편이란 당나라 번역 80권 『화엄경』(靈篇)이다. 영편이란 신령한 책이라는 뜻이다. 후철이란 혜원慧苑이니. 현수스님의 제자이고 청량스님의 사형이다. 현수스님이 신역 『화엄경』 주석을 19권까지 짓다가 열반함에 혜원

에 내 청량이 피부로만 받아들여[10] 아는 것을 헤아리지 않고, 문득 화엄의 현묘하고 미묘한 도리를 소문疏文으로 열어 밝히니, 우연히도 그 소문이 구주九州에 넘쳐나고 멀리 사해四海에까지 날아갔도다.

講者 盈百하야 咸扣余曰호대 大教趣深하고 疏文致遠하니 親承旨訓하야사 髣髴近宗이니다 垂範千古에 慮惑高悟하노니 希垂再剖하야 得覩光輝케하소서하니 順斯雅懷하야 再此條治하고 名爲隨疏演義니라 昔人이 云호대 人在則易어니와 人亡則難이라 하니 今爲解釋이 冀遐方終古에 得若面會로다 然이나 繁則倦於章句하고 簡則昧其源流하나니 顧此才難하야 有慚折衷이어니와 意夫後學이 其辭不枝矣니라 (按此序는 初無釋文어니와 係後人所綴이니 筆法이 不類淸凉이라 特稷字

스님이 그 뜻을 이어 『속화엄경약소간행기』 15권을 지었다. 그리하여 스승 현수를 비판하니 당시 사람들이 겁 없는 화엄의 용맹한 장수라 하였다. 그 뒤에 청량스님이 『화엄소초』를 지어 도리어 현수스님을 두둔하고 혜원스님을 비판하였다. 후철後哲이라는 철哲은 지혜로운 사람이라는 뜻이니 정법원공을 가리킨다고 이 석문 p.95에서 말하고 있다. 탄허본 44책, p.27, 10행이고 영인본 화엄 1책, p.38, 2행이다.

10 피부로만 받아들인다고 한 것은, 『논어』 12권 안연장에 자장이 현명함을 물음에, 공자가 물이 점점 잦아들어 윤택케 하는 참소와 피부로만 받아들이는 참소가 행하여지지 않는다면 가히 현명하다 하고 가히 멀리 보는 안목이 있다 할 것이다 하였으니, 즉 겉도는 참소는 현명함과 멀리 보는 안목과는 유원하다는 것이다. 여기서 청량스님은 피부로 받아들인다는 말만 따온 것이다. 참소란 남의 허물을 윗사람에게 고하는 것을 말한다.

等函北藏과 及方冊具載일새 姑錄於左니라)

그러던 어느 날 강자講者들 백 명[11]이 가득히 와서 다 나에게 물어 말하기를, "화엄의 큰 가르침도 의취가 깊고 소문의 이치도 유원하니 친히 지시하여 가르쳐주심을 받아야 비슷하게라도 종취에 근접할 것입니다.

특히 천고만세에 의범을 펴고자[12] 함에 스님의 높은 깨달음을 미혹[13]할까 염려하오니,

바라건대 거듭 해부하는[14] 은혜를 내려 광명이 빛남을 얻어 보게 하소서" 하니,

이런 바른 생각[15]을 따라 거듭 이 소문을 조리 있게 고치고 『수소연의초』라 이름하였다.

옛날 사람[16]이 말하기를, "사람이 살아 있으면 곧 쉽거니와 사람이 죽고 없으면 곧 어렵다" 하였으니,

지금 이 해석[17]이 먼 지방과 먼 미래[18]에 나를 직접 면회하여 얻어

---

11 강자들 백 명이란, 청량스님은 항상 천 명의 대중을 거느리고 살았다. 이 가운데 백 명일 수도 있고, 보편적으로 말하는 전국에서 온 백 명일 수도 있다.

12 원문에 수垂는 포布의 뜻으로 편다는 것이다.

13 미혹은 아래 석문엔 의혹이라 하였다.

14 거듭 해부한다는 것은 소문을 거듭 해부한다는 것이다.

15 원문에 아정雅正은 바른 생각·맑은 마음이라는 뜻이다.

16 옛사람은 양자楊子이다.

17 지금 이 해석이란 『수소연의초』이다.

듣는 것과 같기를 바라는 것이다.

그러나 너무 번잡하면 곧 문장과 구절에 권태를 내고,

너무 간단하면 그 원래의 흐름에 어두워지나니,

돌아보건대 이 사람은 재주가 없어[19] 절충[20]함에 부끄러움이 있거니와, 뜻하는 것은 대저 후학들이 그 말[21]이 지엽이 아니게 하는 것이다.

(안찰하건대 이 서문은 처음에는 석문이 없었거니와, 뒤에 사람이 보충하여 모은 바와 관계가 있는 듯하나니, 그 필법이 청량과 비류할 수 없다. 다만 직자稷字 등의 함函[22]과 북장경[23]과 그리고 그 밖의 방책方冊[24]에 다 갖추어 실려 있기에 우선 왼쪽에 기록하여 둔다.)

---

18 원문에 종고終古는 천고·만고의 뜻이다. 즉 역천겁불고歷千劫不古요 긍만세장금亘萬歲長今이니 진미래제를 말한다.

19 원문에 재난才難은 재주가 없다는 뜻이나 엄격히는 재주에 곤란을, 어려움을 겪는 사람이라는 것이다.

20 절충이란 번잡하고 간단함을 절충한다는 것이다.

21 그 말이란 『수소연의초』이다.

22 직자 등의 함이란 대장경을 판각할 때 천자문의 순서로 하였으니, '직자함'은 183번째 함이다.

23 북장경은 명나라 성종成宗 당시 만들었고, 남장경은 명나라 태조太祖 당시에 만든 것이다.

24 방책은 목판이나 대쪽에 쓴 경전을 말한다.

釋文[25]

將釋此序에 大文分三호리니 初明題目이요 次辨撰人이요 後解本文이라 初中에 經疏鈔題는 具如下釋하니라 序者는 由也며 始也니 陳教起之因由하야 作法興之漸始일새 故名爲序라 又序因鈔起요 鈔因疏起요 疏因經起니 三重次第가 展轉相由라 疏主가 仰遵聖德하야 而有述作일새 故通序之하야 冠於鈔首니 故名序也니라

장차 이 서문(序)을 해석함에 큰 문장을 세 가지로 나누리니,
처음에는 제목을 밝힌 것이요,
다음에는 지은 사람을 분별한 것이요,
뒤에는 본문을 해석한 것이다.
처음 제목 가운데 경經과 소疏와 초鈔의 제목은 다 갖추어 아래서 해석한 것과 같다.
"서序"라고 한 것은 이유의 뜻이며 시작의 뜻이니,
가르침이 일어난 원인과 이유를 진술하여 법을 일으키는 점차와 시작을 짓기에, 그런 까닭으로 서문이라 이름하는 것이다.
또 서문은 초문(鈔)을 인하여 생기고,
초문은 소문(疏)을 인하여 생기고,

25 석문은 청량스님의 말이 아니다. 그 이유는 영인본 제1권, p.30, 6행에 청량운 이성교 위명경(清凉云 以聖教 爲明鏡)과 제1권, p.38, 9행에 청량탄왈 대재신경 이무득의지소 안가지남(大哉新經 而無得意之疏 安可指南)이리요 하시니 한 것이 그 증거이다.

소문은 경문(經)을 인하여 생기나니,
삼중三重의 차례가 전전히 서로 인유하는 것이다.
소주疏主인 청량국사가 부처님의 공덕을 우러러보고 따라서 또한 소초를 지었기에 그런 까닭으로 통틀어 서술序述[26]하여 초문의 머리에 씌워 두었나니,
그런 까닭으로 서문(序)이라 이름하는 것이다.

次撰人에 淸涼山大華嚴寺는 寺者는 卽所依處也라 淸涼者는 瑞靉凝空하고 茂林森聳하며 夏仍飛雪하고 冬積堅氷하야 曾無炎暑일새 故曰淸涼이라 山者는 峙也니 地踴層巒에 衆峯齊峙하야 岷峨拂漢하며 峭嶺倚天일새 故名山也라 大華嚴寺者는 一藍之局號라 亦名華園寺니 寺前有園하야 地方數頃에 名華間發하고 瑞草時敷하야 有異常境일새 故名華園寺라 沙門者는 正擧能述人也라 梵語에 具云호대 室囉末拏라하니 此云懃息이라 經에 云息心達本源일새 故號爲沙門이라하니라 然有勝義와 世俗示道와 汚道之異하니 如十輪經하니라 次二字는 卽疏主號也니 唐歷九宗聖世하야 而爲七帝門師일새 特賜淸涼之號니 廣如碑傳하니라 述者는 疏主自謙하야 言不作也라 意云호대 我但撰述古人之義하야 爲此鈔文이요 非新製作也라하니라

다음에 "지은 사람(撰人)"을 분별함에 청량산淸涼山 대화엄사大華嚴寺라고 한 것은, 사寺라고 한 것은 곧 의지할 바 처소이다.

---

26 서술이란 차례로 진술하는 것이다.

"청량清凉"이라고 한 것은 상서로운 구름이 허공에 엉기고 무성한 숲이 빽빽하게 솟아 있으며,
여름에도 이에 눈이 날리고 겨울에는 굳은 얼음이 쌓여 일찍이 더위가 없기에 그런 까닭으로 청량이라 말하는 것이다.
"산山"이라고 한 것은 우뚝 솟아 있는 것이니,
땅이 솟아 층층을 이룬 산에 수많은 봉우리가 가지런히 솟아나 그 산이 은하수를 떨치고 있으며,
가파른 고개는 하늘을 의지하고 있기에 그런 까닭으로 산이라 이름하는 것이다.
"대화엄사大華嚴寺"라고 한 것은 한 가람에 국한한 이름이다.
또한 화원사花園寺라고도 이름하나니
절 앞에 화원이 있어 그 땅 사방으로 수많은 밭(數頃)[27]에 유명한 꽃이 사이사이마다 피어나고, 상서로운 풀이 때때로 피어나 보통의 환경과는 다름이 있기에 그런 까닭으로 화원사라 이름하는 것이다.
"사문沙門"이라고 한 것은 능히 찬술한 사람을 바로 거론한 것이다.
범어梵語에 갖추어 말하기를 실라말나室囉末拏라 하였으니,
여기에서 말하면 부지런히 쉰다(勤息)는 뜻이다.
경에 말하기를, "마음을 쉬고 본원을 통달하기에, 그런 까닭으로 사문이라 이름한다"고 하였다.
그러나 승의勝義 사문[28]과 세속世俗 사문과 시도示道 사문과 오도汚道

27 수경數頃이란, 경頃은 밭이랑 경이니 백이랑(百畝)을 일경一頃이라 한다. 육척六尺을 일보라 하고, 백보를 일묘一畝라 하고, 백묘를 일경이라 한다. 고사에 "말은 천릿길을 가고 소는 백묘의 밭을 간다(馬行千里路 牛耕百畝田)" 하였다.

사문의 다름이 있나니,
『십륜경』[29]에서 말한 것과 같다.
다음에 징관이라는 두 글자는 곧 소주疏主의 이름이니,
당나라 구종의 성군 세상(九宗聖世)을 지나, 일곱 황제의 문사門師가 되었기에 특별히 청량이라는 호를 내린 것이니,
널리 말한 것은 비문에 전한 것과 같다.
"찬술한다(述)"[30]고 한 것은 소주가 스스로 겸손하여 자작自作이 아니라고 말하는 것이니,
그 뜻에 말하기를, 나는 다만 고인의 뜻을 찬술만 하여 이 초문鈔文을 만들었을 뿐 새로 제작한 것이 아니다 하였다.

至聖垂誥下는 三本文中에 分二호리니 初는 教起源流요 後는 鈔興本末이라 初中에 二니 初는 通明諸教요 後는 別指當經이라 又初中에 四니 一은 明如來說經이요 二는 明菩薩造論이요 三은 縱奪遣妨이요 四는 出示經意라 今初에 明如來說經은 就二段中하야 具彰三寶니 至聖은 佛也요 垂誥는 法也요 大士는 僧也니 三寶 最吉祥일새故我經

---

28 승의사문 등은 사종사문이니 ①승의(승도) 사문은 스스로 도를 깨닫는 사문이고, ②세속(명도) 사문은 삼학으로 생명을 삼는 사문이고, ③시도 사문은 법을 말하여 도를 보이는 사문이고, ④오도 사문은 일부러 계를 범하여 보시를 받고, 죄가 많은 사문이다.

29 『십륜경十輪經』은 『대승대집지장십륜경大乘大集地藏十輪經』을 뜻한다.

30 찬술한다고 한 것은 창작이 아니라는 것이다. 공자가 말하기를 찬술한 것이고 창작한 것이 아니라 한 것과 같나니, 원문으로 말하면 술이부작述而不作이 그것이다.

初說이라

“부처님이 가르침을 내렸다”고 한 아래는 세 번째 본문 가운데 두 가지로 나누리니,
처음에는 교教가 생긴 원류요,
뒤에는 초鈔가 생긴 근본과 지말이다.
처음에 교가 생긴 원류 가운데 두 가지가 있나니,
처음에는 모든 교[31]를 모두 다 밝힌 것이요,
뒤에는 당경當經인 『화엄경』만 따로 가리킨 것이다.
또 처음에 모든 교를 다 밝힌 가운데 네 가지가 있나니,
첫 번째는 여래가 경전을 설한 것을 밝힌 것이요,
두 번째는 보살이 논을 지은 것을 밝힌 것이요,
세 번째는 놓아주고 빼앗고 방해함을 보내는 것이요,[32]
네 번째는 경문의 뜻을 내어 보이는 것이다.
지금은 처음으로 여래가 경전을 설한 것을 밝힌다고 한 것은 이단二段[33] 가운데 나아가 삼보를 갖추어 밝힌 것이니,
지성至聖이라고 한 것은 부처님이요,
가르침을 내렸다(垂誥)고 한 것은 법이요,
대사大士라고 한 것은 스님이니,

---

31 모든 교란 화엄교 외의 모든 교를 말한다.

32 원문에 종縱은 긍정이고, 탈奪은 부정이고, 방妨은 질문이고, 견遣은 대답이다.

33 이단二段이란, 일단은 지성 이하이고, 이단은 대사 이하이니, 영인본 화엄 1책(1권), p.31, 8행이다.

삼보가 최고로 길상하기에[34] 그런 까닭으로 내가 경의 첫머리에 말한 것이다.

至者는 極也요 聖者는 正也니 爲如來가 能以正智로 證窮法界하야 更無過者일새 故名至聖이라 又至揀因位요 聖揀凡夫니 集玄記에 云호대 聖者는 生也니 視物之生하야 知其終始하며 智通乎大道하야 應變而無窮일새 故名至聖이라하니라

"지至"라고 한 것은 지극하다는 뜻이요,
"성聖"이라고 한 것은 바르다는 뜻이니[35],
여래如來가 능히 바른 지혜로써 법계를 증득하고 궁진하여 다시 지날 사람이 없기에 그런 까닭으로 지성至聖이라 이름하는 것이다.
또 지라고 한 것은 인위因位를 가리는 것이요,
성이라고 한 것은 범부를 가리는 것이니,
『집현기』에 말하기를 "성聖이라고 한 것은 생기한다는 뜻이니,
만물이 생기함을 보아 그 끝과 시작을 알며,
지혜로 대도를 통달하여 변함에 응대하는 것이 다함이 없기에 그런 까닭으로 지성至聖이라 이름한다"고 하였다.

---

34 삼보가 최고로 길상하다고 한 것은 『성실론』의 게송이다.

35 지성至聖은 유교에서는 공자를 말한다. 당나라 때는 공자를 문선왕文宣王이라 하고, 송나라 때는 지성이라 하고, 명나라 때는 대성大成이라 하여 시대에 따라 공자를 부르는 이름이 달랐다.

然이나 諸教不同을 略分爲五호리니 初에 小乘教는 以五分身으로 爲法身하고 丈六身으로 爲報身하고 隨類로 爲化身하야 名至聖이라 二에 大乘始教中엔 有二宗하니 一에 破相宗中엔 以勝義諦中에 離一切相하야 非蘊界處로 爲法身하고 智隨物現으로 爲報化身하야 名至聖이요 二에 立相宗中엔 以清淨法界로 爲法身하고 四智相應心品所現으로 爲報化身하야 爲至聖이라 三에 終教는 依起信論하야 以體大로 爲法身하고 相大로 爲受用身하고 用大로 爲他報化身하야 爲至聖이라 四에 頓教中엔 不分三異하고 絶待離言한 一實之性으로 爲至聖이라 五에 圓教는 卽以法界無盡身雲인 眞應相融하며 一多無礙한 圓滿十身으로 爲至聖이니라 若具實爲論인댄 唯圓教佛이라야 方名至聖이니라

그러나 모든 교가 같지 않은 것을 간략하게 나누어 다섯 가지로 하리니,
처음에 소승교는 오분법신으로써 법신法身을 삼고,
장육금신으로써 보신報身을 삼고,
수류신隨類身으로써 화신化身을 삼아 지성이라 이름하는 것이다.
두 번째 대승시교 가운데는 이종二宗이 있나니,
첫 번째 파상종破相宗[36] 가운데는 승의제 가운데 일체 모습을 떠나 오온과 십팔계와 십이처가 아닌 것으로 법신을 삼고,
지혜가 중생을 따라 나타나는 것으로 보신과 화신을 삼아 지성이라

36 파상종破相宗은 공종空宗으로 『반야경』을 의지한다.

이름한 것이요,

두 번째 입상종立相宗[37] 가운데는 청정한 법계[38]로써 법신을 삼고, 사지四智와 상응[39]하는 심품心品이 나타나는 바로 보신과 화신을 삼아 지성이라 하는 것이다.

세 번째 대승종교는 『기신론』[40]을 의지하여 체대體大로써 법신을 삼고,

상대相大로 자수용신自受用身을 삼고,

용대用大로 타보신他報身[41]과 화신을 삼아 지성이라 하는 것이다.

네 번째 돈교[42] 가운데는 삼신[43]이 다름을 나누지 않고 상대가 끊어지고 말을 떠난 하나의 진실한 자성으로 지성이라 하는 것이다.

---

37 입상종立相宗은 법상종으로 『유식론』을 의지한다.

38 청정법계지는 제구식과 상응한다. 보편적으로 제구식은 법성종에서 세우는 사상이나, 여기 법상종에서 제구식을 세워 제오 청정법계지로 배속하였다.

39 사지四智와 상응한다고 한 것은 대원경지는 제팔식과 상응하고, 평등성지는 제칠식과 상응하고, 묘관찰지는 제육식과 상응하고, 성소작지는 전오식과 상응한다. 보통은 사지라 하나, 법계청정지를 합하여 오지라 한다.

40 『대승기신론大乘起信論』은 1~2세기경 인도의 마명馬鳴이 저술했다고 전해지며, 대승불교의 교리를 찬술한 대표적인 논서이다. 한역은 진제眞諦가 553년에 번역한 1권본과 실차난타實叉難陀가 695~704년간에 번역한 2권본이 있다. 여기 인용한 『기신론』은 해석분이다.

41 타보신他報身이란, 보신에 자수용신과 타수용신이 있다. 타보신의 타他란 다른 사람을 위하여 나타내기에 타他라 하는 것이다. 따라서 화신도 타화신他化身이다.

42 돈교는 『원각경』을 의지한다.

43 삼신은 법신, 보신, 화신이다.

다섯 번째 원교[44]는 곧 법계에 다함이 없는 몸의 구름[45]인 진신과 응신이 서로 융합하며,
하나와 많은 것이 걸림이 없는 원만한 열 가지 몸으로 지성이라 하는 것이다.
만약 구체적 사실로 논한다면, 오직 원교의 부처님(圓敎佛)이라야 바야흐로 지성이라 이름할 것이다.

垂誥者는 卽所說之敎也라 垂者는 布也니 垂布典誥하야 宣揚法化하야 利益衆生일새 故云垂誥라하니라 又尙書에 有大誥康誥等篇하니 告上曰告요 發下曰誥라하니라 有云호대 王言을 爲誥라하니 皆不定也라 今謂如來가 演說三乘十二部經하사 利益有情이실새 故云垂誥라하니라

"가르침을 내렸다"고 한 것은 곧 설하실 바 가르침이다.
"내린다(垂)"고 한 것은 편다는 뜻도 같이 갖고 있나니,
경전의 가르침을 내려 펼쳐 법의 덕화(法化)를 선양하여 중생을 이익케 하기에 그런 까닭으로 가르침을 내린다고 말한 것이다.
또 『상서』[46]에 대고大誥와 강고康誥 등의 편篇이 있나니,

---

44 원교는 『화엄경』을 의지한다.

45 몸의 구름이라 한 구름은 많다, 홍하다는 뜻이다.

46 『상서』란, 『서전書典』 가운데 주서周書에 대고와 강고가 있다. 주서는 주나라 시절을 기록한 글로서 무왕·성왕·목왕의 시대에 관련한 기록이 대부분이다. 그 가운데 대고편은 성왕成王이 반란을 일으킨 신하를 진압하고 이들을 처단하

윗사람에게 아뢰는 것을 고告라고 말하고,
아랫사람에게 말하는 것을 고誥라고 말하는 것이다.
어떤 사람은 말하기를, "왕이 말하는 것을 고誥라 한다" 하였으니, 모두 다 일정하지는 않은 것이다.
지금은 여래께서 삼승십이부경전을 연설하여 유정을 이익케 함을 말하기에 그런 까닭으로 "가르침을 내린다"고 말한 것이다.

鏡一心等者는 鏡者는 喩也니 鏡有照鑑之功은 喩能詮敎法이요 鏡中之像은 喩一心玄極이니 卽所詮之法也라 淸涼이 云호대 以聖敎로 爲明鏡하야 照見自心하고 以自心으로 爲智燈하야 照經幽旨라하시니 卽斯意也라 今依五敎하야 略明一心호리니 初에 小乘敎中엔 實有外境일새 假立一心이니 由心造業하야 所感이 異故요 二에 大乘始敎中엔 以異熟賴耶로 爲一心이니 遮無外境이요 三에 終敎엔 以如來藏性이 具諸功德일새 故說一心이요 四에 頓敎엔 以泯絶無寄일새 故說一心이요 五에 圓敎中엔 總該萬有하야 事事無礙일새 故說一心이라 良以如來가 隨機設敎일새 故有千差어니와 殊途同歸니 皆一致也니라

는 이유를 말(誥)하고 있다. 강고편은 무왕武王이 아우인 강숙康叔을 위나라 제후로 책봉하면서 고명誥命한 말이다. 이상은 윗사람(王)이 아랫사람에게 내리는 말을 고誥 자로 썼다. 그러나 주서에 소고召誥, 즉 삼공三公 벼슬의 하나인 태보太保 벼슬을 가진 소공召公이 성왕에게 올린 글과 낙고落誥, 즉 주공이 낙양을 새로운 도읍지로 정하고 점을 친 결과를 성왕에게 올린 글(誥)이다. 이것은 아랫사람이 윗사람에게 올린 것이니, 고誥의 용처가 일정하다고는 할 수 없다 하겠다.

"일심의 현묘한 극치를[47] 비춘다"고 한 등은 경鏡이라고 한 것은 비유이니,
거울이 비추는 공능功能이 있는 것은 능전能詮의 교법에 비유한 것이요,
거울 가운데 모습은 일심의 현묘한 극치에 비유한 것이니,
곧 소전所詮의 법이다.
청량스님이 말하기를, "부처님의 가르침으로써 밝은 거울을 삼아 자기의 마음을 비추어 보고, 자기의 마음으로써 지혜의 등불을 삼아 경전의 깊은 뜻을 비춘다" 하였으니,
곧 이 뜻이다.
이제 오교五教를 의지하여 일심을 간략하게 밝히리니,
처음에 소승교 가운데는 진실로 밖의 경계가 있기에 일심을 거짓으로 세운 것이니
마음이 업을 지음을 인유하여 감득하는 바가 다른 까닭이요,
두 번째 대승시교 가운데는 이숙異熟의 아뢰야식[48]으로 일심을 삼

---

47 일심의 현묘한 극치를, 고인은 '일심이니 현묘한 극치는'이라 하였으나, 나는 일심의 현묘한 극치로 보았다. 영인본 1책, p.35, 5행에 취자즉상일심현극(趣者는 卽上一心玄極)이라 했다.

48 이숙뢰야식은, 아뢰야식에 세 가지가 있나니 첫째는 아뢰야식이고, 둘째는 이숙식이고, 셋째는 아타나식이다. 첫째 아뢰야식에 세 가지가 있나니 첫째는 능장이고, 둘째는 소장이고, 셋째는 아애집장我愛執藏이다. 둘째 이숙식에도 세 가지가 있나니 첫째는 변이이숙變異異熟이니 종자가 변하여 결과가 익는 것이고, 둘째는 이시이숙異時異熟이니 금생에 업의 종자를 지어 내생에 과보를 받는 것이고, 셋째는 이류이숙異類異熟이니 원인은 악업에 통하지만 과보는

나니
밖의 경계를 막아서 없애는 것이요,
세 번째 대승종교는 여래장의 자성이 모든 공덕을 구족하고 있기에 그런 까닭으로 일심이라 말하는 것이요,
네 번째 돈교는 말이 없고 생각이 끊어져[49] 의지할 데가 없기에 그런 까닭으로 일심이라 말하는 것이요,
다섯 번째 원교 가운데는 만유萬有를 모두 갖추어 사실과 사실이 걸림이 없기에 그런 까닭으로 일심이라 말하는 것이다.
진실로 여래가 근기를 따라 가르침을 베풀기에[50] 그런 까닭으로 천 가지 차별이 있거니와, 그 천 가지 다른 길이 돌아가는 곳은 같나니,
모두 다 그 뜻이 일치하는 것이다.

玄極者는 深妙也라 又玄者는 幽也며 遠也요 極者는 盡也니 謂至理幽奧하고 深遠難測이라 故로 老子云호대 杳冥之內에 衆妙存焉이라하니 皆不思議之境也라 又海慧禪師云호대 森羅萬象은 至空而極이요 百

오직 무기無記뿐인 것이다. 셋째 아타나식에는 두 가지만 있나니 첫째는 집지식執持識이고, 둘째는 자식식自識識이다. 결국 여기서 이숙식의 아뢰야식으로 일심을 삼는다고 한 것은 유식무경唯識無境, 즉 오직 식뿐이고 다른 경계가 없다는 것을 말하는 것이라 하겠다.

49 말이 없다는 것은, 원문에 민절무기泯絶無寄는 이언절려무소득고離言絶慮無所得故의 준말이다.

50 근기를 따라 가르침을 베푼다는 것은 여래가 중생의 근기에 따라 오교를 설하였다는 것이다.

川衆派는 至海而極이요 一切聖賢은 至佛而極이요 一切教法은 至圓而極이라하니 故云玄極이라하니라

"현묘한 극치(玄極)"라고 한 것은 깊고도 미묘한 것이다.
또 현묘(玄)하다고 한 것은 깊다는 뜻이며, 멀다는 뜻이요,
극치(極)라고 한 것은 다한다는 뜻이니,
말하자면 지극한 이치는 깊고 오묘하고 깊고 멀어 측량하기 어려운 것이다.
그런 까닭으로 노자老子가 말하기를, "아득하고 어두운 가운데 수많은 묘문이 있다" 하였으니,
다 사의할 수 없는 경계이다.
또 해혜海慧[51]선사가 말하기를, "삼라만상은 공空에 이르러 다하고,
백천의 수많은 물길은 바다에 이르러 다하고,
일체 성현은 부처에 이르러 다하고,
일체 교법은 원교에 이르러 다한다" 하였으니,
그런 까닭으로 "현묘한 극치"라 말한 것이다.

大士下는 菩薩造論이니 筆削記에 云호대 發大心하며 信大法하며 解大教하며 修大行하며 證大果일새 故名大士라하니라 又大士者는 有德之稱也라 此通凡聖이니 若論弘闡인댄 亦兼餘疏鈔主也라 是以西域東夏에 造論釋經은 或地上菩薩이며 或當代英賢이니 皆思拔群位하

---

51 해혜(海慧, ?~1145)는 금나라 희종熙宗 때의 선승禪僧이다.

고 智出衆情하야 弘道利生일새 故名大士니라

"대사大士[52]등"이라고 한 아래는 보살이 논을 지은 것이니, 『필삭기』[53]에 말하기를, "큰 마음을 일으키며, 큰 법을 믿으며, 큰 가르침을 알며, 큰 수행을 행하며, 큰 과보를 증득하기에 그런 까닭으로 대사라 이름하는 것"이라 하였다.

또 대사라고 한 것은 덕이 있는 사람을 이름하는 것이다.

이것은 범부와 성인에 통하는 것이니,

만약 대사가 널리 열었다는 것을 논한다면 또한 다른 소초주疏鈔主도 겸하는[54] 것이다.

이로써 서역과 중국에서 논을 짓고 경을 해석한 사람은 혹 지상보살地上菩薩이며,

혹 당대에 뛰어난 성현이니,

모두 다 생각이 수많은 사람의 자리에서 빼어나고, 지혜가 수많은 사람의 마음을 벗어나 큰 도로써 중생을 이익케 하기에, 그런 까닭으로 대사라 이름하는 것이다.

---

52 대사란, 『지도론』에 대승자·큰 믿음을 가진 자·큰 서원을 가진 자·큰 지위에 오른 자·큰 지혜를 가진 자·큰 번뇌를 끊은 자·큰 진리를 증득한 자·큰 과위를 이룬 자·중생을 제도하는 자라 하였다. 이상은 뜻으로 인용한 것이다.

53 『기신론필삭기起信論疏筆削記』는 송나라 자선子璿이 종밀宗密의 주소註疏를 풀이한 것이다.

54 다른 소초주도 겸하였다는 것은 다 대사라는 말에 속한다는 것이다.

弘闡者는 弘者는 大也요 闡者는 開也니 或分宗立敎하며 或顯正推邪하며 或高建法幢하며 或廣揚聖化가 皆爲弘闡也니라

"크게 열었다(弘闡)"고 한 것은, 홍弘이라고 한 것은 크다는 뜻이요,
천闡이라고 한 것은 연다는 뜻이니,
혹 종宗을 나누고 교敎를 세우는 것이며,
혹 정법을 나타내고 삿된 법을 꺾는 것이며,
혹 높이 법의 당기를 세우는 것이며,
혹 널리 성인의 교화를 드날리는 것이 다 크게 여는 것이 되는 것이다.

燭은 謂燈燭이니 有照了之義라 故로 下經에 云호대 譬如暗中寶를 無燭不可見인달하야 佛法無人說이면 雖慧莫能了라하니라 然이나 上云 鏡者는 在明卽見이니 如對上根에 見經生解也요 言燭者는 在暗卽見이니 如諸下根이 覩疏鈔文하야사 方乃生解니 亦如起信之說四根과 法華之明三品이 皆其意也니라

"촉燭"이라고 한 것은 등불(燈燭)을 말하는 것이니
비춘다는 뜻이 있는 것이다.
그런 까닭으로 아래 수미정상게찬품[55] 경문에 말하기를,
"비유하자면 캄캄한 곳에 보배를

55 원문에서 하경下經이란 수미정상게찬품에 승진勝進보살의 게송이다.

등불이 없으면 가히 볼 수 없는 것과 같이
부처님의 법도 사람이 설하지 않는다면
비록 지혜가 있을지라도 능히 알 수가 없는 것이다"고 하였다.

그러나 위에서 경鏡[56]이라고 말한 것은 밝은 곳에 있으면서 곧 보는 것이니,
마치 상근기가 상대함에 경문을 보고 바로 이해하는 마음을 내는 것과 같은 것이요,
여기에 촉이라고 말한 것은 캄캄한 곳에 있으면서 곧 보는 것이니,
마치 모든 하근기가 소초의 문장을 보아야 바야흐로 이에 이해하는 마음을 내는 것과 같나니,
또한 『기신론』에서 네 가지 근기[57]를 말한 것과 『법화경』에서 삼품三品[58]의 근기를 밝힌 것과 같은 것이 다 그 뜻이다.

---

56 위에서 경鏡이란 영인본 1책, p.30, 4행에 있다.

57 『기신론』에서 네 가지 근기란, 『기신론』 인연분에 말하기를, "묻겠다. 모든 수다라에 다 갖추어 있는데 왜 거듭 설하는가. 여래가 세상에 계실 때는 근기가 수승하여 원음으로 한 번만 설하여도 모든 중생이 다 같이 알기에 논을 지을 필요가 없었지만, 열반하신 뒤에는 혹 어떤 중생은 자력으로 널리 듣고, 혹 자력으로 조금만 듣고, 혹 자력이 없어 상세히 말한 논을 듣고, 혹은 논의 글이 많아 총지總持를 통하여 아는 사람도 있다. 따라서 근기에 따라 다르기에 이 『기신론』을 지어 설한다" 하였으니, 네 가지 근기란 ①자력으로 널리 듣는 자, ②자력으로 조금 듣는 자, ③논을 듣는 자, ④총지로 아는 자이다.

58 『법화경』의 삼품이란 방편, 비유, 화성유, 약초유품 등에서 모두 회삼귀일會三歸一을 말하였으니, 상·중·하 삼품의 근기이다.

微言者는 微妙之法일새 故名微言이니 唯識에 云호대 激河辯而贊微言等이라하며 孝經序에 云호대 夫子가 沒而微言이 絶이라하니 皆以聖教로 爲微言也니라 幽致者는 幽者는 遠也요 致者는 趣也니 卽上玄極之理가 幽遠深邃일새 故云幽致라하니라

"미묘한 말씀(微言)"이라고 한 것은 미묘한 법이기에 그런 까닭으로 미묘한 말씀이라 이름한 것이니,
『유식론』에 말하기를 "부딪쳐 흐르는 강물 같은 변재[59]로 미묘한 말씀을 찬탄한다"는 등이라 하였으며,
『효경』의 서문에 말하기를, "공자(夫子)가 돌아가심에 미묘한 말씀이 끊어졌다" 하였으니,
다 성인의 가르침으로써 미묘한 말씀을 삼는 것이다.
"깊은 이치(幽致)"라고 한 것은, 유幽라고 한 것은 멀다는 뜻이요, 치致라고 한 것은 이취理趣[60]라는 뜻이니,
곧 위에 현묘한 극치의 이치가 유원[61]하고 깊기에 그런 까닭으로 깊은 이치라 말한 것이다.

雖忘懷下는 次縱奪遣妨에 二니 初는 縱法本離言이요 後는 奪不礙言說이라 今初에 雖者는 縱其無言이니 應有問云호대 上言理趣玄極하

---

59 부딪쳐 흐르는 강물 같은 변재란 부딪쳐 쏜살같이 흐르는 물처럼 변재가 그침이 없다는 것이니, 즉 청산유수의 말을 의미한다.

60 원문에 취趣라고 한 것은 의취意趣·취의趣意·취지趣旨라는 의미를 안고 있다.

61 유원幽遠이란 심오하다는 것이다.

고 微言幽隱하야 忘懷絶慮하야사 方可契會라하야어늘 何用廣陳言敎하야 翻欲擾人耶아할새 故로 縱云호대 雖忘懷於詮旨之域라하니 忘懷者는 忘情絶慮를 謂之忘懷요 詮旨者는 所詮理也라 域者는 疆域이니 謂能詮三藏이 有包含義故니 今皆超之일새 故로 云爾也니라

"비록 생각조차 끊어지고 없지만"이라고 한 아래는, 놓아주고 빼앗으며[62] 방해함을 보내는 것에 두 가지가 있나니,
처음에는 법이 본래 말을 떠난 것을 놓아주는 것이요,
뒤에는 말에 걸리지 아니함을 빼앗는 것이다.
지금은 처음으로 "수雖"라고 한 것은 말이 없음을 놓아주는 것이니, 응당 어떤 사람이 물어 말하기를 "위에 이취理趣가[63] 현묘한 극치를 이루고 미묘한 말씀이 깊고 은은[64]하여 정을 잊고 생각을 끊어야 바야흐로 가히 계합하여 알 수 있다고 말하였거늘, 어찌하여[65] 언설의 가르침을 널리 베풀어 도리어 사람을 요란하게 하고 자함을 행하는가" 하기에, 그런 까닭으로 놓아 말하기를 "비록 전지의 영역은 생각조차 끊어지고 없다" 하였으니,

---

62 놓아준다는 것은 긍정이고, 빼앗는다는 것은 부정이다.

63 위에 이취가 운운한 것은, 위에 일심현극一心玄極과 미언유치微言幽致와 수망회雖忘懷를 뜻으로 인용한 것이다.

64 은은은 원문에 은隱의 뜻이니, 은隱은 원遠이니 '은은하다, 아득하다, 또 숨어서 나타나지 않는다'는 뜻이다.

65 원문에 하용何用이라 한 용用 자는 행行 자의 뜻이다.
어찌하여 언설 운운한 것은 바로 아래 (문의의 바다는) 넓고도 넓다고 한 것을 은연중에 가리키고 있다 하겠다.

"생각조차 끊어지고 없다"고 한 것은 정을 잊고 생각조차 끊은 것을 "생각조차 끊어지고 없다(忘懷)"고 말하는 것이요,
전지라고 한 것은 소전所詮의 진리이다.
"영역"이라고 한 것은 경계의 영역이니,
말하자면 능전能詮의 삼장三藏이 포함하는 뜻이 있는 까닭이니,
지금에는 다 초월하였기에 그런 까닭으로 그렇게 생각조차 끊어지고 없다고 말한 것이다.

而浩瀚下는 奪其無言이 不碍言也니 謂諸佛菩薩이 有大智故로 上契無爲하고 有大悲故로 下垂言教라 浩瀚者는 大水之貌니 疏序에 云호대 湛湛忘言이나 而教海之波瀾이 浩瀚이라하니 謂此大經이 文廣理深일새 故喻如海니라

"그러나 넓고도[66] 많다"고 한 아래는 그 말이 없는 것이 말에 걸리지 아니함을 빼앗는 것이니,
말하자면 모든 부처님과 보살이 큰 지혜가 있는 까닭으로 위로 무위無爲에 계합하고,
큰 자비가 있는 까닭으로 아래로 언설의 가르침을 내리는 것이다.
넓고도 많다고 한 것은 큰물의 모습이니,
『화엄경』의 소서疏序[67]에 말하기를, "담담하여 말을 잊었지만 가르침

66 원문에 호한浩瀚은 호한浩汗과 호양浩洋으로 더불어 같은 의미로 쓰인다. 물이 광대하다는 의미로 서책이 많음에 비유하였다.

67 『화엄경』 소서란 『화엄경』 왕복서往復序이니, 영인본 1책, p.85, 9행이다.

의 바다에 물결이 넓고도 많다" 하였으니,
말하자면 이 화엄의 대경大徑이 경문이 넓고 진리가 깊기에 그런 까닭으로 비유하여 바다와 같다고 한 것이다.

蓋欲下는 四에 出示經意에 二니 初는 擧例設敎요 後는 因言悟入이니 今初는 擧例設敎라 蓋者는 承前起後니 發語之端이요 欲者는 將也요 寄者는 託也라 象繫者는 象은 謂爻象이요 繫者는 繫辭니 卽周易十翼之文이라 謂上彖이 一이요 下彖이 二요 上象이 三이요 下象이 四요 上繫 五요 下繫 六이요 文言이 七이요 說卦가 八이요 序卦가 九요 雜卦가 十이니 鄭學之徒도 並同此說하니라 皆孔子의 所作이니 讚明易道하야 發揮至賾이 有類菩薩의 造論釋經之意니라 跡者는 蹤跡이니 如尋其兎에 先尋其跡하고 得兎忘跡인달하야 得象忘言이니 謂假託言象之跡하야 以契言絶之理니라 下經에 云호대 了法不在言하야 善入無言際나 而能示言說이 如響遍世間이라하니 卽其意也니라

"대개 하고자 한다"고 한 아래는 네 번째 경문에 뜻을 내어 보이는 것에 두 가지가 있나니,
처음에는 예를 들어 가르침을 베푼 것이요,
뒤에는 말을 인하여 깨달아 들어가는 것이니,
지금은 처음으로 예를 들어 가르침을 베푼 것이다.
"개蓋"라고 한 것은 앞의 말을 이어 뒤에 말을 생기하는 것이니 말을 생기하는 단서요,
"욕欲"이라고 한 것은 장차 하고자 한다는 뜻이요,

"기寄"라고 한 것은 의지한다는 뜻이다.

"상象"과 "계繫"라고 한 것은, 상이라고 한 것은 효상爻象을 말하는 것이요,

계라고 한 것은 계사繫辭를 말하는 것이니,

곧 『주역』에 십익[68]의 글(十翼之文)이다.

말하자면 상단전上彖傳이 하나요,

하단전下彖傳이 둘이요,

상상전上象傳이 셋이요,

하상전下象傳이 넷이요,

상계전上繫傳이 다섯이요,

하계전下繫傳이 여섯이요,

문언전文言傳이 일곱이요,

---

68 주역십익이란, 『주역』은 괘와 괘사와 효사로 구성된 경문과 십익으로 된 전문傳文이 합쳐져 있지만, 본래는 따로 편찬된 것이다. 십익을 공자의 저술이라고 하나 학자들은 한나라 초에 만들어진 것이라 한다.

①단전은 단정斷定의 뜻으로 육십사괘의 덕과 의義와 문文과 명名을 통괄하여 그 뜻을 단정하여 논한 것으로, 상단전과 하단전이 있다. ②상전은 형상의 뜻으로 육십사괘의 괘상과 효사와 효상에 대한 것으로 상상전과 하상전이 있다. ③계사전은 괘사와 효사에 대한 깊은 설명으로 상계전과 하계전이 있다. ④문언전은 문文은 꾸민다는 뜻으로 자전에 건괘와 곤괘의 오묘한 이치를 설한 것이다. ⑤설괘전은 팔괘를 팔방에 배대하고 그 생성과 기능을 설한 것이다. ⑥서괘전은 육십사괘의 순서와 법칙과 이유에 대한 것을 말한 것이다. ⑦잡괘전은 육십사괘의 순서를 섞어 둘이나 셋으로 상대를 이루어 괘의 뜻을 설한 것이다. 앞의 삼익은 상·하가 있어 육익이고, ④·⑤·⑥·⑦익은 각각 일익이기에 모두 십익이다.

설괘전說卦傳이 여덟이요,
서괘전序卦傳이 아홉이요,
잡괘전雜卦傳이 열이니,
정학鄭學의 무리[69]들도 다 여기에서 말한 것과 같다.
이 십익은 다 공자가 지은 바이니,
『주역』의 도를 찬탄하고 밝혀 지극한 이치[70]를 발휘하는 것이 마치 보살이 논을 지어 경전을 해석하는 것과 유사함이 있는 것이다.
"자취(跡)"라고 한 것은 종적이라는 뜻이니,
마치 그 토끼를 찾음에 먼저 그 자취를 찾고 토끼를 얻음에 자취를 잊는 것과 같아서, 형상을 얻음에 말을 잊는 것이니
말하자면 말과 형상의 자취를 거짓으로 의지하여 말이 끊어진 진리에 계합하는 것이다.
아래 『화엄경』[71]에 말하기를,
"법이 말에 있지 아니함을 요지하여
말이 없는 경계에 잘 들어갔지만

---

69 정학의 무리란 정현鄭玄의 학문을 계승한 사람을 말한다. 정현은 한나라 때의 학자이며, 자字는 강성康成이다. 모든 경학에 달통하고 집대성하여 『주례周禮』·『의례儀禮』·『예기』·『모시전毛詩箋』 등에 주석을 달았다. 흔히 『한강백주韓康伯注』라 한다. 또 공영달孔穎達 같은 사람이니, 이 사람은 당나라 때 사람으로 당 태종의 명을 받아 오경五經의 정의와 오경의 주소본注疏本을 지었다.

70 원문에 색賾 자는 '깊은 이치 색' 자이다.

71 아래 『화엄경』란 곧 십인품 게송이니, 영인본 화엄 1책, p.86, 7행에도 인용되어 있다. 탄허본은 44책, p.65, 끝줄이다.

그러나 능히 말을 시현하는 것이
마치 메아리가 세간에 두루하는 것과 같다" 하였으니, 곧 그 뜻이다.

窮無盡下는 因言悟入이라 窮者는 盡也니 易에 云호대 窮理盡性하야 以至於命이라하니라 無盡之趣者는 卽上一心玄極之理이니 謂假託言象하야 以契無言이요 非有無言은 可爲棲託이니 下經에 云호대 雖復不依言語道나 亦復不著無言說也라하니라 故知文字性離하야 雖終日言而無言이니 豈可緘言而守默哉아

"끝이 없는 것을 궁진한다"고 한 아래는 말을 인하여 깨달아 들어가는 것이다.
"궁窮"이라고 한 것은 궁진窮盡한다는 뜻이니,
『주역』[72]에 "이취理趣를 궁구하고 체성体性을 다하여 천명天命[73]에 이른다" 하였다.
끝이 없는 이취라고 한 것은 곧 위에 일심의 현묘한 극치[74]의 이취

72 『주역』이란 설괘전이니, 왕복서 가운데 궁리진성窮理眞性하고 철과해인徹果該因이라 한 해석 가운데도 인용하였다. 탄허본 44책, p.46, 2행에 있다. 궁리진성을 왕복서往復序 가운데 이理는 이취·의취이니 광廣이라 하고, 성性은 법성·심성이니 심深이다. 만약 그 의취를 다하고자 한다면 곧 그 체성을 다해야 하나니, 지금 이 경 가운데는 의취와 체성을 다 궁진한다 하였다. 탄허본 44책, p.45, 12행에 있다.

73 천명이란 『한강백주』에 말하기를 "명命이라고 하는 것은 생生의 종극이니 이취를 궁구하면 곧 그 성능性能을 다할 것이라" 하였다. 탄허본 44책, p.46, 3행에 있다.

이니,

말하자면 말과 형상을 거짓으로 의지하여 말이 없음에 계합하는 것이고 말이 없는 곳은 가히 깃들어 의지할 수 있는 것이 아니니,

아래 『화엄경』[75]에 말하기를,

"비록 다시 언어의 길을 의지하지도 않지만

또한 다시 언어가 없는 길에도 집착하지 않는다" 하였다.

그런 까닭으로 문자의 자성을 떠나 비록 종일토록 말을 하지만 한 마디 말도 한 적이 없는 줄 알아야 할 것이니, 어찌 말문을 닫고 침묵만을 지키려 하는가.

斯經下는 別顯當經하야 以伸旨趣라 分二호리니 初는 標指요 後는 嘆勝이라 今初也니 謂此大經은 文言廣博하야 非心可測일새 就言象中하야 略標三本하니라 上本經은 有十三千大千世界微塵數偈와 一四天下微塵數品하고 中本經은 有四十九萬八千八百偈와 一千二百品하고 下本經은 有十萬偈와 四十八品하니라 今所傳者는 是略本經오로대 有四萬五千偈어든 豈況此經의 一字法門을 海墨書而不盡也리오 理者는 所詮義也니 橫該三藏하고 竪貫十宗하야 六相十玄의 重重妙用과 無盡教體를 海印發揮도 菩薩이 猶迷요 聲聞은 不測어든 豈非斯經文理를 不可得而思議矣리오 不可得而稱也者는 後歎勝

74 위에 일심의 현묘한 극치라고 한 것은 영인본 1책, p.30, 5행에 있다.

75 아래 『화엄경』이란 십회향품의 제 두 번째 불괴회향의 게송 아래 두 구절이니, 위의 두 구절은 불취중생소언설不取衆生所言說과 일체유위허망사一切有爲虛妄事라 한 것이다. 이 책 p.140 주석에도 인용되어 있다.

也라

"이 『화엄경』"이라고 한 아래는 당경인 『화엄경』만 따로 나타내어 의취(旨趣)를 편 것이다.
두 가지로 나누리니
처음에는 당경만 가리킴을 표한 것이요,
뒤에는 수승함을 찬탄한 것이다.
지금은 처음이니,
말하자면 이 대경은 글과 말이 넓고 넓어서 마음으로 가히 측량할 수 없기에 말과 형상 가운데 나아가 간략하게 삼본三本만 표현하겠다.
상본 『화엄경』은 십삼천대천세계 미진수 게송과 일사천하 미진수 품질이 있고,
중본 『화엄경』은 사십구만팔천팔백 게송과 일천일백이백 품질이 있고,
하본 『화엄경』은 십만 게송과 사십팔 품질이 있다.
지금에 전하는 바는 이 약본 『화엄경』이지만 사만오천 게송이 있거든, 어찌 하물며 이 『화엄경』의 한 글자 법문을 바닷물로 먹을 삼아 쓴다 해도 다 쓸 수 없다 한 것이겠는가.
"이취理趣"라고 한 것은 소전所詮의 뜻이니
횡으로 삼장을 갖추고 수로 십종十宗[76]을 관통하여 육상六相[77]과 십현

76 십종十宗은 ① 아법구유종我法俱有宗 ② 법유아무종法有我無宗 ③ 법무거래종

十玄[78]의 중중으로 묘한 작용과 다함이 없는 교의 자체를 해인으로 발휘한 것도 보살이 오히려 미혹하고 성문은 측량도 할 수 없었거든, 어찌 이 『화엄경』의 문리文理는 가히 사의함을 얻을 수 없다 하지 않겠는가.

가히 무어라 이름함을 얻을 수 없다고 한 것은 뒤에 수승함을 찬탄한 것이다.

後에 晉譯下는 鈔興本末에 二니 初는 依經製疏요 後는 請集鈔文이라 初文을 分三호리니 初는 晉譯先彰이요 二는 唐翻後闡이요 三은疏成廣播이라 初中에 二니 初는 旨趣玄微요 後는 賢首得旨라 且初旨趣玄微를 晉譯者는 東晉安帝義熙十四年에 覺賢三藏의 所譯六十卷經이라 譯者는 傳也니 傳梵爲華일새 故言翻譯이라 幽者는 隱也요 祕者

法無去來宗 ④ 현통가실종現通假實宗 ⑤ 속망진실종俗妄眞實宗 ⑥ 제법단명종諸法但名宗 ⑦ 일체개공종一切皆空宗 ⑧ 진덕불공종眞德不空宗 ⑨ 상상구절종相想俱絶宗 ⑩ 원명구덕종圓明具德宗이다.

77 육상六相은 『화엄경』 십지품 제일 환희지의 열 가지 대원 가운데 제 네 번째 수행원修行願의 경문에 "총상과 별상과 동상과 이상과 괴상으로 모든 보살행을 사실대로 말하여 일체 중생을 가르쳐 받아 행하고 마음이 증장하여지이다" 한 것이 그 연원이다. 『화엄오교장』과 『금사자장』 제육권에도 나무등(오교장)과 금사자(금사자장)를 비유로 잘 설명하고 있다.

78 십현十玄은 그 이름만 열거하면 ① 동시구족상응문 ② 일다상용부동문 ③ 제법상즉자재문 ④ 인다라망경계문 ⑤ 미세상용안립문 ⑥ 비밀은현구성문 ⑦ 제장순잡구성문 ⑧ 십세격법이성문 ⑨ 유심회전선성문 ⑩ 탁사현법생해문이다. 십종과 육상과 십현문은 불교사전에 잘 나와 있으니 참고하라.

는 密也니 晉經이 文多隱奧하야 取悟無由일새 故云幽祕라하니라

"뒤에 진역의 비전"이라고 한 아래는 초鈔가 생긴 근본과 지말에 두 가지가 있나니,
처음에는 경을 의지하여 소문을 지은 것이요,
뒤에는 초문을 집술集述하기를 청한 것이다.
처음 문장을 세 가지로 나누리니,
처음에는 진역본을 먼저 밝힌 것이요,
두 번째는 당역본을 뒤에 밝힌 것이요,
세 번째는 소문을 완성하여 널리 전파傳播한 것이다.
처음 진역본을 먼저 밝힌 가운데 두 가지가 있나니,
처음에는 지취旨趣가 현묘하고 미묘한 것이요,
뒤에는 현수대사가 지취를 얻은 것이다.
또한 처음에 지취가 현묘하고 미묘한 것을 진역본이라고 한 것은 동진 안제 의희東晋 安帝 義熙 14년에 각현삼장[79]이 번역한 바 육십권 경이다.
번역하였다고 한 것은 전한다는 뜻이니,

---

79 각현삼장覺賢三藏은 산스크리트어 buddhabhadra의 음사로, 북인도 출신의 불타발타라(佛駄跋陀羅, 359~429)를 말한다. 『달마다라선경』, 『마하승기율』, 60권 『화엄경』 등을 번역하였다.
각현이 번역한 60권 『화엄경』은 409년 3월 10일에 번역한 것이다. 동진의 안제가 396년에 즉위하여 418년에 죽었으니, 안제가 즉위한 지 13년 뒤에 번역하였다.

범본을 전하여 중국말로 하였기에 그런 까닭으로 번역하였다고 말한 것이다.

"유幽"라고 한 것은 은은하다는 뜻이요,

"비秘"라고 한 것은 오밀하다는 뜻이니[80],

진역경이 경문이 은은하고 오밀한 것이 많아서 알아보려[81] 하나 그 연유가 없기에 그런 까닭으로 유비幽秘라고 말한 것이다.

賢首下는 後에 賢首得旨라 纂靈記에 云호대 僧法藏의 字는 賢首니 洞悟眞宗하고 深窮法界하야 造探玄記하시니 解釋晉經에 雖有古德과 多家疏文이나 唯賢首一人이 多得其妙일새 故云頗得其門이라하니라

"현수賢首"라고 한 아래는 뒤에 현수대사가 지취를 얻은 것이다. 『화엄경 찬영기纂靈記』[82]에 말하기를, "법장法藏스님의 자字는 현수

---

80 유비란, 진역비전晋譯秘典을 어떤 본에는 진역유비晋譯幽秘라 하니 그것을 해석하고 있다. 비秘는 밀密이니 오밀하다는 뜻이고, 또 비밀·은밀의 뜻이 있다.

81 알아본다고 한 것은 원문에 취오取悟의 오悟는 안다는 뜻이고, 취取는 어조사 또는 알아봄을 취하려 하여도 그 연유(단서)가 없다는 뜻으로도 해석한다. 유由는 연유이니 전하여 오는 내력·단서·실마리를 말한다.

82 『찬영기』에 재미있는 말이 있다. 당나라 문명 원년(중종 1년, 서기 684년)에 낙양의 왕명간이 죽어 지옥문전에 당도하니, 지장보살이 어여삐 여기고 게송 하나를 주며 이것을 외우면 지옥의 고통도 면할 것이라 하였다. 그 게송은 바로 『화엄경』 사구게 "약인욕요지 삼세일체불 응관법계성 일체유심조(若人

이니,
진실한 종지를 밝게 깨닫고 법계를 깊이 궁구하여 『탐현기』[83]를 지었으니,
진역경을 해석함에 비록 고덕古德[84]과 수많은 사람들(多家)[85]의 소문이 있지만, 오직 현수대사 한 사람만 다분히 그 묘문妙門을 얻었기에 그런 까닭으로 자못 그 문을 얻었다"고 말한 것이다.

唐翻下는 唐翻後闡에 二니 初는 新經罔博이요 後는 刊定迷宗이니 今初也라 唐翻靈篇者는 正譯時가 卽當則天이 設正하야 改唐爲周라가 至中宗立하야 却復舊號爲大唐하니 今云唐翻者는 據復號爲言이라 靈篇者는 靈妙篇章이며 又多靈感일새 故云靈篇이라하니라

"당번唐翻"이라고 한 아래는, 당나라 번역본을 뒤에 밝힘에 두 가지가 있나니,

慾了知 三世一切佛 應觀法界性 一切唯心造)"였다. 그 뒤 염라대왕 앞에 가니, 그대는 생전에 무슨 공덕을 지었는가? 왕명간이 답하기를, 공덕을 지은 것은 없고 게송 하나 수지 독송하고 살아왔습니다 하니, 그 게송을 외워보라 하여 외우니 깜짝 놀라며 환생시켜 주었다. 환생하여 보니 죽은 지 3일이 지나 있었다. 하도 신기하여 그 게송을 공관사 정법스님을 찾아가 물으니, 야마천궁게찬품에 있다 하면서 신기해하였다. 이 내용은 『청량소초』 19에 있다.

83 『탐현기』는 현수스님의 저술이고 이십권이다.

84 고덕은 현수스님이다.

85 수많은 사람들이란 혜원慧遠, 혜원慧苑 등이다.

처음에는 신역경을 널리 연구한 사람이 없는 것이요,
뒤에는 『간정기』가 종지를 미혹한 것이니,
지금은 처음이다.
당번의 영편이라고 한 것은 바로 번역한 때가 곧 측천무후[86]가 집권[87]하여 당나라를 고쳐 주周나라라 하다가 중종中宗이 들어섬에 이르러 도리어 옛날 이름을 회복하여 대당大唐이라 함에 해당하나니, 지금에 당번이라고 말한 것은 옛날 이름을 회복함에 의지하여 당번이라 말한 것이다.
영편이라고 한 것은 신령하고 묘한 책의 문장이라는 뜻이며, 또 신령한 감응[88]이 많았기에 그런 까닭으로 영편이라 말한 것이다.

後哲下는 刊定迷宗이라 哲者는 智也니 卽指靜法苑公이니 造刊定記二十卷하야 以解唐經하니라 未窺者는 窺者는 視也라 未窺者는 不見也니 刊定釋義가 多失經旨일새 所以로 未見經中之玄奧也라 論語에 云호대 叔孫武叔이 語大夫於朝曰호대 子貢이 賢於仲尼하니라 子服

86 측천무후는 690년에 집권하여 국호를 주周나라로 부르고 693년에는 자신을 금륜성신황제金輪聖神皇帝라 불렀다.(이상이 당나라를 고쳐 주나라라 한 것이다.) 그 뒤 705년 중종中宗이 즉위하여 나라 이름을 다시 대당이라 하였다는 뜻이다.

87 집권이란 원문의 설정設正을 말한 것이다. 정正은 세수歲首이니, 집권하면 세수를 새로 설정한다. 하우씨夏禹氏는 정월을 세수로 하였고, 상탕商湯은 십이월로, 주 문왕과 무왕은 십일월로 세수를 삼았다.

88 신령한 감응이란 당역 『화엄경』을 번역할 때 신령한 감응이 많았기 때문이다. 앞의 소초연기 등에서 일부 현시하였으니, 탄허본 44책, p.9, 3행과 7행이다.

景伯이 以告子貢하니 子貢이 曰호대 譬如宮墻하야 賜之墻也는 及肩일새 闚見室家之好어니와 夫子之墻은 數仞일새 不得其門而入이면 不見室家之美와 百官之富하나니 得其門者 寡矣라하니 今借其文하야 以喩華嚴之室이 深奧而刊定이 未達일새 故云未窺玄奧라하니라 故로 淸涼이 嘆曰호대 大哉라 新經이여 而無得意之疏어니 安可指南이리오하시니 乃興述作之意也니라

"후철後哲"이라고 한 아래는 『간정기』가 종지를 미혹한 것이다.
"철哲"이라고 한 것은 지혜로운 사람이라는 뜻이니,
곧 정법원공靜法苑公[89]을 가리키는 것이니,
『간정기』 20권[90]을 지어 당역경을 해석하였다.
엿보지도 못하였다고 한 것은 규窺라고 한 것은 본다는 뜻이요,
불규不窺라고 한 것은 보지 못하였다는 뜻이니,
『간정기』에서 해석한 뜻이 다분히 『화엄경』의 본래 뜻을 잃었기에 그런 까닭으로 『화엄경』 가운데 현묘하고 깊은 뜻을 보지 못하였다는 것이다.
『논어』에 말하기를[91], 숙손무숙叔孫武叔이 조정에서 대부들에게 말

89 정법원공靜法苑公은 법장의 제자로 정법사靜法寺 혜원慧苑을 뜻한다.

90 『간정기』 20권이란, 불교사전에는 15권이라 했다. 즉 현수스님이 신역 『화엄경』 소문을 19권까지 짓다가 열반하자, 혜원이 현수의 뜻을 이어 『속화엄약소간행기』 15권을 짓고 『화엄경음』의 2권을 지었다고 하였다.

91 『논어』 운운은 『논어』 제19권이니. 숙손은 성이고 무숙은 자字이고 이름은 주구州仇이다. 무숙은 그 당시 노魯나라 대부였다. 자공도 역시 당시 대부였다.

하여 이르기를 '자공이 공자(仲尼)보다' 어질다 하였다. 자복경백子服景伯이 그 말을 자공에게 고하니 자공이 말하기를 '비유하자면[92] 궁궐의 담과 같아서 나[93]의 담은 어깨에 미치기에 집안의 좋은 것을 엿볼 수 있거니와 공자(夫子)의 담은 여러 길[94]이나 되기에 그 문에 들어가지 아니하면[95] 집안(궁궐)의 아름다움과 백관들이 많음을 보지 못하나니

그 문門을 얻은 사람이 적다' 하였으니,

지금에는 그 글을 빌려 『화엄경』의 집이 깊고 오묘하여 『간정기』가 요달하지 못한 것에 비유하기에 그런 까닭으로 현묘[96]하고 깊은 뜻을 엿보지도 못하였다고 말한 것이다.

그런 까닭으로 청량국사가 한탄하여 말하기를, "위대하다 신역경이여, 신역경의 본래의 뜻을 얻은 소문疏文이 없거니,

어찌 가히 지남指南을 삼겠는가" 하시니 이에 소문을 지을 뜻을 일으킨 것이다.

不揆膚受下는 三에 疏成廣播에 二니 初陳謙述이요 後는 疏遠流通이

자복子服은 성이고 경景은 시호이고 백伯은 자이고 이름은 하何이다.

92 원문에 비여譬如의 여如는 『논어』엔 지之로 되어 있다.

93 나란 원문에 사賜 자로서 자공의 이름이다.

94 여러 길이란 원문에 수인數仞으로, 7척尺을 인仞이라 한다.

95 그 문에 들어가지 아니하면 운운한 것은, 『논어집주』에 "그 문에 들어가지 아니하면 그 가운데 있는 바를 볼 수 없나니, 담이 높고 궁전이 넓은 것을 말한다" 하였다.

96 현묘란, 여기에 현玄자는 서문의 소(영인본 1책, p.25, 6행)엔 기其 자이다.

니 今初는 陳謙述也라 揆者는 度也요 膚者는 皮也니 皮膚之受일새 故云 膚受라하니라 馬融이 曰호대 膚外語受하야 非內實也라하며 東京賦에 云호대 末學膚受하야 貴耳而賤目也라하니 濟曰호대 所受가 膚薄하야 貴於耳而賤於目이라하니라 意云호대 我不自度膚淺之學하고 輒便解釋此經이라하니 是自專也니라

"내 청량이 피부로만 받아들여 아는 것을 헤아리지 않는다"고 한 아래는 세 번째 소문을 완성하여 널리 전파한 것에 두 가지가 있나니,
처음에는 겸손하게 소문 짓는 것을 진술한 것이요,
뒤에는 그 소문이 멀리까지 유통한 것이니,
지금은 처음으로 겸손[97]하게 소문 짓는 것을 진술한 것이다.
"규揆"라고 한 것은 헤아린다(度)는 뜻이요,
"부膚"라고 한 것은 피부라는 뜻이니,
피부로만 받아들이기에 그런 까닭으로 부수膚受[98]라 말한 것이다.
마융馬融[99]이 말하기를 "피부 밖으로만 말을 받아들여 안의 진실을 모른다" 하였으며,
「동경부東京賦」[100]에 말하기를 "말학末學이 피부로만 받아들여 귀는

97 겸손이란 피부로만 받아들여 헤아리지 않는다는 것이고, 진술이란 화엄의 현묘하고 미묘한 도리를 소문으로 열어 밝힌다는 것이다.

98 부수는 앞에서 주注로 잘 설명하였다.

99 마융은 후한시대 학자이니, 『논어』 제12권에 나온다.

100 「동경부」는 장형張衡이 지은 것으로, 동경에 대한 기록이다. 장형은 후한시대 사람으로 자는 평자平子이며, 문장에 뛰어나 「동경부」와 「서경부」를 지었다.

귀하게 생각하나 눈은 천하게 생각한다"[101] 하니, 제濟[102]가 말하기를 "받아들이는 바가 얕은 피부 같아 귀는 귀하게 생각하나 눈은 천하게 생각한다" 하였다.

그 뜻에 말하기를, 내가 스스로 얕고 얇은 학문을 헤아리지 않고 문득 이 『화엄경』을 해석하였다 한 것이니, 이것은 자기 마음대로[103] 소문을 지었다는 뜻이다.

偶溢九州下는 疏遠流通이니 偶者는 不期而會요 溢者는 盈滿之義라 九州者는 通典에 云호대 雍荊青豫冀幽兗楊徐 是爲九州라하니라 遐飛者는 遐者는 遠也요 飛는 揚也라 四海者는 東夷西戎과 南蠻北狄이 爲之四海라 疏主 謙云호대 我所造疏는 自備遺忘하야 教示童蒙이요 非敢望於遠布로대 忽然盈溢於九州하고 遠揚於四海之內也라하시

천문과 역산曆算에도 능하였다.

101 귀는 귀하게 생각하나 눈은 천하게 생각한다는 것은, 자사刺使 이고李翺가 약산유엄스님과 마주하고 말하기를 "보니 들은 명성과 같지 않다" 하니, 유엄이 말하기를 "어찌 귀는 귀하나 눈은 천한가" 하였다. 그 즉시 이고가 참회하고 지성으로 "어떤 것이 도입니까" 하니 유엄이 손가락으로 하늘과 땅을 가리키고 "알겠는가(會麼)" 하니, "모르겠다" 하였다. 그때 유엄이 "구름은 하늘에 있고 물은 병에 있다" 하니 그때 이고가 장쾌하여 절을 하고 게송을 지어 말하기를 "수련하여 얻은 몸의 모습은 학의 모습 같고/ 천 그루 소나무 아래에는 두 함의 경만 있도다./ 내가 와서 도를 물으니 여타의 말은 없고/ 구름은 푸른 하늘에 있고 물은 병에 있다 하시네" 하였다.

102 제濟는 「동경부」의 주注에 있다.

103 원문에 전傳 자는 '자기 마음대로 할 전'이다.

니 觀其噬像之夢과 飛龍之瑞컨대 實乃洞契佛心하야 使之然也니라

"우연히도 그 소문이 구주에 넘쳐났다"고 한 아래는 그 소문이 멀리까지 유통한 것이니,
"우偶"라고 한 것은 기약 없이 우연히 만났다는 뜻이요,
"일溢"이라고 한 것은 가득 차서 넘친다는 뜻이다.
"구주九州"라고 한 것은 『통전』[104]에 말하기를 "옹雍과 형荊과 청靑과 예豫와 기冀와 유幽와 곤袞과 양楊과 서徐가 이 구주가 된다" 하였다.
"멀리 사해에까지 날아갔다"고 한 것은, "하遐"라고 한 것은 멀다는 뜻이요,
"비飛"라고 한 것은 드날렸다는 뜻이다.
"사해四海"라고 한 것은 동이東夷와 서융西戎과 남만南蠻과 북적北狄이 사해가 되는 것이다.
소주疏主[105]가 겸손하여 말하기를, "내가 소문을 지은 바는 스스로 잊어버릴 것에 대비하여 동몽童蒙에게 교시敎示한 것이고, 감히 멀리까지 유포되기를 희망한 적이 없었지만 홀연히 구주에 가득 차서 넘쳐나고 멀리 사해의 안까지 드날렸다" 한 것이니,
그 불상을 삼킨 꿈과[106] 용이 되어 날아가는 상서로운 꿈을 보건대,

---

104 『통전』은 당나라 두우杜佑가 지은 책이다. 이백권으로 고대로부터 당나라 현종玄宗까지 식화食貨와 선거選擧와 직관職官과 예禮와 악樂과 병형兵刑과 주군州郡과 변방邊方의 팔문으로 나누어 기록한 책이다.

105 소주는 소를 지은 청량스님이다.

106 불상을 삼킨 꿈 등은 청량소초연기문 가운데 있나니, 탄허본 44책, p.9,

진실로 이에 부처님의 마음에 밝게 계합하여 그 소문으로 하여금 그렇게 유포케 한 것이다.

講者下는 後에 請集鈔文에 四니 初는 學徒咨請이요 二는 冀遠重宣이요 三은 法師承領이요 四는 述作體式이라 且初中에 四니 初는 標衆이요 二는 陳詞요 三은 按定이요 四는 謙承이라 且初標衆에 講者는 解也며 論也니 解釋文義하고 論量邪正하야 敎示學徒를 名爲講者라 或當代英賢이며 或聽習之者니 盈滿百人하야 同時伸請이라

"그러던 어느 날 강자들 백 명"이라고 한 아래는 뒤에 초문을 집술하기를 청함에 네 가지가 있나니,
처음에는 배우는 사람들이 묻고 청하는 것이요,
두 번째는 먼 후세를 위하여 거듭 선설하기를 바라는 것이요,
세 번째는 청량법사가 승낙하여 받아들이는[107] 것이요,
네 번째는 소초를 짓는[108] 방식이다.
또한 처음 가운데 네 가지가 있나니,
처음에는 대중[109]을 표한 것이요,
두 번째는 진술하여 고하는[110] 것이요,

3행과 7행이다. 영인본 화엄은 1책, p.12, 6행이다.

107 원문에 영領 자는 영수領受의 뜻이니 받는다는 말이다.

108 원문에 체식體式은 일정한 모습과 방식이다.

109 대중이란 여기서 말하는 백 명의 강사들이다.

110 고한다는 것(詞, 고할 사)은 백 명의 강사들이 청량스님에게 고한다는 것이다.

세 번째는 안찰하여 결정하는 것이요,
네 번째는 겸손하게 받드는 것이다.
또한 처음에 대중을 표한다고 한 것에 강자講者라고 한 것은 해석하는 사람이며 논하는 사람이니,
경문의 뜻을 해석하고 삿된 것과 바른 것을 논하고 헤아려 배우는 사람들에게 교시하는 것을 강자講者라 이름하는 것이다.
혹은 그 당대에 영재이고 현자賢者이며 혹은 듣고 익히는 자이니,
그 강자들 백 사람이 가득히 와서 동시에 청함을 편 것이다.

咸叩下는 二에 陳詞니 咸者는 皆也요 叩者는 擊也요 余者는 我也니 意云호대 講者百人이 皆詣我所하야 用言擊勵하야 勸造鈔也라하니라

"다 물었다"고 한 아래는 두 번째 진술하여 고한 것이니,
"함咸"이라고 한 것은 다(皆)라는 뜻이요,
"고叩"라고 한 것은 두드린다는 뜻이요,
"여余"라고 한 것은 나라는 뜻이니,
그 뜻에 말하기를, 강자 백 사람이 다 나의 처소에 이르러 격려하는 말로써 초문 짓기를 권하였다는 것이다.

大教下는 三에 按定이라 大教는 揀非泛常之典이니 乃如來不思議大威德法門일새 故云大教라하니라 趣者는 旨也며 深也니 旣所釋之經

두 번째, 세 번째, 네 번째는 강사들이 하는 것이다.

이 洪深일새 故로 能釋之疏도 幽遠이라

"화엄의 큰 가르침"이라고 한 아래는 세 번째 안찰하여 결정한 것이다.
큰 가르침이라고 한 것은 뜬 마음으로 보는 보통 경전이 아님을 가리는 것이니,
이것은 여래의 불가사의한 큰 위덕의 법문이기에 그런 까닭으로 큰 가르침이라 말한 것이다.
취趣라고 한 것은 지취(旨)라는 뜻이며 깊다는 뜻이니,
이미 번역한 바 『화엄경』이 넓고도 깊기에 그런 까닭으로 능히 해석한 소문도 유원(幽)한 것이다.

親承下는 四에 謙承이니 卽當時聽習之者가 口傳心授하야 啓悟眞宗이라 髣髴者는 相似之義니 唯識疏에 云호대 雖則髣髴糟粕이나 未能曲盡幽玄이라하니 意云호대 我等이 非敢洞明幽趣니 親蒙指訓하야 相似近宗也라하니라

"친히 가르쳐 주심을 받는다"고 한 아래는 네 번째 겸손하게 받드는 것이니,
곧 그 당시에 듣고 익히는 사람들이 입으로 전하고 마음으로 주어 진실한 종지를 깨달았다는 것이다.
"방불髣髴"이라고 한 것은 서로 비슷하다는 뜻이니,
『유식소』에 말하기를, "비록 곧 조백糟粕에는 서로 비슷하지만 아직

능히 깊고 현묘한 이치는 자세히 다하지 못하였다" 하였으니,
그 뜻에 말하기를, 우리 등 강자講者들이 감히 깊은 이취를 밝게 깨닫지 못하였으니
친히 지시하여 가르쳐주심을 받아야 서로 비슷하게라도 종취에 근접할 것이라 한 것이다.

垂範下는 二에 冀遠重宣에 二니 初는 愍後요 後는 正請이라 且初愍後에 垂者는 布也요 範者는 儀範이라 十口所傳이 爲古니 今云千古者는 乃萬世之津粮矣니라 慮者는 思慮요 惑者는 疑也니 慮恐傳之後世에 疑惑高遠之悟니라 希垂下는 二에 正請이니 希望再作鈔文하야 剖拆疏義하야 燦然明白일새 故로 云得覩光輝라하니라

"특히 천고만세에 의범을 펴고자 한다"고 한 아래는 두 번째 먼 후세를 위하여 거듭 선설하기를 바라는 것에 두 가지가 있나니,
처음에는 먼 후세를 어여삐 여기는 것이요,
뒤에는 바로 청하는 것이다.
또한 처음에 먼 후세를 어여삐 여긴다고 함에, "수垂"라고 한 것은 편다는 뜻이요,
"범範"이라고 한 것은 의범이라는 뜻이다.
열 사람의 입[111]으로 전한 바가 고古가 되는 것이니,

111 열 사람의 입이란 한자에 고古를 분석한 것이니, 十+口는 고古가 되는 것이다.

지금에 천고라고 말한 것은 이에 만세에 나루와 식량이 된다는 것이다.
"여慮"라고 한 것은 사려思慮한다는 뜻이요,
"혹惑"이라고 한 것은 의심한다는 뜻이니,
먼 후세에 전함에 높고 유원한 깨달음[112]을 의혹할까 염려하는 것이다.
"바라건대 거듭 해부하는 은혜를 내린다"고 한 아래는 두 번째 바로 청한 것이니,
다시 초문鈔文을 지어 소문의 뜻을 해부하고 분석하는 은혜를 내려 찬연히 명백케 하기를 희망하기에 그런 까닭으로 말하기를 광명이 빛남을 얻어 보게 하소서라고 하였다.

順斯下는 三에 法師承領에 三이니 初는 明製鈔意요 次는 引古釋成이요 後는 出意製鈔라 且初明製鈔意에 雅者는 正也요 懷者는 情懷니 順斯雅正之懷하야 重啓利生之念하고 再爲條貫義理하야 令無盡法門으로 宛如在目이라 尙書에 云호대 如網在綱이면 有條而弗紊이라하야늘 注云호대 如網在綱이면 有條而不亂也라하니 故名隨疏演義鈔니라

"이런 바른 생각을 따른다"고 한 아래는 세 번째 청량법사가 승낙하여

112 먼 후세에 전한다고 한 것은 소문이 먼 후세에 전하여진다는 것이다. 높고 유원한 깨달음이란 청량스님의 깨달음을 말한다.

받아들이는 것에 세 가지가 있나니,
처음에는 초문을 지은 뜻을 밝힌 것이요,
다음에는 옛날 사람의 말을 인용하여 해석하여 성립한 것이요,
뒤에는 뜻을 내어 초문을 지은 것이다.
또한 처음 초문을 지은 뜻을 밝힘에 "아雅"라고 한 것은 바른 뜻이요,
"회懷"라고 한 것은 마음으로 품은 생각이니,
이런 바른 생각을 따라 거듭 중생을 이익케 하는 생각을 열고 다시 소문의 의리를 조목조목 꿰어 다함이 없는 법문으로 하여금 완연히 눈앞에 있어 듣는 것과 같게 하는 것이다.
『상서』[113]에 말하기를, "마치 그물에 벼리가 있으면 조리가 있어 어지럽지 않는 것과 같다" 하였거늘, 주注에 말하기를, "마치 그물에 벼리가 있으면 조리가 있어 산란하지 않다" 하였으니,
그런 까닭으로 『수소연의초』라 이름한 것이다.

昔人下는 引古釋成이라 纂玄等에 述楊子書의 造船之事나 而未見文이니 不敢依憑이요 今依楊子法言컨대 問經之難易를 曰存亡이니 或不敏者가 請益하면 則曰人在則易니 有所請益이요 人亡則難이니 無所請益이라하니라

"옛날 사람"이라고 한 아래는 옛날 사람의 말을 인용하여 해석하여 성립한 것이다.

113 『상서』란 『서경』의 옛날 이름이니, 반경상편盤庚上篇의 말이다.

『찬현기』 등에 "양자서楊子書에[114] 배를 만드는 일을 지었다" 하나
아직 그 글을 보지 못하였으니
감히 의지할 바가 아니요,
지금에는 양자의 『법언』[115]에 의지한다면 경을 물음에 어렵고 쉬운 것을 사람이 있고 없는 것을 말하는 것이다 하였으니,
혹 민첩하지 못한 사람이 이익을 청하면 곧 말하기를, "사람이 살아있으면 곧 쉽나니
이익을 청할 곳이 있는 것이요,
사람이 죽고 없으면 곧 어렵나니
이익을 청할 곳이 없다" 하였다.

今爲下는 出製鈔意니 今爲順請하야 重釋此疏하야 冀望遠方하고 流通於後世하야 凡有覩斯鈔文에 皆如與我面對니 卽疏主의 普現色身三昧之謂也라

---

114 양자서에 운운은, 『양자』에 말하기를, 양자가 금강錦江을 지나다가 한 부인이 아이를 안고 울고 있는 것을 보고 그 이유를 물으니, "저의 남편이 살아생전에는 등나무와 옻칠과 쇠와 나무 등을 이용하여 배를 잘 만들었습니다. 그러나 지금은 남편이 죽고 없는데, 왕이 배를 만들라 하니 만들 수가 없습니다. 따라서 죽음을 당할까 두려워서 아이를 안고 울고 있습니다" 하였다. 이 말을 듣고 양자가 탄식하며 말하기를, "사람이 살아있으면 곧 쉽거니와 사람이 죽고 없으면 곧 어렵다" 하였다.

115 『법언法言』은 책 이름이니 『논어』를 모방하여 지은 것이다. 『태현경太玄經』은 『주역』을 모방하여 지은 것이다. 즉 둘 다 모방서이다.

"지금에 이 해석"이라고 한 아래는 초문을 짓는 뜻을 설출한 것이니, 지금에 백 명의 강자講者가 청함을 따라 거듭 이 소문을 해석하여 먼 지방까지 가기를 바라고 후세에까지 유통되어 무릇 이 초문을 보는 사람이 있음에 다 나로 더불어 대면하여 듣는 것과 같기를 바라는 것이니,

곧 소주인 청량국사가 널리 색신삼매[116]를 나타내는 것을 말하는 것이다.

然繁則下는 四에 述作體式에 三이니 初는 正顯이요 次는 謙陳이요 後는 出理라 且初正顯은 爲離廣略二過라 疏에 云호대 文華라도 尙然翳理어든 繁言이 豈不亂心가하니 故知所作이 則不易也로다

"그러나 너무 번잡하면 곧 문장"이라고 한 아래는, 네 번째 소초를 짓는 방식에 세 가지가 있나니,

처음에는 바로 나타낸 것이요,

다음에는 겸손하게 진술한 것이요,

뒤에는 이유를 설출한 것이다.

또한 처음에 바로 나타낸 것은 넓고 간략한[117] 두 가지 허물을 떠나기 위한 것이다.

---

116 색신삼매色身三昧는 보현보살이 색신삼매에 들어감에 그 몸이 만방에 퍼져나감을 말하는 것이니, 여기서는 청량국사의 소초의 몸이 먼 지방과 후세에 퍼져나가는 것을 말한다 하겠다.

117 넓다는 것은 번잡하다는 것이고, 간략하다는 것은 간단하다는 것이다.

소문에 말하기를, "문채가 화려한 것도 오히려 그렇게 이치를 가리거든, 번잡한 말이 어찌 마음을 요란하게 하지 않겠는가" 하였으니, 그런 까닭으로 지은 바 초문이 곧 쉽지 아니함을 알 수 있는 것이다.

顧此下는 次謙陳이라 才難은 論語泰伯篇에 孔子 曰호대 才難이 不其然乎아하니 彼意는 嘆國家人才難得이어니와 此特借用하야 以見折衷之才之難이라 故로 疏主 謙云호대 我無折衷之才어늘 輒述鈔文하니 實爲慚愧라하시니라

"돌아보건대 이 사람"이라고 한 아래는 다음에 겸손하게 진술한 것이다.

"재란才難"이라고 한 것은 『논어』 태백泰伯편[118]에 공자가 말하기를, "재주를 얻기 어려운 것이다"[119] 한 것이 그렇지 않겠는가 하였으니, 저 『논어』의 뜻은 국가에 재주 있는 사람을 얻기가 어렵다고 탄식한 것이어니와, 여기서는 다만 그 말만 빌려 써서 절충하는 재주가 없음을 나타낸 것이다.

---

118 태백편은 『논어』 제8권 태백편이다.

119 재주를 얻기 어렵다고 한 것은, 구체적으로 말하면 순임금에게는 오인五人의 신하가 있어 천하를 다스렸다 하고, 무왕은 말하기를 "나에겐 신하를 다스리는 십인十人이 있다" 하였다. 공자가 "말하기를 사람의 재주를 얻기 어려운 것이 그렇지 않겠는가. 당나라와 우나라의 경계가 운운"하였다. 오인은 우·직·계·고·도·태백이다. 십인은 주공·소공·태공·필공·영공·태전·굉요·산선생·남궁괄·부모이다.

그런 까닭으로 소주인 청량국사가 겸손하여 말하기를, "나는 절충하는 재주가 없거늘 문득 초문을 지었으니 진실로 부끄럽다" 하였다.

意夫下는 後出理니 若離繁簡二失하야 注述鈔文이면 庶使學者로 其詞[120]無枝蔓矣리라

"뜻하는 것은 대저 후학들"이라고 한 아래는 뒤에 이유를 설출한 것이니,
만약 번잡하고 간단한 두 가지 허물을 떠나 초문을 주석하여 짓는다면 후학자들로 하여금 그 말이 지엽과 덩굴이 아니게 함을 바랄 수 있을 것이다.

---

120 기사其詞는 서문에 기사其辭라 하였다.

대방광불화엄경수소서연의초 권제1

大方廣佛華嚴經隨疏序演義鈔 卷第一

鈔

將釋此疏에 大分爲四호리니 初는 總序名意요 二는 歸敬請加요 三은 開章釋文이요 四는 謙讚迴向이니 爲順經文의 有四分故라 若順序正流通인댄 則合前二하야 爲序分이요 開章으로 爲正宗이요 謙讚으로 爲流通이니라

장차 이 소문(疏)을 해석함에 크게 나누어 네 가지로 하리니,
처음에는 이름과 뜻을 한꺼번에 서술하는 것이요,
두 번째는 삼보에 돌아가 공경하여 가피를 청하는 것이요,
세 번째는 문장을 열어 글을 해석하는 것이요,
네 번째는 겸손하고 찬탄하여 회향하는 것이니,
경문에 사분四分[121]이 있음을 따르기 위한 까닭이다.
만약 서분, 정종분, 유통분을 따른다면 곧 앞의 두 가지[122]를 합하여

---

121 사분四分이란 첫째는 거과권락생신분擧果勸樂生信分이고, 둘째는 수인계과생해분修因契果生解分이고, 셋째는 탁법진수성행분托法進修成行分이고, 넷째는 의인증입성덕분依人證入成德分이다.

서분을 삼고,
문장을 열어 글을 해석하는 것으로 정종분을 삼고,
겸손하고 찬탄하여 회향하는 것으로 유통분을 삼는 것이다.

今初에 總序名意는 卽是疏序며 亦名敎迹이라 麤分有四요 細科爲十이니 言有四者는 一은 通序法界가 爲佛法大宗이요 二에 剖裂下는 別敘此經하야 以申旨趣요 三에 是以菩薩搜祕下는 慶遇由致하야 激物發心이요 四에 題稱大方廣下는 略釋題目하야 令知綱要니 亦爲順經四分故라.

지금은 처음으로, 이름과 뜻을 한꺼번에 서술하는 것이라고 한 것은 곧 이것은 소문疏文에 대한 서문序文이며,
또한 이 교敎의 자취라 이름하는 것이다.
크게 나누면 네 가지가 있고, 자세히 과목하면 열 가지가 되나니,
네 가지가 있다고 말한 것은 첫 번째는 법계가 불법의 큰 종취가 됨을 통틀어 서술한 것이요,
두 번째 현묘하고 미묘한 뜻을 해부하고 분열한다고 한 아래는 이 경을 따로 서술하여 그 지취旨趣를 편 것이요,
세 번째 이로써 보살이[123] 비장祕藏[124]을 용궁에서 찾았다고 한 아래는

122 앞의 두 가지란 총서명의와 귀경청가이다.

123 세 번째 이로써 보살이 운운은, 탄허본 44책, p.108이다. (*이하 페이지만 나오는 곳은 같은 책이다.)

124 비장은 『화엄경』이다.

이 경전을 만난 이유를 경사롭게 여겨 중생이 발심하기를 격려하는 것이요,
네 번째 경의 제목을 대방광불화엄경이라고 이름한 것이라 한 아래는 경명의 제목을 간략하게 해석하여, 하여금 그 경의 강요綱要를 알게 하는 것이니,
또한 경에 네 가지로 나눈 것을 따르기 위한 까닭이다.

言細科爲十者는 爲順無盡故니 一은 標擧宗體요 二는 別歎能詮이요 三은 敎主難思요 四는 說儀周普요 五는 言該本末이요 六은 旨趣玄微요 七은 成益頓超요 八은 結歎宏遠이요 九는 感慶逢遇요 十은 略釋名題라

자세히 과목하면 열 가지가 된다고 말한 것은 다함이 없음을 따르기 위한 까닭이니,
첫 번째는 『화엄경』의 종지와 주체[125]를 거론한 것이요,
두 번째는 능전能詮[126]을 따로 찬탄한 것이요,
세 번째는 교주[127]를 사의하기 어려운 것이요,
네 번째는 설법하는 위의가 시방에 널리 두루한 것이요,

---

125 종지와 주체란 소전所詮이니, 『화엄경』에서 말한 뜻이다.

126 능전能詮은 『화엄경』의 글을 말한다.

127 교주는 석가모니를 말한다. p.49, 4행에는 설주난사說主難思라 했다. 네 번째는 p.52, 다섯 번째는 p.65, 여섯 번째는 p.71, 일곱 번째는 p.91, 여덟 번째는 p.106, 아홉 번째는 p.108, 열 번째는 p.111.

다섯 번째는 말이 근본과 지말을 갖춘 것이요,

여섯 번째는 지취旨趣가 현묘하고 미묘한 것이요,

일곱 번째는 이익을 이루어 문득 뛰어 들어가는[128] 것이요,

여덟 번째는 넓고 먼 이치를 맺어 찬탄한 것이요,

아홉 번째는 만난 것[129]을 감사하고 경사롭게 여기는 것이요,

열 번째는 경명의 제목을 간략하게 해석한 것이다.

---

128 문득 뛰어 들어간다는 것은 보편적으로 말하는 일초직입여래지一超直入如來智이다.

129 만난 것이란, 원문에 봉逢 자는 성주인 덕종德宗을 만났다는 뜻이고, 우遇 자는 『화엄경』을 만났다는 뜻이다.

疏

往復은 無際나 動靜은 一源이며 含衆妙而有餘하며 超言思而逈出者는 其唯法界歟라

가고 돌아오는 것은 끝이 없지만
움직이고 고요한 것은 근원이 하나이며,
수많은 미묘한 모습을 포함하고 있지만 여유[130]가 있으며
말과 생각을 초월하여 멀리 벗어난 것은
그 오직 법계뿐이다.[131]

鈔

今初에 往復無際로 至其唯法界歟는 文有五句하야 言意多含이나 略爲四意호리라 一은 約三大釋이요 二는 約本末釋이요 三은 明法界類別이요 四는 總彰立意라

지금은 처음으로, 가고 돌아오는 것은 끝이 없다 한 것으로부터 그 오직 법계뿐이라고 한 것에 이르기까지는 문장에 다섯 구절이 있어, 그 말이 뜻을 많이 포함하고 있지만, 간략하게 네 가지 뜻으로 하겠다.

첫 번째는 삼대三大를 잡아 해석한 것이요,

---

130 여유란 여지餘地의 뜻이다.

131 법계뿐이다까지 모두 오구五句이다.

두 번째는 근본과 지말本末을 잡아 해석한 것이요,
세 번째는 법계의 종류가 다름을 밝힌 것이요,
네 번째는 법계를 세운 뜻(立意)을 한꺼번에 밝힌 것이다.

今初에 約三大釋者는 意明法界의 具三大故니 初句는 明用이요 次句는 明體요 次句는 明相이요 次句는 融拂이요 末句는 結屬이라 今初는 卽往復無際가 是也라 往者는 去也며 起也며 動也요 復者는 來也며 滅也며 靜也라 無際는 有二하니 一은 約廣多하야 無有際畔이니 此就事用이요 二는 約絶於邊際니 據卽事同眞이라

지금은 처음으로, 삼대三大를 잡아 해석한다고 한 것은 뜻이 법계가 삼대를 구족하고 있음을 밝히는 까닭이니,
처음 구절은 작용(用)을 밝힌 것이요,
다음 구절은 자체(體)를 밝힌 것이요,
다음 구절은 모습(相)을 밝힌 것이요,
다음 구절은 위의 세 가지를 융합하고 떨치는 것(融拂)이요,
끝 구절은 맺어 배속한 것(結屬)이다.
지금은 처음으로 곧 가고 돌아오는 것은 끝이 없다고 한 것이 이것이다.
왕往이라고 한 것은 간다는 뜻이며 일어난다는 뜻이며 움직인다는 뜻이요,
복復이라고 한 것은 온다는 뜻이며 사라진다는 뜻이며 고요하다는 뜻이다.

끝이 없다(無際)고 한 것은 두 가지가 있나니,
첫 번째는 넓고 많아 끝의 경계가 없음을 잡은 것이니,
이것은 사실의 작용에 나아가 말한 것이요,
두 번째는 끝의 경계가 끊어진 것을 잡은 것이니,
사실에 즉하여 진실과 같음[132]에 의지한 것이다.

何法이 往復고 略有三義하니 一은 雙約迷悟說이요 二는 唯就妄說이요 三은 返本還源說이라 今初니 爲迷法界而往六趣는 去也며 動也요 悟法界하야 而復一心은 來也며 靜也니 皆法界用也라 迷則妄生이요 悟則妄滅이니라 然이나 眞有二義하니 一은 約隨緣인댄 迷則眞隨於妄이니 則眞滅妄生이요 悟則妄滅歸眞이니 則眞生妄滅이라 二는 約不變인댄 迷悟生滅과 來往紛然이나 眞界는 湛若虛空하야 體無生滅이니 此義는 在下體中하니라 言無際者는 迷來無始일새 故無初際요 悟絶始終일새 際卽無際니라

어떤 법이 가고 돌아오는 것인가.
간략하게 세 가지 뜻이 있나니,
첫 번째는 미迷하고 깨달음을 함께 잡아 설한 것이요,
두 번째는 오직 허망한 것에만 나아가 설한 것이요,
세 번째는 근본을 돌이켜 근원에 돌아옴을 설한 것이다.

---

132 사실에 즉하여 진실과 같다고 한 것은, 사실은 사법계이고 진실은 이법계이니, 마치 고기가 변하여 용이 되어도 그 비늘을 바꾸지 않고, 범부를 바꾸어 성인이 되어도 그 마음을 바꾸지 않는 것과 같다 하겠다.

지금은 처음으로, 법계法界를 미하여 육취六趣에 가는 것은 간다는 뜻이며 움직인다는 뜻이요,

법계를 깨달아 일심에 돌아오는 것은 온다는 뜻이며 고요하다는 뜻이니,

다 법계의 작용이다.

미하면 곧 망상이 생기고, 깨달으면 곧 망상이 사라지는 것이다.

그러나 진실에 두 가지 뜻이 있나니,

첫 번째는 인연을 따르는 것을 잡는다면 미하면 곧 진실이 망상을 따르나니,

곧 진실이 사라지고 망상이 생기는 것이요,

깨달으면 곧 망상이 사라져 진실에 돌아가는 것이니,

곧 진실이 생기고 망상이 사라지는 것이다.

두 번째는 변하지 아니함을 잡는다면 미하고 깨닫는 것과 생기고 사라지는 것과 오고 가는 것이 어지럽지만, 진여법계(眞界)는 담담하기가 허공과 같아 자체가 생기고 사라짐이 없나니,

이 뜻은 아래[133] 자체를 밝힌 가운데 있다.

"끝이 없다(無際)"고 말한 것은 미하여 온 것이 시작이 없기에 그런 까닭으로 초제初際[134]가 없고,

깨달아 처음과 끝이 끊어졌기에 끝이 곧 끝이 없는 것이다.

---

133 아래란, p.38, 3행에 움직이고 고요하다고 한 것은 법계의 자체라고 한 것을 말한다.

134 초제는 과거이다.

二에 唯約妄說은 復有二義하니 一은 竪論去來인댄 過去無始하고 未來無終일새 無初後際요 二는 約橫說인댄 妄念攀緣이 浩無邊際니 上二는 皆約廣多無際니라 若約絶際인댄 妄無妄源일새 竪無初際요 旣無有始어니 豈得有終가 故絶後際니라 中觀論에 云호대 大聖之所說은 本際不可得이니 生死無有始며 亦復無有終이라 若無有始終인대 中當云何有리오 是故於此中에 先後共亦無라하니 橫尋妄心에 不在內外일새 故亦無際니라 是以로 遠公이 云호대 本端竟何從고 起滅有無際라 一毫涉動境하면 成此隤山勢로다 惑相更相承하야 觸理自生滯하니 因緣雖無主나 開途非一致라하니 卽其義也니라

두 번째는 "오직 허망한 것에만 나아가 설한다"고 한 것은 다시 두 가지 뜻이 있나니,
첫 번째는 가고 오는 것을 수竪[135]로 논한다면 과거는 시작이 없고 미래는 끝이 없기에 초제도 후제[136]도 없는 것이요,
두 번째는 가고 오는 것을 횡橫[137]으로 잡아 말한다면 허망한 생각으로 반연하는 것이 넓어 끝의 경계가 없는 것이니,
위에 두 가지는 다 넓고 많아 끝이 없음을 잡은 것이다.
만약 끝의 경계가 끊어진 것을 잡는다면, 망상은 망상의 근원이 없기에 수竪로 초제가 없는 것이요,
이미 시작이 없거니 어찌 끝이 있음을 얻겠는가.

---

135 수竪는 시간이다.

136 초제는 과거이고, 후제는 미래이다.

137 횡橫은 공간이다.

그런 까닭으로 후제가 끊어진 것이다.

『중관론』[138]에 말하기를 "대성大聖이 말한 바는

그 본제本際를 가히 얻을 수 없나니,

생사는 시작도 없으며

또한 다시 끝도 없다.

만약 시작도 끝도 없다면,

중간인들 마땅히 어떻게 있겠는가.

이런 까닭으로 이 가운데는

먼저도 뒤도 함께[139]도 또한 없다" 하였으니,

횡橫으로 허망한 마음을 찾음에 안과 밖이 있지 않기에 그런 까닭으로 또한 끝이 없는 것이다.

이런 까닭으로 혜원법사가 말하기를[140] "근본 단서가 다시 어디로

---

138 『중관론』이란, 『중론』 본제품本際品의 첫 번째 게송과 두 번째 게송이다. 『화엄경』 영인본(보련각 16책 중) 제7책, p.147에도 인용하였다.

139 먼저(先)란 시始, 뒤(後)란 종終, 함께(共)란 중中의 뜻이다.

140 혜원 운운은, 근본 단서에 대하여 혜원스님이 두 게송으로 말하고 있다. 이 게송은 구마라습과 혜원스님이 대화한 편지 내용 중 혜원스님의 답신을 인용한 것이니, 그 사실은 이렇다.

「구마라습이 왕궁에 들어간다는 소리를 듣고 혜원스님이 편지를 보냈다. 그러자 구마라습이 게송으로 혜원스님에게 법을 묻는 편지가 왔다.

이미 염착을 버리고 마음에 업을 거두었는가.(계율을 물은 것이다)

마음이 허덕이지 않고 실상에 깊이 들어갔는가.(선정을 물은 것이다)

필경에 공한 모습에서 그 마음이 좋아하는 것이 없는가, 선정의 지혜를

좇아 나왔는가.
일어나고 사라지는 것은 끝이 없는 곳(無際)에 있다.
털끝만큼이라도 움직이는 경계를 관계한다면
이에 태산이 무너지는 형세를 이룰 것이다.

미혹한 모습이 다시 서로 이어져
닿는 이치마다 스스로 막힘을 내나니
인연이 비록 주체가 없지만,
길을 여는 것은 하나의 이치[141]가 아니다" 하였으니, 곧 그 뜻이다.

三에 約返本還源說하야 對其初義인댄 初義는 是總이요 第二에 約妄은 惟往非來요 今此는 唯復이니 復本源故라 斯卽靜義니라 故로 周易 復卦에 云호대 復에 其見天地之心乎인저하니라 然이나 往者必復일새 故로 泰卦에 云호대 無往不復은 天地際也라하니라 就此一義하야 自有往復이라 故로 文殊師利所說不思議佛境界經中에 善勝天子가 問文殊云호대 云何名修菩薩道니잇고 文殊가 初說雙行之行하시고

좋아하는가, 법성의 비춤은 없는가, 허망하고 속이는 등은 없는가.(이상은 지혜를 물은 것이다)

어진 당신께서 얻은 바 법의 근본을 보여주시기 바랍니다.」

이에 혜원스님이 여기에 인용한 게송으로 답신하였던 것이다.

이 내용은 『역대삼보기』 제7권과 『고승전』 제6권 혜원전에 기록되어 있다.

141 원문에 일치一致라 한 치致 자는 세世 자가 아닌가 한다. 세世 자라면 하나의 세상 이치(한 세상의 이치)라고 해석할 것이다.

次云호대 復次天子야 有往有復이 名修菩薩道니라 云何名有往有復니잇고 觀諸衆生의 心所樂欲을 名之爲往이요 隨其所應하야 而爲說法을 名之爲復이며 自入三昧를 名之爲往이요 令諸衆生으로 得於三昧를 名之爲復이며 自行聖道를 名之爲往이요 而能敎化一切凡夫를 名之爲復이며 如是自得無生法忍을 爲往이요 令諸衆生으로 得無生忍을 爲復이며 自以方便으로 出於生死를 爲往이요 令諸衆生으로 而得出離를 爲復이며 心樂寂靜을 爲往이요 常在生死하야 敎化衆生을 爲復이며 自勤觀察往復之行을 爲往이요 爲諸衆生하야 而說斯法을 爲復이며 自修空無相無願을 爲往이요 爲令衆生으로 斷於三種覺觀心故로 而爲說法을 爲復이며 堅發誓願을 爲往이요 隨其誓願하야 拯濟衆生을 爲復이며 發菩提心하야 願坐道場을 名之爲往이요 具修菩薩의 所行之行을 名之爲復이니 是爲菩薩往復之道라하시니 釋曰上來十對에 皆上句는 自利爲往이니 往涅槃故요 下句는 利他爲復이니 復於生死하야 化衆生故라 雖有往復이나 總爲返本還源하야 復本心矣니라 此中無際도 亦有二義하니 一은 菩薩行海가 廣無際也요 二는 一一稱眞하야 深無際也라 然上三義는 皆法界用矣니라

세 번째 "근본을 돌이켜 근원에 돌아옴을 설한다"고 한 것을 잡아 그 처음의 뜻[142]을 상대한다면, 처음의 뜻은 한꺼번에 말한 것이요, 제 두 번째 허망한 것을 잡은 것은 오직 가기만 하고 오지 않는

142 처음의 뜻은, 첫 번째 미하고 깨달음을 함께 설했다(一에 雙約迷悟說이다)는 것이다.

것이요,

지금 여기 제 세 번째는 오직 돌아오는 것뿐이니,

그 본원에 돌아오는 까닭이다.

이것은 곧 고요하다는 뜻이다.

그런 까닭으로 『주역』의 복괘復卦[143]에 말하기를 "돌아옴에 그 천지의 마음을 본다" 하였다.

그러나 간 사람은 반드시 돌아오기에 그런 까닭으로 태괘泰卦[144]에 말하기를 "가되 돌아오지 아니함이 없다고 한 것은 천지가 서로

---

143 복괘復卦: ䷗ 지뢰복地雷復(上 ☷은 地, 下 ☳는 雷)

이 지뢰복괘地雷復卦를 설명하는 상전에 "복復은 형통하다는 것은 강양剛陽이 돌아오기 때문이니, 움직여서 순리에 따라 행하는 것이다. 그런 까닭에 출입에 병이 없고, 벗이 와도 허물이 없다. 그 도를 반복하여 칠일 만에 돌아온다고 한(복괘 본문의 말이다) 것은 천도의 운행이고, 갈 곳이 있으면 이롭다고 한(복괘 본문) 것은 강양이 자라기 때문이니, 돌아옴에 (복괘는) 그 천지의 마음을 본다" 하였다.

단전에 말하기를 "복기견천지지심호復其見天地之心乎", 즉 돌아옴에 그 천지의 마음을 보는 것이다 하였다.

즉 ☷는 십일월이고, ☳는 양기가 처음 소생하는 것이니, 봄이 돌아옴에 만물이 싹트고 그곳에서 천지의 마음을 본다는 것이다.

144 태괘泰卦: ䷊ 지천태地天泰(上 ☷은 地, 下 ☰는 天)

이 지천태괘地天泰(太)卦는 천지가 화합한다는 뜻으로, 왕자는 이 태괘를 보고 백성을 편안한 곳으로 인도한다. 이 태괘 본문에, "구삼九三은 화평하지만 기울지 않음이 없고, 가지만 돌아오지 아니함이 없다. 어려워도 바르게 하면 허물이 없다" 하였다.

상전에 말하기를, "가지만 돌아오지 아니함이 없다고 한 것은 천지가 서로 사귀는 것이다" 하였다.

사귀는 것(交際)이다" 하였다.

이 한 가지 뜻[145]에 나아가 스스로 가고 옴이 있는 것이다.

그런 까닭으로 『문수사리소설부사의불경계경』 가운데 선승천자善勝天子가 문수에게 물어 말하기를 "어떤 것이 이름이 보살도를 닦는 것인가.

문수가 처음에 두 가지 행(雙行)[146]의 행을 설하고 다음에 말하기를, 다시 천자야, 감도 있고 옴도 있는 것이 이름이 보살도를 닦는 것이니라.

어떤 것이 이름이 감도 있고, 돌아옴도 있는 것인가.

모든 중생의 마음에 좋아하고 욕망하는 바를 관찰하는 것을 가는 것이라 이름하고,

그 중생이 응하는 바를 따라 법을 설하는 것을 돌아오는 것이라 이름하며,

스스로 삼매에 들어가는 것을 가는 것이라 이름하고,

모든 중생으로 하여금 삼매를 얻게 하는 것을 돌아오는 것이라 이름하며,

스스로 성인의 도를 행하는 것을 가는 것이라 이름하고,

능히 일체 범부를 교화하는 것을 돌아오는 것이라 이름하는 것이며,

이와 같이 스스로 무생법인無生法忍을 얻는 것을 가는 것이라 하고,

---

145 이 한 가지 뜻이란 바로 무제無際이다.

146 두 가지 행이란 유위와 무위, 대승과 소승, 공과 유, 상과 무상, 원과 무원, 생멸과 무생멸의 여섯 가지 상대의 두 가지 행을 말한다. 이것은 『문수사리소설부사의불경계경』에 있는 말이다.

모든 중생으로 하여금 무생법인을 얻게 하는 것을 돌아오는 것이라 하며,
스스로 방편으로써 생사를 벗어나는 것을 가는 것이라 하고,
모든 중생으로 하여금 생사를 벗어나 떠남을 얻게 하는 것을 돌아오는 것이라 하며,
마음에 고요함을 좋아하는 것을 가는 것이라 하고,
항상 생사에 있어 중생을 교화하는 것을 돌아오는 것이라 하며,
스스로 부지런히 가고 돌아오는 행을 관찰하는 것을 가는 것이라 하고,
모든 중생을 위하여 이 법을 설하는 것을 돌아오는 것이라 하며,
스스로 공과 무상과 무원을 닦는 것을 가는 것이라 하고,
중생으로 하여금 세 가지 각관覺觀[147]의 마음을 끊게 하기 위한 까닭으로 법을 설하는 것을 돌아오는 것이라 하며,
서원을 굳게 일으키는 것을 가는 것이라 하고,

---

147 세 가지 각관(三種覺觀)이란, 『회현기』 71권에 두 가지 뜻이 있나니 첫 번째는 세 가지(욕欲·에恚·해害)를 깨달아 관찰하는 마음이니, 곧 유식에서 말하는 심사尋求하고 사찰伺察하는 마음 작용이다. 신역에는 심사尋伺라 하고, 구역에는 각관이라 한다.

두 번째는 『유가론』 11권에 부정관으로 욕망을 다스리고, 자慈로써 성냄을 다스리고, 비悲로써 해침을 다스리나니, 세 가지 나쁜 각관을 상대하여 다스리는 까닭이요, 세 가지 해탈을 능히 다스리는 것이 아닌 까닭이다 하나니, 처음 뜻에 세 가지는 능치의 세 가지 해탈을 가리키고, 소치의 각관에 세 가지가 있음을 말한 것이 아니요, 뒤의 뜻에 세 가지는 소치의 각관에 세 가지가 있음을 가리키고, 능치의 세 가지 해탈을 말한 것은 아니다.

그 서원을 따라 중생을 건지는 것을 돌아오는 것이라 하며,
보리심을 일으켜 보리도량에 앉기를 서원하는 것을 가는 것이라 이름하고,
보살의 행할 바 행을 갖추어 닦는 것을 돌아오는 것이라 이름하는 것이니,
이것이 보살이 가고 돌아오는 도가 되는 것이다" 하였으니,
해석하여 말하면 상래의 열 가지 상대에 다 위(앞)에 구절은 자리로 가는 것을 삼나니
열반에 가는 까닭이요,
아래(뒤) 구절은 이타로 돌아오는 것을 삼나니
생사에 돌아와서 중생을 교화하는 까닭이다.
비록 가고 돌아오는 것이 있지만 모두 근본을 돌이켜 근원에 돌아와 본래의 마음으로 돌아오는 것이다.
이 가운데 끝이 없다는 것도 또한 두 가지 뜻이 있나니,
첫 번째는 보살의 행의 바다가 넓어서 끝이 없는 것이요,
두 번째는 낱낱이 다 진실에 칭합하여 깊어서 끝이 없는 것이다.
그러나 위의 세 가지 뜻은 다 법계의 작용이다.

二에 動靜一源者는 法界體也라 對上三義에 約迷悟者인댄 動卽往也며 靜卽復也니 動靜迷悟가 雖有二門이나 所迷眞性은 一源莫二이니 莫二之源이 卽是體也라 二에 對唯妄者인댄 動卽往復이니 有去來故요 靜卽體虛니 相待寂故니라 不釋動以求靜이요 必求靜於諸動이라 必求靜於諸動일새 故雖動而常靜이니 則動靜名殊나 其源莫二요 莫

二之源이 卽一體也라 三에 對返本還源說인댄 自利는 靜也요 利他는 動也니 二利相導하야 化而無化일새 則不失一源이니 爲法界體也니라 若對上二種無際者인댄 廣多無際는 動也요 際卽無際는 靜也요 動寂無礙는 爲一源也니 際與無際는 當體寂也니라

두 번째 "움직이고 고요한 것은 근원이 하나"라고 한 것은 법계의 자체이다.

위의[148] 세 가지 뜻에 첫 번째, 미하고 깨달음을 함께 잡는다고 한 것을 상대한다면 움직인다고 한 것은 곧 가는 것이며,

고요하다고 한 것은 곧 돌아오는 것이니,

움직이고 고요한 것과 미하고 깨닫는 것이 비록 두 가지 문門이 있지만, 미迷한 바 참다운 성품은 근원이 하나로 둘이 없나니,

둘이 없는 근원이 곧 이 법계의 자체이다.

두 번째, 오직 허망한 것에만 나아간다고 한 것을 상대한다면, 고요하다고 한 것은 곧 가고 돌아오는 것이니

가고 오는 것이 있는 까닭이요,

고요하다고 한 것은 곧 자체가 빈 것이니

상대相待가 고요한 까닭이다.

움직이는 것을 놓아두고[149] 고요한 것을 구하는 것이 아니고,

---

148 위란 탄허본 44책, p.35, 2행의 세 가지 뜻 중 첫 번째이다.

149 움직이는 것을 놓아둔다고 한 등의 사구四句는 『조론肇論』의 물불천론物不遷論의 말이다. 다만 여기에 첫 번째 구절(不釋動以求靜)이 여기 제 네 번째 구절(雖動而常靜) 아래에 있다. 구체적으로 말하면 승조의 『조론』에 말하기

반드시 고요한 것을 모든 움직이는 것에서 구하는 것이다.
반드시 고요한 것을 모든 움직이는 것에서 구하기에
그런 까닭으로 비록 움직이지만 항상 고요하나니,
곧 움직이고 고요한 것이 이름은 다르지만 그 근원은 둘이 없고,
둘이 없는 근원이 곧 하나의 법계의 자체인 것이다.
세 번째, "근본을 돌이켜 근원에 돌아옴을 설한 것"이라고 한 것을 상대한다면, 자리는 고요한 것이요,
이타는 움직이는 것이니,
자리와 이타가 서로 인도하여 교화하지만, 교화함이 없기에 곧 근원이 하나임을 잃지 않는 것이니,
법계의 자체가 되는 것이다.
만약 위의 두 가지는 끝이 없다[150]고 한 것을 상대한다면 넓고 많아

를, "방광반야의 법에는 가고 옴이 없으며 움직여 전함이 없다 하였으니, 대저 움직여 전하지 아니함을 찾는다면 어찌 움직이는 것을 놓고 고요한 것을 구하겠는가. 반드시 고요한 것을 모든 움직이는 것에서 구하는 것이다. 반드시 모든 고요한 것을 모든 움직이는 것에서 구하기에 그런 까닭으로 비록 움직이지만 항상 고요하며, 움직이는 것을 놓고 고요한 것을 구하지 않기에 그런 까닭으로 비록 고요하지만 움직이는 것을 떠나지 않나니, 그렇다면 곧 움직이고 고요한 것이 처음부터 다르지 않거니와, 미혹한 사람은 다르다 한다" 하였다.

150 위의 두 가지는 끝이 없다고 한 것은, 탄허본 44책, p.35, 11행에 끝이 있고 끝이 없는 것이 각각 두 가지가 있나니, 넓고 많아 끝이 없다고 한 그 끝은 작은 까닭으로 끝이 있는 것이라 말하고 많은 까닭으로 끝이 없다 말하는 것이다. 끝이 끊어져 끝이 없다고 한 그 끝은 형상이 있는 까닭으로 끝이 있다 말하고, 형상이 없는 까닭으로 끝이 없다 말하는 것이다.

끝이 없는 것은 움직이는 것이요,
끝이 있는 것이 곧 끝이 없는 것은 고요한 것이요,
움직이고 고요한 것이 걸림이 없는 것은 근원이 하나가 되는 것이니,
끝이 있는 것과 더불어 끝이 없는 것은 그 당체가 고요한 것이다.

三에 含衆妙而有餘者는 法界相大也니 謂杳冥之內에 衆妙存焉이라 淸淨法界의 杳杳冥冥은 以爲能含이요 恒沙性德의 微妙相大는 以爲所含이니 相依乎性하야 性無不包일새 故稱爲含이요 性體는 無外하고 相德有名하니 有名之數가 不能遍無外之體일새 故云有餘라하니 則恢恢焉하야 猶有餘地矣라 故로 阿僧祇品에 云호대 於一微細毛孔中에 不可說刹次第入커늘 毛孔能受彼諸刹호대 諸刹不能遍毛孔이라하니 卽斯義也니라 以毛約稱性이요 刹約不壞相일새 故로 廣相이 不能遍小性也니라

세 번째 "수많은 미묘한 모습을 포함하고 있지만 여유가 있다"고 한 것은 법계의 모습이 큰 것이니,
말하자면 아득하고 그윽한 안에 수많은 미묘한 모습[151]이 있는 것이다.
청정한 법계가 아득하고 그윽한 것은 능히 포함하는 것이 되는 것이요,
항하사 자성의 공덕에 미묘한 모습이 큰 것은 포함하는 바[152]가

151 아득하고 그윽한 것은 체體이고, 수많은 미묘한 모습은 상相이다.

되는 것이니,
모습이 자성을 의지하여 자성이 포함하지 아니함이 없기에 그런 까닭으로 포함한다고 이름하는 것이요,
자성의 자체는 밖이 없고 모습의 공덕은 이름이 있나니,
이름이 있는 그 수數가 능히 밖이 없는 자체에 두루하지 못하기에 그런 까닭으로 여유가 있다고 말한 것이니,
곧 넓고도 넓어 오히려 여지餘地가 있다[153]는 것이다.
그런 까닭으로 아승지품阿僧祇品[154]에 말하기를
"하나의 미세한 털구멍 가운데
가히 말할 수 없는 국토가 차례로 들어가거늘
털구멍은 능히 저 모든 국토를 수용하지만,
모든 국토는 능히 저 털구멍에 두루하지 못한다" 하였으니,
곧 이 뜻이다.
털구멍으로써 자성에 칭합함을 잡았고, 국토로써 모습을 무너뜨리지 아니함을 잡았기에, 그런 까닭으로 넓은 모습이 능히 작은 자성에 두루하지 못하는 것이다.

---

152 능히 포함하는 것은 체이고, 포함하는 바는 상이다.

153 넓고도 넓어 오히려 여지가 있다는 말은『장자』양생편養生篇의 말이다. 양생편에 말하기를, "소의 몸 마디마디에는 틈이 있어 칼날이 두텁지 않나니 두텁지 않은 칼날이 틈이 있는 곳으로 들어가면 넓고도 넓어 오히려 칼을 놀릴 여지가 있습니다(恢恢焉猶有餘地)" 하였으니, 그 말을 따온 것이다.

154 아승지품이란 아승지품 게송의 말이다.

然此相大에 略有二義하니 一은 約不空恒沙性德이니 此同教意요 二는 約事事無礙한 十玄之相이 本自具足이니 卽是別教之意니라 然이나 衆妙兩字는 亦老子意니 彼道經에 云호대 道可道면 非常道요 名可名이면 非常名이라 無名은 天地之始요 有名은 萬物之母라 故로 常無로 欲以觀其妙하며 常有로 欲以觀其徼니 此兩者는 同出而異名이라 同謂之玄이니 玄之又玄을 衆妙之門이라하니 釋曰然이나 彼意는 以虛無自然으로 以爲玄妙하고 復拂其迹일새 故云又玄이라하니라 此則無欲이니 於無欲에 萬物이 由生일새 故云衆妙之門이라하니라 今借其言이나 而不取其義니 意以一眞法界로 爲玄妙體하고 卽體之相으로 爲衆妙矣니라

그러나 이 모습이 큰 것에 간략히 두 가지 뜻이 있나니,
첫 번째는 불공不空한 항하사 자성의 공덕을 잡은 것이니
이것은 동교同教[155]의 뜻이요,
두 번째는 사사무애한 열 가지 현묘(十玄)[156]한 모습이 본래 스스로 구족한 것을 잡은 것이니
곧 이것은 별교別教[157]의 뜻이다.
그러나 중묘衆妙라는 두 글자는 또한 노자老子의 뜻이니,
저 『도덕경』[158]에 말하기를 "도를 가히 도라 한다면 영원한 도가

155 동교는 동교일승이다.

156 열 가지 현묘란 십현문이다.

157 별교別教는 별교일승이다.

158 저 도경(彼道經)을 통상적으로 『도덕경』이라 해석하였으나, 엄격히 논한다면

아니요,

이름을 가히 이름이라 한다면 영원한 이름이 아니다.

이름이 없는 것은 천지의 시작이요,

이름이 있는 것은 만물의 어머니이다.

그런 까닭으로 영원히 없는 것으로써 그 미묘함을 관찰하고자 하며,

영원히 있는 것으로써 그 끝[159]을 관찰하고자 하나니,

이 두 가지는 같은 곳에서 나왔지만 이름을 달리하는 것이다.

이 두 가지를 같이 현묘하다 말하나니,

현묘하고 또 현묘한 것[160]을 수많은 미묘한 문이라 한다" 하였으니,

해석하여 말하면 그러나 저 『도덕경』의 뜻은 허무자연으로써 현묘함을 삼았고 다시 그 자취를 떨쳐 버리기에 그런 까닭으로 또 현묘하다 말한 것이다.

이것은 곧 무욕無欲[161]을 말하는 것이니,

무욕에서 만물이 생기함을 인유하기에 그런 까닭으로 수많은 미묘한 문이라 말한 것이다.

상경은 도경道經이고 하권은 덕경德經이다. 이 문장은 상권인 도경 1장一章 초두에 나오는 말이다.

159 그 끝이란 현상세계의 끝, 현상세계의 귀착처를 말한다.

160 현묘하고 현묘하다는 것은 두 가지(有名과 無名)가 다 현묘함을 말하는 것이니, 처음의 현묘는 유명이고, 뒤의 현묘는 무명이다. 그러나 그것마저 떨쳐버리는 것이다.

161 이것은 곧 무욕(此則無欲)이라 한 것 때문에 『회현기』에 상무욕常無欲과 상유욕常有欲으로 해석하고 있다 하겠다. 즉 토吐를 상무욕으로 상유욕으로 달아본다는 것이다.

지금은 그 말을 빌려왔지만 그러나 그 뜻은 취하지 않나니,
여기의 뜻은 하나의 진실한 법계로써 현묘한 자체를 삼고,
자체에 즉한 모습으로 수많은 미묘함을 삼는 것이다.

四에 超言思而迥出者는 融拂上三也니 融則三一互收요 拂則三一雙寂이라 云何超耶아 謂理圓言偏일새 言生理喪하고 法無相想일새 思則亂生하나니 並皆超之일새 故云迥出이라하니라 故로 肇公이 云호대 口欲談而詞喪하고 心將緣而慮亡이라하시니 則迥出於言象之表矣니라 何者오 欲言相用이나 卽同體寂이요 欲謂體寂이나 相用紛然하니 卽一而三相不同이요 卽三而一體無二니 三一無礙하야 互奪雙亡이라 存泯莫羈어니 豈言象之能至리오 故云迥出이라하니라 又借斯亡絶하야 以遣言思언정 非有無言에 可爲棲託이라 故로 下經에 云호대 雖復不依言語道나 亦復不著無言說이라하니라 況言相이 本寂하야 亡絶도 亦亡가 斯則言與亡言이 相待亦寂이니 故假迥出之稱하야 以拂言與亡言之迹矣니라

네 번째 "말과 생각을 초월하여 멀리 벗어난 것"이라고 한 것은
위 세 가지를 융합하고 떨쳐버리는 것이니,
융합한다고 한 것은 곧 세 가지와 하나가 서로 거두는 것이요,
떨쳐버린다고 한 것은 곧 세 가지와 하나가 함께 고요한 것이다.
어떻게 말과 생각을 초월하는가.
말하자면 이치는 원만하지만 말은 치우치기에 말이 생기면 이치를 잃고, 법은 모습과 생각이 없기에 생각하면 곧 산란함이 생기나니,

모두 다 그것을 초월하기에 그런 까닭으로 멀리 벗어난 것이라 말한 것이다.

그런 까닭으로 승조법사(肇公)가 말하기를 "입으로 말하고자 하지만 말을 잃고, 마음으로 장차 번민하고자 하지만 생각이 없다" 하였으니, 곧 말과 모습의 밖을 멀리 벗어난 것이다.

무엇 때문인가.

모습과 작용을 말하고자 하지만 곧 자체가 고요한 것과 같은 것이요, 자체가 고요하다고 말하고자 하지만 모습과 작용이 번잡하게 많나니, 하나에 즉한 세 가지 모습이 같지 않은 것이요,

세 가지에 즉한 하나의 자체가 둘이 없나니

세 가지와 하나가 걸림이 없어서 서로 빼앗아 함께 없는 것이다.

있음과 없음에 구속받지 않거니 어찌 말과 모습이 능히 이르겠는가.

그런 까닭으로 멀리 벗어난 것이라 말하는 것이다.

또 이 승조법사의 끊어 없앤다는 말을 빌려 말과 생각을 보내는 것일지언정 말이 없는 곳에 깃들어 의지하려 함이 있는 것이 아니다.[162]

그런 까닭으로 아래 십회향[163]의 경문에 말하기를

---

162 말과 생각을 보낸다고 한 것은 유언有言에 집착하지 않는다는 것이고, 말이 없는 곳에 의지하려 함이 아니라는 것은 무언無言에도 집착하지 않는다는 것이다.

163 십회향이란 제 두 번째 불괴회향 게송 중 마지막에서 세 번째 게송 가운데 뒤에 두 구절이다. 갖추어 말하면 불취중생소언설不取衆生所言說과 일체유위허망사一切有爲虛妄事하나니 수부불의언어도雖復不依言語道나 亦復不着無言

"비록 다시 언어의 길을 의지하지 않지만,
또한 다시 언설이 없는 길에도 집착하지 않는다" 하였다.
하물며[164] 말과 모습이 본래부터 고요하여 끊어 없앤다는 것도 또한 없는 것이겠는가.
이것은 곧 말과 더불어 말이 없는 것이 상대하는 것도 또한 고요한[165] 것이니,
그런 까닭으로 멀리 벗어났다는 이름을 가자하여 말과 더불어 말이 없는 자취를 떨쳐버리는 것이다.

五에 其唯法界歟者는 結法所屬이니 屬法界也라 謂具上諸德은 獨在於法界矣니라

다섯 번째 "그 오직 법계뿐"이라고 한 것은 법이 소속한 바를 맺는 것이니
법계에 소속하는 것이다.
말하자면 위에 모든 공덕을 구족한 것은 오직 저 법계에만 있다는

說이로다.
즉 "중생이 말한 바 말과/일체 유위의 허망한 일을 취하지 않나니/비록 다시 언어의 길을 의지하지 않지만/또 다시 언설이 없는 길에도 집착하지 않는다"는 것이다.

164 하물며라고 한 아래는 상대하여 다스리지 않고 본래 공적함을 말하는 것이다.

165 상대하는 것도 또한 고요하다는 것은 언상言相을 상대하여 망언亡言이 있는 것이지만, 지금은 언상이 고요한 까닭으로 망언도 없다는 것이다.

것이다.

第二에 約本末釋者는 此上五句에 初句는 從本起末이니 卽不動眞際하고 建立諸法이요 次句는 攝末歸本이니 卽不壞假名하고 而說實相이요 第三句는 本末無礙니 則性相歷然이요 第四句는 本末雙寂이니 則言思無寄요 末句는 結屬이니 通四義焉이니라

제 두 번째[166] 근본과 지말을 잡아 해석한다고 한 것은 이 위의 다섯 구절에 처음 구절[167]은 근본을 좇아 지말을 일으키는 것이니,
곧 진제眞際를 움직이지 않고 모든 법을 건립하는 것이요,
다음 구절[168]은 지말을 섭수하여 근본에 돌아가는 것이니,
곧 거짓 이름을 무너뜨리지 않고 진실한 모습을 설하는 것이요,
제 세 번째 구절[169]은 근본과 지말이 걸림이 없는 것이니,
곧 자성과 모습이 분명한 것이요,
제 네 번째 구절은 근본과 지말이 함께 고요한 것이니,
곧 말과 생각을 의지하지 않는 것이요,
끝 구절은 소속을 맺는 것이니,

166 제 두 번째란 p.34, 7행이다.

167 처음 구절에 근본이란 소문에 무제이고 여기에 진제이며, 지말이란 소문에 왕복이고 여기에 제법이다.

168 다음 구절에 지말은 소문에 동정이고, 근본은 일원이다.

169 세 번째 구절에 근본은 함중묘이니 능함이고, 지말은 유여이니 소함이다. 그 아래는 소문을 배속하면 알 수 있을 것이다.

위의 네 가지 뜻에 통하는 것이다.

第三에 明法界類別者는 略有三意하니 一者는 會三法界니 初句는 事法界요 次句는 理法界요 第三句는 無障礙法界요 第四句는 融拂上三이요 第五句는 結屬上三法界也라 二者는 會四法界니 往復無際는 事也요 動靜一源은 具三義也니 動卽是事요 靜卽是理요動靜一源은 卽事理無礙法界也라 含衆妙而有餘는 事事無礙法界也요 超言思而逈出은 融拂四法界요 其唯法界歟는 亦結屬四法界也라 三者는 會五法界니 往復與動은 皆有爲也요 靜卽無爲라 一源은 有二하니 若互奪雙亡으로 爲一源인댄 則非有爲非無爲法界요 若互融雙照로 爲一源인댄 則亦有爲亦無爲法界라 含衆妙而有餘는 卽無障礙法界요 超言思而逈出은 總融五法界요 其唯法界歟는 結屬五法界니라

제 세 번째 법계[170]의 종류가 다름을 밝힌다고 한 것은 간략하게 세 가지 뜻이 있나니,
첫 번째는 세 가지 법계를 회통하는 것이니,
처음 구절은 사법계요,
다음 구절은 이법계요,
제 세 번째 구절은 무장애법계요,
제 네 번째 구절은 위의 세 가지 법계를 융합하고 떨쳐버리는 것이요,

---

170 법계란 아래 의리분제에서 자세히 설하였다. 법계관문엔 사事는 사실·현상·만물이고, 이理는 마음·진여·본체 등이라 하였다.

제 다섯 번째 구절은 위 세 가지 법계가 소속함[171]을 맺는 것이다.

두 번째는 네 가지 법계를 회통하는 것이니,

첫 번째 가고 돌아오는 것이 끝이 없다고 한 것은 사법계요,

두 번째 움직이고 고요한 것은 근원이 하나라 한 것은 세 가지 뜻을 갖추고 있나니,

움직인다(動)고 한 것은 곧 이것은 사법계요,

고요하다(靜)고 한 것은 곧 이것은 이법계요,

움직이고 고요한 것은 근원이 하나라고 한 것은 곧 사리무애법계[172]이다.

제 세 번째 수많은 미묘한 모습을 포함하고 있지만 여유가 있다고 한 것은 사사무애법계요,

제 네 번째 말과 생각을 초월하여 멀리 벗어났다고 한 것은 네 가지 법계를 융합하고 떨쳐버리는 것이요,

제 다섯 번째 그 오직 법계뿐이라고 한 것은 또한 네 가지 법계가 소속함을 맺는 것이다.

세 번째는 다섯 가지 법계를 회통하는 것이니,

---

171 법계의 소속이란, 위의 세 가지 법계가 모두 무장애법계에 돌아간다는 것이다.

172 사리무애법계란 법계관문에서 십문十門으로 설명하고 있다.
이가 사에 두루하고, 사가 이에 두루하고, 이를 의지하여 사를 이루고, 사가 이를 나타내고, 이를 의지하여 사를 빼앗고, 사가 이를 숨기고, 진리가 사에 즉하고, 사법이 이에 즉하고, 진리가 사가 아니고, 사법이 이가 아닌 등 열 가지이다.

가고 돌아오는 것과 더불어 움직인다고 한 것은 다 유위법계요,
고요하다고 한 것은 곧 무위법계이다.
근원이 하나(一源)라고 한 것은 두 가지 법계가 있나니,
만약 서로 빼앗아 함께 없는 것으로 근원이 하나라고 한다면 곧 비유위비무위법계非有爲非無爲法界요,
만약 서로 융합하여 함께 비추는 것으로 근원이 하나라고 한다면 역유위역무위법계亦有爲亦無爲法界이다.
"수많은 미묘한 모습을 포함하고 있지만 여유가 있다"고 한 것은 곧 무장애법계無障礙法界요,
"말과 생각을 초월하여 멀리 벗어났다"고 한 것은 다섯 가지 법계를 모두 융합하는 것이요,
"그 오직 법계뿐(其唯法界歟)"이라고 한 것은 다섯 가지 법계가 소속함을 맺는 것이다.

第四에 總彰立意者는 所以最初에 敘法界者는 應有問言호대 諸家章疏엔 多先敘如來의 爲物應生하사 先小後大하며 或無像現像하고 無言示言이어늘 今何最初에 便敘法界오할새 故今答云호대 以是此經之所宗故며 又是諸經之通體故며 又是諸法之通依故며 一切衆生의 迷悟本故며 一切諸佛의 所證窮故며 諸菩薩行이 自此生故며 初成頓說일새 不同餘經의 有漸次故라 然이나 最後一意가 正答初問이요 而前諸意는 共成後意耳니라

제 네 번째 "법계를 세운 뜻을 한꺼번에 밝힌다"고 한 것은, 최초에

법계를 서술한 까닭은 응당 어떤 사람이 물어 말하기를 "제가諸家의 문장과 소문에는 다분히 먼저 여래가 중생을 위하여 응당 출생하여 먼저 소승으로 말하고 뒤에 대승으로 말하며,

혹은 형상이 없는 것으로 형상을 나타내고 말이 없는 것으로 말을 보이는 것을 서술하였거늘 지금에는 어찌하여 최초에 곧바로 법계를 서술하는가" 하기에, 그런 까닭으로 지금 답하여 말하기를 "이 법계는 이 『화엄경』의 종취를 삼는 바인 까닭이며,

또 이 법계는 모든 경[173]이 공통으로 자체를 삼는 까닭이며,

또 이 법계는 모든 법[174]이 공통으로 의지하는 까닭이며,

일체중생이 미하고 깨닫는 근본인 까닭이며,

일체 모든 부처님이 증득하여 궁구한 바인 까닭이며,

모든 보살의 행이 이 법계로부터 출생하는 까닭이며,

이 법계는 처음 성도하고 문득 설하였기에 다른 경의 점차가 있는 것과는 같지 않은 까닭이다.

그러나 최후의 한 가지 뜻[175]이 바로 처음 물음을 답한 것이요, 앞의 모든 뜻은 뒤의 뜻[176]을 함께 성립하는 것이다."

---

173 모든 경은 십이부경을 말한다.

174 모든 법은 일체 사법事法을 말한다.

175 최후의 한 가지 뜻은 답 가운데 마지막 일곱 번째 처음 성도하여 문득 설한 것이라 한 것이고, 처음 물음은 먼저 소승으로 말하고 뒤에 대승으로 말하는가 한 것이다.

176 앞의 모든 뜻은 답 가운데 앞의 여섯 가지이고, 뒤의 뜻은 제 일곱 번째 처음 성도하여 문득 설한 것이다.

疏

剖裂玄微하며 昭廓心境하며 窮理盡性하며 徹果該因하며 汪洋冲融하며 廣大悉備者는 其唯大方廣佛華嚴經焉이니라

유현하고 미묘한 뜻을 쪼개어 나누며,
마음과 경계를 밝히고 넓히며,
이취를 궁진하고 체성을 다하며,
과보를 사무치고 원인을 갖추며,
깊고 넓고 비고 융통하며,
넓고 크게 다 갖추고 있는 것은
그 오직 대방광불화엄경뿐이다.

鈔

第二에 剖裂玄微下는 別歎能詮이니 意明此經이 詮於法界일새 故難思議라 文有七句하니 於中分四호리라 初二句는 總明能詮이라 言玄微者는 卽指法界多義也니 謂幽玄微妙之旨를 剖判分裂이 在乎此經이며 謂於無障礙法界를 剖爲心境二門이라 故로 下句에 云호대 昭廓心境이라하니라 云何剖裂고 謂一眞法界는 本無內外하며 不屬一多언마는 佛自證窮하사 知物等有하시고 欲令物悟하사 義分心境하시니 境爲所證이요 心爲能證이라 故로 下引裕公云호대 心則諸佛이 證之爲法身하시고 境則諸佛이 證之爲淨土라하니 則二皆所證이요 智爲能證이라 所證之境은 卽大方廣이요 能證之心은 則佛華嚴也니 文

中廣說일새 故云剖裂이라하니라

제 두 번째 "유현하고 미묘한 법을 쪼개어 나눈다"고 한 아래는 능전能詮을 따로 찬탄한 것이니,
그 뜻은 이 『화엄경』이 법계를 설명하고 있기에 그런 까닭으로 사의하기 어렵다고 밝힌 것이다.
소문疏文에 일곱 구절이 있나니,
그 가운데 네 가지로 나누겠다.
처음에 두 구절은 능전을 한꺼번에 밝힌 것이다.
유현하고 미묘하다고 말한 것은 곧 앞의 법계에 수많은 뜻을 가리킨 것이니,
말하자면 유현하고[177] 미묘한 뜻을 쪼개고 나누는 것이 이 『화엄경』에 있는 것이며,
말하자면 무장애법계無障礙法界[178]를 쪼개어 마음과 경계의 이문(心境二門)으로 하는 것이다.
그런 까닭으로 아래 구절에 말하기를 "마음과 경계를 밝히고 넓힌다" 하였다.
어떻게 쪼개고 나누는가.
말하자면 하나의 진실한 법계는 본래 안과 밖이 없으며,
하나와 많음에 속하지 않건만, 부처님이 스스로 증득하고 궁구하여

177 말하자면 유현하고 한 등은 제일구를 가리킨 것이다.

178 말하자면 무장애법계라고 한 등은 제이구를 가리킨 것이니, 위謂라는 글자가 그것이다.

모든 중생이 다 같이 가지고 있음을 아시고 그 중생으로 하여금 깨닫게 하고자 뜻으로 마음과 경계를 나누었나니,
경계는 증득할 바 경계가 되고,
마음은 능히 증득하는 마음이 되는 것이다.
그런 까닭으로 아래 영유법사(裕公)의 말을 인용하여 말하기를 "마음은 곧 모든 부처님이 증득하여 법신을 삼으셨고,
경계는 곧 모든 부처님이 증득하여 정토를 삼으셨다" 하였으니,
곧 두 가지가 다 증득할 바 경계가 되고,
지혜는 능히 증득하는 것이 되는 것이다.
증득할 바 경계는 곧 대방광大方廣이요,
능히 증득하는 마음은 곧 불화엄佛華嚴이니,
소문 가운데[179] 널리 설하였기에 그런 까닭으로 말하기를 "쪼개어 나눈다" 하였다.

言昭廓心境者는 心境은 卽上所開요 昭廓은 卽是此經이니 昭者는 明也며 照也요 廓者는 空也며 張小使大也라 云何明心境耶아 謂此經中에 昭明顯著若凡若聖과 若因若果와 能觀之心과 所觀之境하야 無不畢備故라 如出現品에 說佛境界는 卽佛境也요 說如來心은 卽佛心也니 諸位心境은 例此可知니라

179 소문 가운데란, 44책, p.111 이하에 대방광불화엄경에 대하여 잘 설명하고 있다.

"마음과 경계를 밝히고 넓힌다"고 한 것은, 마음과 경계라고 한 것은 곧 위에서 열어 밝힌 바요,
밝히고 넓힌다고 한 것은 곧 이것은 여기 『화엄경』이니,
소昭라고 한 것은 밝다는 뜻이며 비춘다는 뜻이요,
확廓이라고 한 것은 비다는 뜻이며 작은 것을 펴서 큰 것으로 만든다는 뜻이다.
어떻게 마음과 경계를 밝히는가.
말하자면 이 『화엄경』 가운데 혹 범부와 혹 성인과 혹 원인과 혹 과보와 능히 관찰하는 마음과 관찰할 바 경계를 밝게 나타내어 모두 다[180] 갖추지 아니함이 없는 까닭이다.
저 여래출현품如來出現品[181]에 부처님의 경계를 설하는 것은 곧 부처님의 경계요,
여래의 마음을 설한 것은 곧 부처님의 마음이니,
모든 지위[182]의 마음과 경계는 여기 부처님의 마음과 경계에 비례하면 가히 알 수 있을 것이다.

云何照心境耶아 謂此經中에 教人觀察若心若境하시니 如云호대 欲知諸佛心인댄 當觀佛智慧니 佛智無依處가 如空無所依라하니 此는 令觀佛心也요 又云호대 若有欲知佛境界인댄 當淨其意如虛空이라

180 필畢이란 '모두 다'라는 뜻이다.

181 여래출현품은 부처님의 경계와 마음에 대하여 말한 것으로, 바로 아래 욕지제불(欲知諸佛 云云) 등이라 한 것이다.

182 모든 지위란 십신·십주·십행·십지이다.

하니 此는 教觀佛境也라 菩薩凡夫의 所有心境觀照는 例知니라

어떻게 마음과 경계를 비추는가.
말하자면 이 『화엄경』 가운데 사람으로 하여금 혹 마음과 혹 경계를 관찰케 하나니,
저 출현품[183]에 말하기를
"모든 부처님의 마음을 알고자 한다면
마땅히 부처님의 지혜를 관찰해야 하나니,
부처님의 지혜는 의지할 곳이 없는 것이
마치 허공이 의지할 곳이 없는 것과 같다" 하였으니,
이것은 하여금 부처님의 마음을 관찰케 하는 것이요,
또 출현품[184]에 말하기를
"만약 어떤 사람이라도 부처님의 경계를 알고자 한다면
마땅히 그 뜻을 청정히 하여 허공과 같이 해야 한다" 하였으니,
이것은 하여금 부처님의 경계를 관찰케 하는 것이다.
보살과 범부가 소유한 마음과 경계를 관찰하여 비추는 것은 여기에 비례하면 알 수 있을 것이다.

云何空廓心境耶아 如云호대 法性本空寂하야 無取亦無見하니 性空卽是佛이라 不可得思量이라하니 卽空心境也라 無取는卽無境이요

183 원문에 여운如云이란 여래출현품 게송이다. 아래 두 구절은 바로 아래 나온다.
184 원문에 우운又云이란 역시 여래출현품 게송이다.

無見은 卽無心이니라 又云호대 若有欲知佛境界인댄 當淨其意如虛空하며 遠離妄想及諸取하야 令心所向皆無礙라하니 亦空心境也요 又云호대 若有欲得如來智인댄 應離一切妄分別이니 有無通達皆平等하면 疾作人天大導師라하니 亦空心境也니라

어떻게 마음과 경계를 비우고 넓히는가.
저 수미정상게찬품[185]에 말하기를
"법의 자성이 본래 공적하여
취할 것도 없고 또한 볼 것도 없나니,
법의 자성이 공적한 것이 곧 이 부처님이다.
가히 사량으로 얻을 수 없다" 하였으니
곧 마음과 경계를 비우고 넓히는 것이다.
취할 것이 없다고 한 것은 곧 경계가 없다는 것이요,
볼 것이 없다는 것은 곧 마음이 없다는 것이다.
또 출현품[186]에 말하기를
"만약 어떤 사람이라도 부처님의 경계를 알고자 한다면
마땅히 그 뜻을 청정히 하여 허공과 같이 해야 하며,
망상과 그리고 모든 취착을 멀리 떠나
마음으로 하여금 향하게 하는 바가 다 걸림이 없게 해야 한다" 하였으니,

185 원문에 여운如云이란 수미정상게찬품의 혜림보살 게송이다. 44책, p.54, 끝줄에도 인용하였다.

186 원문에 우운又云은 여래출현품 게송이다.

또한 마음과 경계를 비우고 넓히는 것이요,
또 십지품[187]에 말하기를
"만약 어떤 사람이라도 여래의 지혜를 얻고자 한다면
응당 일체 허망한 분별을 떠나야 하나니,
있고 없는 것[188]이 다 평등한 줄 통달한다면
빨리 인간과 천상에 대도사를 지을 것이다" 하였으니,
또한 마음과 경계를 비우는 것이다.

云何張小使大오 謂張於心則無心外之境이요 張境則無境外之心이니 以隨擧其一하야 攝法無遺니 卽無涯故라 故로 下經에 云호대 無有智外如가 爲智所入이요 亦無如外智가 能證於如라하니 上句는 張心이요 下句는 張境也라 眞心眞境은 本自無涯어니와 卽妄同眞은 則張小使大矣니라 經에 云호대 如來深境界여 其量等虛空이라하니 佛境大也요 又云호대 佛智廣大同虛空이라하니 眞心大也요 知妄本自眞하면 見佛則淸淨이라하며 如心佛亦爾하며 如佛衆生然하야 心佛與衆生이 是三無差別이라하니 皆張妄心이니 卽無涯也라 因果萬法을 心境普收니 隨一一事하야 皆可張廓이니라

어떻게 작은 것을 펴서 큰 것으로 만드는가.
말하자면 마음을 펴면 곧 마음 밖에 경계가 없고,

---

187 원문에 우운又云은 십지품 게송이다.

188 있고 없는 것이란 곧 허망한 분별이다.

경계를 펴면 곧 경계 밖에 마음이 없나니,
그 하나의 마음을 거론함을 따라 모든 법을 남김없이 섭수하는 것이니,
곧 끝이 없는 까닭이다.
그런 까닭으로 아래 십회향품[189] 경문에 말하기를
"지혜 밖에 진여가 지혜에 들어갈 바가 될 수 없고,
또한 진여 밖에 지혜가 능히 진여를 증득할 수 없다" 하였으니,
위(앞)에 구절은 마음을 펴는 것이요,
아래(뒤) 구절은 경계를 펴는 것이다.
진실한 마음과 진실한 경계는 본래 스스로 끝이 없거니와
허망함에 즉하여 진실함과 회동會同하는 것은 곧 작은 것을 펴서 큰 것을 만드는 것이다.
문명품 경문[190]에 말하기를
"여래의 깊은 경계여,
그 양이 허공과 같다" 하였으니
부처님의 경계가 큰 것이요,
또 입법계품[191]에 말하기를

189 원문에 하경下經이란 십회향품이니, 『현담』 5권, p.208, 1행 참고.

190 원문에 경운經云이란 문명품의 문수보살 게송이니 위에 두 구절만 인용하였다. 아래 두 구절은 일체중생입一切衆生入 이실무소입而實無所入이니, 즉 일체중생이 들어가지만 실로 들어간 바가 없다는 것이다.

191 원문에 우운又云이란 입법계품 보현보살 게송이니, 불지광대여허공佛智廣大如虛空 보현일체중생심普賢一切衆生心 실요세간제망상悉了世間諸妄想 불기종

"부처님의 지혜는 광대하여 허공과 같다" 하였으니
진실한 마음이 큰 것이요,
"허망한 것이[192] 본래 스스로 진실한 것인 줄 안다면
부처님이 곧 청정함을 볼 것이다" 하였으며,
"마음과 같아서[193] 부처도 또한 그러하며,
부처와 같아서 중생도 그러하여,
마음과 부처와 더불어 중생의
이 세 가지는 차별이 없다" 하였으니,
다 허망한 마음을 편 것이니,
곧 끝이 없는 것이다.
인과의 일체 만법을 마음과 경계로 널리 섭수하나니
낱낱의 일을 따라 다 가히 펴서 넓히는 것이다.

窮理盡性徹果該因者는 二에 有二句는 別顯深廣也라 理는 謂理趣道理니 廣也요 性은 爲法性心性이니 深也라 若極其理趣인댄 則盡其體性이니 今此經中에 意趣體性을 皆窮究也니라 此는 借周易說卦之言이니 彼云호대 窮理盡性하야 以至於命이니 昔者聖人之作易也에 將以順性命之理라하야늘 注云호대 命者는 生之極이니 窮理則盡其

종이분별不起種種異分別, 즉 부처님의 지혜는 광대하여 허공과 같아, 널리 일체중생의 마음에 두루하여, 세간의 모든 망상을 다 알지만, 가지가지 다른 생각을 일으키지 않는다는 것이다.

192 허망한 것 운운은 수미정상게찬품 정진혜보살의 게송이다.

193 마음과 같아서 운운은 야마천궁게찬품 각림보살의 게송이다.

能也라하니 卽以能字로 解性이라 性者는 能也니 各任性能하야 若窮其理數하며 盡其性能하면 則順於天命이라 故로 次云호대 以順性命之理라하니 今借語用之나 取意則別이니라

"이취를 궁진하고[194] 체성을 다하며 과보를 사무치고 원인을 갖춘다"고 한 것은, 두 번째 두 구절[195]이 있는 것은 깊고 넓은 것을 따로 나타낸 것이다.
이理라고 한 것은 이취와 도리를 말하는 것이니
넓다는 뜻이요,
성性은 법성과 심성을 말하는 것이니
깊다는 뜻이다.
만약 그 이취를 다한다면 곧 그 체성을 다하는 것이니,
지금 이『화엄경』가운데 의취와 체성을 다 궁구하는 것이다.
이것은『주역』설괘전[196]의 말을 빌려온 것이니,
저 설괘전에 말하기를 "이취를 궁진하고 체성을 다하여 천명에 이르나니,
옛날에 성인이『주역』을 지을 때에 장차 사람의 성품과 하늘의

194 이취 궁진 운운은 승조의 열반무명론 제1 난차難差에 "현묘한 도(여기서는 열반의 도)는 독존하나니, 이것은 이취를 궁진하고 체성을 다한 구경의 도이니 하나와 같아 차별이 없다" 하여, 즉 궁리진성이란 말이 보인다.

195 두 번째 두 구절은 당연히 궁리진성과 철과해인이다.

196 설괘전 운운은 설괘전 초두에 나오는 말로서, 영인본 1책, p.35, 탄허본 44책, p.25, 6행에서 이미 인용한 바 있다.

명에 순응[197]하려 했다" 하였거늘, 한강백의 주注[198]에 말하기를 "명命[199]이라고 한 것은 생명의 지극이니

이취를 궁진하면 곧 그 성능性能을 다한다" 하였으니,

곧 능자能字로써 체성을 해석한 것이다.

성性이라고 한 것은 성능이니

각각 성능에 맡겨 만약 그 천리의 역수曆數[200]를 궁진하며

그 성능을 다한다면 곧 천명에 순응할 것이다.

그런 까닭으로 다음에 말하기를 "사람의 성품과 하늘의 명에 순응하려 했다" 하였으니,

지금에는 그 말을 빌려 썼지만 뜻을 취하는 것은 곧 다르다.

---

197 하늘의 명에 순응했다고 한 다음에 말하기를, "이로써 하늘이 세운 도를 음과 양이라 말하고, 땅이 세운 도를 유柔와 剛이라 말하고, 사람이 세운 도를 인仁과 의義라 한다" 하였다.

198 한강백韓康伯은 중국 진晉나라의 관료로, 왕필王弼이 완성하지 못한 주를 달아 『주역주周易注』를 완성하였다.

199 명命이란, 맹자는 하지 않고 하는 것은 하늘이고, 이룸이 없이 이루는 것은 명이라 하였다.

공자는 말하기를, "나는 열다섯에 학문에 뜻을 두고, 삼십에 뜻이 서고, 사십에 미혹하지 않고, 오십에 천명天命을 알고, 육십에 귀로 무슨 소리를 들어도 순응하고, 칠십에 마음이 하고자 하는 바를 따라 하지만 법규를 넘지 않았다" 하였다.

맹자는 "나는 사십에 마음이 동요하지 않았다" 하니, 공자의 사십에 천명을 안 것과 맹자의 사십에 마음이 동요하지 않았다는 것은 상통하는 바가 있다 하겠다.

200 역수란 자연이 도는 운수를 뜻한다.

言徹果該因者는 兼於深廣이니 徹究五周之果하며 該羅六位之因은 則廣也라 故로 廣說地位因果는 莫踰此經하니라 若云因該果海하며 果徹因源하야 二互交徹인댄 則顯深也니 初發心時에 便成正覺은 因該果也요 雖得佛道나 不捨因門은 果徹因也라 上約廣義인댄 徹果는 屬果하고 該因은 屬因하니 卽明能詮之教가 該徹彼因果也니라 今約深釋인댄 徹果는 屬因이니 以因徹彼果故요 該因은 屬果니 以果徹彼因故라 卽因果自相該徹은 唯屬所詮이로대 而其能詮이 具明斯義하니라 然이나因該果海하며 果徹因源은 是古人之言이니 今欲具含深廣之義하야 云徹果該因耳라하니라

"과보를 사무치고 원인을 갖춘다"고 말한 것은 깊고 넓은 것을 겸하고 있나니,
오주五周의 과보를 사무쳐 궁구하며,
육위六位[201]의 원인을 갖추어 편 것은 곧 넓다는 뜻이다.
그런 까닭으로 지위의 인과를 널리 설한 것은 이 『화엄경』을 넘을 것이 없다.
만약 원인이 과보의 바다를 갖추며,
과보가 원인의 근원을 사무쳐 이 둘이 서로서로 사무친다고 말한다면 곧 깊은 것을 나타낸 것이니,
처음 발심할 때에 곧 정각을 이룬다고 한 것은 원인이 과보를 갖춘 것이요,

201 육위는 십신·십주·십행·십지·등각·묘각이다.

비록 불도를 얻었지만 인문因門을 버리지 않는다고 한 것은 과보가 원인을 사무치는 것이다.
위에 넓다는 뜻을 잡아 해석한다면, 과보를 사무친다고 한 것은 과보에 속하고
원인을 갖춘다고 한 것은 원인에 속하나니,
곧 능전의 교敎가 저 인과를 갖추어 사무치는 것이다.
지금에 깊다는 뜻을 잡아 해석한다면, 과보를 사무친다고 한 것은 원인에 속하나니
원인으로써 저 과보를 사무치는 까닭이요,
원인을 갖춘다고 한 것은 과보에 속하나니
과보로써 저 원인을 갖추는 까닭이다.
곧 인과가 스스로 서로 갖추고 사무치는 것은 오직 소전所詮의 진리에만 속하는 것이지만, 그러나 그 능전能詮의 교가 이 뜻을 갖추어 밝히고 있다.
그러나 원인이 과보의 바다를 갖추며
과보가 원인의 근원을 사무친다고 한 것은 이것은 고인의 말이니, 지금에는 깊고 넓다는 뜻을 갖추어 포함하고자 하여 "과보를 사무치고 원인을 갖춘다"고 말한 것이다.

汪洋冲融廣大悉備者는 三에 有二句는 結歎深廣也라 上句는 明深廣之相이요 下句는 出深廣之由니 汪汪은 深貌也요 洋洋은 廣貌也라 冲亦深也며 亦云中也며 亦冲和니 故로 老子 云호대 道冲而用之하면 或似不盈이라하니라 融者는 融通이니兼深廣也라 故로 肇公이 云호대

汪哉洋哉라 何莫由之哉리요 八師經中에 梵志闍旬이 云호대 吾聞佛道는 厥義弘深하며 汪洋無涯하야 無不成就하며 靡不度生等은 卽深廣義며 亦如冲和之氣가 生成萬物호대 而不盈滿하며 融通萬法하야 令無障礙니라

"깊고 넓고 조화하고 융통하며 넓고 큰 것을 다 갖추고 있다"고 한 것은, 세 번째 두 구절이 있는 것은 깊고 넓은 것을 맺어 찬탄한 것이다.

위에 구절은 깊고 넓은 모습을 밝힌 것이요,

아래 구절은 깊고 넓은 이유를 설출한 것이니,

왕왕汪汪이라고 한 것은 깊은 모습이요,

양양洋洋이라고 한 것은 넓은 모습이다.

충冲이라 한 것도 또한 깊다는 뜻이며,

또한 중도라는 뜻이며,

또한 충화冲和[202]의 기운이라는 뜻이니,

그런 까닭으로 노자가 말하기를[203] "도는 비어 있기에 그 도를 쓰면 혹 차지 않는 것 같다" 하였다.

융融이라고 한 것은 융통하다는 뜻이니

깊고 넓은 뜻을 겸하고 있다.

그런 까닭으로 승조법사가[204] 말하기를 "깊고 넓음이여,

---

202 충화는 충화의 기운이니, 천지간에 조화된 기운이다.

203 노자 운운은 『노자』 제4 도충장道冲章이다.

204 승조 운운은 『조론』 열반무명론의 말이다. 즉 논에 말하기를, "종고終古를

어찌 그 열반의 도를 인유하지 않으리요."

『팔사경八師經』[205] 가운데 범지梵志의 사순闍句이 말하기를 "내가 들으니 부처님의 도는 그 뜻이 넓고 깊으며

깊고 넓어 끝이 없어 성취하지 아니함이 없으며,

중생을 제도하지 아니함이 없다 한 등이라"고 한 것은 곧 깊고 넓다는 뜻이며,

또한 충화의 기운이 만물을 생성하지만 가득 차지 않게 하며,

만법을 융통하지만 하여금 걸림이 없게 하는 것과 같다.

言廣大悉備者는 卽出深廣之由니 以無不備故라 此言도 亦出周易繫辭니 彼云호대 易之爲書也는 廣大悉備하야 有天道焉하며 有人道焉하며 有地道焉하니 兼三才而兩之일새 故로 六이라 六者는 非他也라 三才之道也라하니 今若取意就經인댄 亦可喩三世間이니 天道는 智正覺也요 人道는 有情也요 地道는 器世間也니 此經이 廣說三世

포함하여 빠짐없이 하고, 군방群方에 도달하여 그곳에서 창생蒼生을 독실하게 하여 소원하지만 누수가 없게 한다" 하고는, 여기에 인용된 구절로 이어진다. 『팔사경』도 『조론』의 말이다. 단 팔사경중이란 말 대신 고故 자를 넣어, 그런 까닭으로 범지의 사순이 말하기를 운운하여 여기 인용한 내용과 같다. 그래서 현토를 "之哉리요하니라"가 아니라 "리요" 팔사경에라고 연결해서 보아야 한다. 왜냐하면 『팔사경』은 『조론』에서 인용한 것이기에 그렇다. 화엄 영인본 13책, p.250에도 인용되어 있다.

205 『불설팔사경佛說八師經』은 오吳나라 때 지겸支謙이 번역하였다. 『팔사경』은 범지가 부처님께 도 닦는 것을 물으니, 부처님께서 살·도·음·망·주·생·노·병·사를 스승으로 삼아 수행하라고 답설한 경이다.

間故라 亦可天道는 深理也요 地道는 事相也요 人道는 諸佛菩薩修行者也라 此强配之어니와 本意는 但取包含而已니 謂此根本法輪之內에 何法而不具리오 未有一事一理而不極이며 一因一果而不備니 五周因果는 則五十二位之昭彰이요 九會玄文은 則難思敎海而可睹라 說眞妄則凡聖이 昭昭而交徹이요 語法界則事理가 歷歷而相收니라 法華의 佛知見은 一偈로 開示而無遺하고 涅槃의 般涅槃은 一章으로 曲盡其體用하며 六百卷般若는 不出三天偈文이요 一大藏契經은 並攝於七字之內니 是謂罄諸佛之智海하며 竭性相之洪源이라 故로 云廣大悉備矣라하니라

"넓고 크게 다 갖추고 있다"고 말한 것은 곧 깊고 넓은 이유를 설출한 것이니

갖추지 아니함이 없는 까닭이다.

이 말도 또한 『주역』 계사繫辭 하전下傳[206]에서 나온 말이니,

저 하전에 말하기를 "『주역』의 책이라고 하는 것은 넓고 크게 다 갖추어 하늘의 도가 있으며,

사람의 도가 있으며,

땅의 도가 있나니,

이 삼재三才를 겸하여 둘로 하기에 그런 까닭으로 육효六爻[207]가 되는 것이다.

206 『주역』 계사 하전이란 계사 하전 말미에 있는 말이다.

207 삼재를 겸하여 둘로 하니 육효란:

육효라고 하는 것은 다른 것이 아니라 삼재의 도다" 하였으니, 지금 만약 뜻만을 취하여 이 경에 나아간다면 또한 가히 세 가지 세간에 비유할 수 있나니,
하늘의 도는 지정각세간에 비유하고,
사람의 도는 유정세간에 비유하고,
땅의 도는 기세간에 비유하나니,
이 『화엄경』이 세 가지 세간을 널리 설하고 있는 까닭이다.
또한 가히 하늘의 도라고 하는 것은 깊은 진리요,
땅의 도라고 하는 것은 사실의 모습이요,
사람의 도라고 하는 것은 모든 부처님과 보살과 수행하는 사람이다.
이것은 억지로 배속한 것이어니와 그 본래의 뜻은 다만 포함하고 있다[208]는 뜻만 취한 것뿐이니,
말하자면 이 근본법륜[209] 안에 어떤 법인들 갖추고 있지 않겠는가.

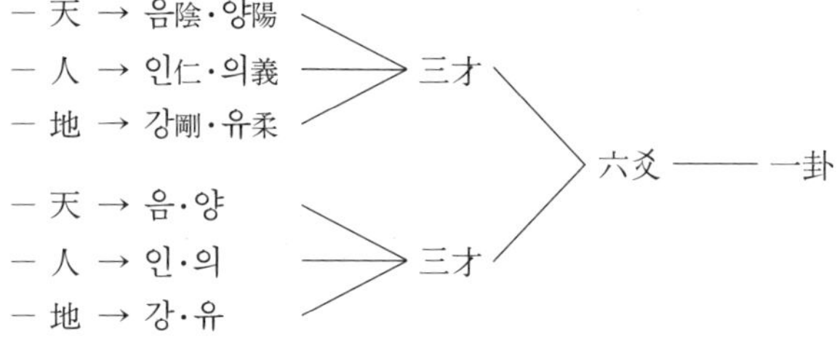

유망기는 상이효上二爻는 천이종天二種이고, 중이효中二爻는 인이종人二種이고, 하이효下二爻는 지이종地二種이라 했다.

208 다만 포함하고 있다는 것은 소문에 광대실비廣大悉備라는 구절을 말하고 있다 하겠다.

209 근본법륜이란 『화엄경』을 말한다. 화엄경 약찬게에 근본화엄전법륜根本華嚴轉法輪이란 말로 인지할 수 있다.

한 가지 사실과 한 가지 진리도 다하지 아니함이 없으며,
한 가지 원인과 한 가지 과보도 갖추지 아니함이 없나니
오주五周의 인과[210]는 곧 오십이위五十二位를 밝게 나타내고,
구회九會[211]의 현묘한 경문은 곧 사의하기 어려운 대교大敎의 바다를 가히 엿볼 수 있다.
진실함과 허망함을 말한다면 곧 범부와 성인이 분명하지만 서로 사무치고,
법계를 말한다면 곧 사실과 진리가 뚜렷하지만 서로 거두는 것이다.
『법화경』에서 말하는 부처님의 지견은 한 게송[212]으로 열어 보여 남김없이 다 말하였고,
『열반경』에서 말하는 반열반은 한 장(一章)[213]으로 그 체용을 자세히

---

210 오주인과五周因果는 ① 차별인과(여래명호품에서 여래수호공덕품), ② 평등인과(보현행품과 여래출현품), ③ 출세인과(이세간품), ④ 증입인과(입법계품), ⑤ 무진인과(입법계품 중 이시 문수사리 종선주누각출 이하 유통분이니, 영인본 14책, p.400, 7행이다)

211 구회는 이름만 열거한다. ① 보리도량, ② 보광당, ③ 도리천, ④ 야마천, ⑤ 도솔천, ⑥ 타화자재천, ⑦ 보광당(제2), ⑧ 보광당(제3), ⑨ 중각당.

212 한 게송이란 보살문명품에 "비식소능식非識所能識이며 역비심경계亦非心境界이니 기성본청정其性本清淨을 계시제군생開示諸群生이라" 한 것이니, 즉 어떤 것이 부처님의 경계이며 어떤 것이 부처님의 지혜인가 하고 물은 것에 대한 답이다. 영인본 화엄 수자권收字卷 58장 상6행에 있다.

213 일장一章이란 여래출현품에서 열반을 보인 일장에 십상十相을 말하는 것이니 첫째는 체성진상體性眞常, 둘째는 덕용원만德用圓滿, 셋째는 출몰상담出沒常湛, 넷째는 후영불환虧盈不還, 다섯째는 시멸상존示滅常存, 여섯째는 수연기진隨緣起盡, 일곱째는 존망호현存亡互現, 여덟째는 대용무애大用無碍, 아홉째

다 말하였으며,

육백 권의 『반야경』은 삼천三天[214]에서 게송으로 찬탄한 글을 벗어나지 않고,

일대장계경一大藏契經은 모두 일곱 글자[215] 안에 섭속하나니,

이것이 모든 부처님의 지혜의 바다를 다하는 것이며,

자성과 모습의 넓은 근원을 다하는 것이라 말하는 것이다.

그런 까닭으로 말하기를 "넓고 크게 다 갖추고 있다" 한 것이다.

其唯大方廣佛華嚴經焉者는 四에 結法所屬也니 上之勝事는 唯我華嚴이니라

"그 오직 대방광불화엄경뿐"이라 한 것은 네 번째 법이 소속하는 것을 맺는 것이니,

위의 수승한 일[216]은 오직 우리의 『화엄경』뿐이라는 것이다.

는 체리이변體離二邊, 열째는 결귀무주結歸無住이다. 이 십상은 대열반의 체용을 말하고 있는 것이다. 따라서 이 화엄은 이 일장으로 『열반경』에서 말하는 대열반의 체용을 다 현시하였다는 것이다.

214 삼천三天의 게송이란, 도리게찬품(수미게찬품)과 야마게찬품과 도솔게찬품이니, 자성이 공함을 말하고 있다.

215 일곱 글자는 대·방·광·불·화·엄·경이다.

216 위의 수승한 일이란, 소문의 부열현미로부터 광대실비까지의 내용이다.

疏

故我世尊이 十身初滿에 正覺始成하시고 乘願行以彌綸하시며 混虛空爲體性하시니 富有萬德이요 蕩無纖塵이로다

그런 까닭으로 우리 세존이 십신이 처음 법계에 충만함[217]에
정각을 비로소 이루시고,
서원과 행[218]을 타서 두루 포용하시며[219],
모든 허공으로 체성을 삼으시니,
부유[220]하기로는 만덕을 갖추고 있고,
텅 비어 없기로는 가는 티끌조차 없다.

鈔

第三에 故我世尊下는 說主難思라 文有六句하니 義分爲四호리라 初二句는 標果滿이니 故我世尊十身初滿者는 總標十身이요 該下兩段은 正明難思이니 以是十身은 無礙佛說이요 非三身故라 而言故我者

217 십신 충만이란 십신이 처음으로 법계(세간)에 충만하다는 것이다. 원문의 십신초만十身初滿 정각시성正覺始成을 『회현기』에서는 정각시성 십신초만으로 바꾸라 했다.

218 서원과 행은 부처님의 과거 인행因行이다.

219 원문에 미륜彌綸을 두루 다스린다고 하지 않고 두루 포용한다고 해석한 것은 『주역』의 말을 인용하였기에 그렇다.

220 부유 운운은 건립하는 문門이니 묘유이고, 텅 비어 운운은 소탕하는 문이니 진공이다.

는 由上所詮能詮深廣玄妙가 爲諸教本일새 故我世尊이 始成正覺하시고 頓說此經이라 言十身者는 次下當列이라 言初滿者는 成正覺時에 身方滿故라 故로 經에 云호대 爾時世尊이 處于此座하사 於一切法에 成最正覺하시고 智入三世하야 悉皆平等하시며 其身이 充滿 一切世間하시며 其音이 普順十方國土等이 是初滿也라 正覺始成者는 別語菩提之身이니 以是總故라 始覺同本하야 無復始本之異일새 故曰始成이라하니 下當廣釋호리라

제 세 번째 "그런 까닭으로 우리 세존"이라고 한 아래는 설주說主[221]를 사의하기 어려운 것이다.
소문에 여섯 구절[222]이 있나니,
뜻으로 나누어 네 가지[223]로 하겠다. 처음의 두 구절은 과보가 원만함을 표한 것이니,
"그런 까닭으로 우리 세존이 십신이 처음 법계에 충만하였다"고 한 것은 십신을 한꺼번에 표한 것이요,
이 아래[224] 양단兩段[225]은 사의하기 어려움을 바로 밝힌 것이니,

---

221 설주란 44책, p.34엔 교주난사敎主難思라 하여 교주로 되어 있다. 설주를 사의하기 어렵다는 것은 범부들이 부처님께서 삼신三身으로만 설법하는 줄 알았는데, 십신무애불十身無碍佛로써 설법한다 하니 사의하기 어렵다는 것이다.

222 소문에 여섯 구절은 고아세존故我世尊 빼고 여섯 구절이다.

223 뜻으로 나누어 네 가지라고 한 것은, 원문에 십신 이하 두 구절이 하나이고, 승원행 이하 한 구절이 둘이고, 혼허공 이하 한 구절이 셋이고, 부유만덕 이하 두 구절이 넷이다.

이 십신은 걸림이 없는 부처님[226]으로써 말한 것이고, 삼신을 말한 것은 아닌 까닭이다.

"그런 까닭으로 우리 세존"이라고 말한 것은 위에 소전所詮[227]의 깊고 넓고[228] 유현하고 미묘한 것이 모든 교의 근본이 된다고 함을 인유하기에, 그런 까닭으로 우리 세존이 처음 정각을 이루시고 바로 이 『화엄경』을 설한 것이다.

십신이라고 말한 것은 이 다음 아래에 마땅히 열거할 것[229]이다.

"처음 충만하였다"고 말한 것은 정각을 이룰 때에 십신이 바야흐로 충만한 까닭이다.

그런 까닭으로 세주묘엄품 경문에 말하기를 "그때에 세존이 이 자리에 거처하여 일체법에 최상의 정각을 이루시고,

지혜가 삼세에 들어가 다 평등하시며,

그 몸이 일체세간에 충만하시며,

그 음성이 시방의 국토에 널리 따른다" 한 등[230]이 이것이 "처음

---

224 원문에 해該는 '이, 그'라는 뜻이니 해안該案·해처該處라고 할 때 쓴다.

225 양단이란 승원 운운과 부유 운운이다.

226 십신 운운은 44책, p.219, 9행에 먼저 십신을 밝히고, 뒤에 걸림이 없음을 밝히고, 중간에 부처를 밝혔다.

227 위에 소전所詮이란 바로 위에서 설명한 화엄의 깊고 넓고 유현하고 미묘하다 한 것이다.

228 원문에 광廣은 넓어서 끝이 없고, 심深은 깊이서 끝이 없다는 것이다.

229 다음 아래에 마땅히 열거한다 한 것은 p.219 끝줄 개장해석開章解釋 가운데 있다.

230 여기서 '등'이란 보리신 외에 나머지 아홉 가지 몸을 말한다.

충만하였다" 한 것이다.
"정각을 비로소 이루었다"고 한 것은 보리의 몸을 따로 말한 것이니,
이것이 십신의 총신總身[231]인 까닭이다.
시각始覺이 본각本覺과 같아 다시는 시각과 본각이 다름이 없기에
그런 까닭으로 말하기를 "비로소 이루셨다" 한 것이니
아래에 마땅히 널리 해석하겠다.[232]

乘願行以彌綸者는 二에 有一句는 語因深也라 乘因有二하니 一은 乘願因이니 經에 云호대 毘盧遮那佛이 願力周法界라하니라 二는 乘行因이니 主山神偈에 云호대 往修勝行無有邊等이라 乘昔願因하야 彌綸果用이 卽是願身이니 言彌綸者는 周遍包羅之義라 亦出周易繫辭하니 云易은 與天地準일새 故로 能彌綸天地之道라하니 釋曰聖人이 旣準天地而作易하니 易中所說이 與天地理同이라 故로 能彌綸天地之道라하니 以況如來의 本起願行은 意欲周遍利物이라 今得如其願行之力하야 周遍法界일새 是曰彌綸이라하니라

"서원과 행을 타서 두루 포용하신다" 한 것은 두 번째 한 구절이 있는 것은 원인이 깊은 것[233]을 말한 것이다.

---

231 총신總身이란, 십신이 처음 충만한 것이 십신의 총이고, 십신 가운데 보리신이 총이다.

232 아래에 널리 해석하겠다고 한 것은, 멀리는 세주묘엄품에 비유하자면 허공에 수많은 모습을 갖추어 함유하고 있는 것과 같이 운운한 것이고, 또 44책, p.219, 10행 개장해석과 p.52 제 네 번째 설의주보說儀周普에도 있다.

원인을 탐에 두 가지가 있나니,

첫 번째는 원인願因을 타는 것이니,

세주묘엄품[234] 경문에 말하기를 "비로자나 부처님의 원력이 법계에 두루한다" 하였다.

두 번째는 행인行因을 타는 것이니,

묘엄품 주산신主山神 게송[235]에 말하기를 "왕석에 수승한 행을 닦은 것이 끝이 없다" 한 등이다. 왕석에 원인願因을 타서 과보의 작용을 두루 포용하는 것이 곧 이 원신願身이니,

미륜彌綸이라고 말한 것은 두루 포용한다는 뜻이다.

또한 『주역』 계사상전에서 나온 말이니,

상전上傳에 말하기를 "주역은 천지로 더불어 본받기에 그런 까닭으로 능히 천지의 도[236]를 두루 포용한다" 하였으니,

---

233 원인이 깊은 것은 과거의 인행이 깊은 것이다.

234 원문에 경운經云이란 세주묘엄품이다. 묘엄품 운운은 묘엄품 정진력무애림 보살의 게송 사구四句 가운데 앞의 두 구절이니, 다음 두 구절은 "일체 국토 가운데 / 항상 더 이상 없는 법륜을 굴린다(一切國土中 恒轉法輪)"는 것이다.

235 묘엄품 주산신 게송이란, 첫 구절만 인용하였으니 금획신통역무량今獲神通亦無量이니 법문광벽여미진法門廣闢如微塵하야 실사중생심오희悉使衆生深悟喜라 해야 완연하다. 즉 지금에 신통을 얻은 것도 또한 한량이 없나니 / 법문을 널리 열어 미진수와 같이 하여 / 다 중생으로 하여금 깊이 깨달아 환희케 한다는 세 구절이 있어야 완연하다. 여기서는 인행을 근간하기에 첫 구절에 왕석의 수승한 행만 인용한 것이다.

236 계사 상전에는 천지의 도라는 말 아래에 '앙이관어천문仰以觀於天文하고 부이찰어지리俯以察於地理라'는 말이 있다. 즉 우러러 천문을 보고 구부려

해석하여 말하면 성인[237]이 이미 천지를 본받아 『주역』을 지었으니 『주역』 가운데 설한 바가 천지로 더불어 이치가 같은 것이다. “그런 까닭으로 능히 천지의 도를 두루 포용한다” 하였으니 여래가 본래 서원과 행을 일으키신 것[238]은 그 뜻이 두루 중생을 이익케 하고자 함에 있음을 비유한 것이다.
지금에는 그와 같이 서원과 행의 힘을 얻어 법계에 두루하기에 이에 “두루 포용한다” 말한 것이다.

混虛空爲體性者는 三에 有一句는 明體玄也라 然有二義하니 一은 約世尊身上에 自具十身이니 卽法身也니 以法性身으로 爲法身故라 故로 下經에 云호대 性空卽是佛이니 不可得思量이라하며 又云호대 佛以法爲身하야 淸淨如虛空이라하니라 二者는 約外虛空이니 融三世間하야 而爲佛身이니 則外虛空이 是虛空身이다 故云混虛空爲體性이니 混融無礙故라

“모든 허공으로 체성을 삼는다”[239]고 한 것은, 세 번째 한 구절이

지리를 관찰한다는 것이다.

237 성인이란 문왕文王·주공周公·공자孔子이니, 이 세 분에 의지하여 만들어진 책이 『주역』이기에 그렇다. 그러나 공자에 가깝다 하겠다.

238 여래는 역易에 비견하고, 본래 서원과 행을 일으키는 것은 천지의 도에 비견해 본다.

239 모든 허공 등이란 여래출현품에 십신을 밝히는 가운데 제 두 번째 비유이다. 말하자면 “또한 불자야, 허공의 모습이 넓지 않지만 능히 모든 형상을 시현하되 그 허공은 분별도 부질도 없는 것과 같아서, 여래의 몸도 이와 같이

있는 것은 자체가 현묘함을 밝힌 것이다.
그러나 두 가지 뜻이 있나니,
첫 번째[240]는 세존의 신상에 스스로 십신을 갖추고 있음을 잡아 말한 것이니,
곧 법신이니 법성의 몸으로써 법신을 삼는 까닭이다.
그런 까닭으로 아래 수미정상게찬품[241] 경문에 말하기를 "법성이 공한 것이 곧 이 부처님이니
가히 사량함을 얻을 수 없다" 하였으며,
또 세주묘엄품[242]에 말하기를 "부처님은 법으로써 몸을 삼아
청정하기가 허공과 같다" 하였다.
두 번째[243]는 밖의 허공을 잡아 말한 것이니,
세 가지 세간을 융합하여 불신을 삼은 것이니

지혜의 광명을 비추어 일체 중생을 세간과 출세간의 선근을 성취케 하되 여래의 몸은 분별도 희론도 없다" 하였다.

240 첫 번째 뜻은 안의 허공이니 본성불이다.

241 하경下經이란 수미정상게찬품 가운데 일체혜一切慧보살의 제 다섯 번째 게송으로, 여기서는 아래 두 구절만 인용하였다. 위 두 구절은 법성본공적法性本空寂하야 무취역무견無取亦無見이라, 즉 법의 자성은 본래 공적하여 취할 수도 없고 또한 볼 수도 없다. 이 아래는 여기에 인용한 것과 같다.

242 우운又云이란 세주묘엄품 화염계보명지보살 게송이니, 앞의 두 구절만 인용하였다. 아래 두 구절은 소현중색형所現衆色形을 영입차법중令入此法中이라, 즉 나타낸 바 수많은 형색을 하여금 이 법 가운데 들어가게 한다 하였다. 청정은 무염無染과 공적空寂의 두 가지 뜻이 있다.

243 두 번째 뜻은 밖의 허공이니 허공 밖의 불신佛身이다.

곧 밖의 허공이 이 허공신인 것이다.
그런 까닭으로 말하기를 "모든 허공으로 체성을 삼는다" 하였으니, 모두 융합하여 걸림이 없는 까닭이다.

富有萬德蕩無纖塵者는 四에 有二句는 彰德備也니 上句는 德無不備요 下句는 障無不寂이라 萬者는 總相之大數也니 實具無盡之德이라 故로 下經에 云호대 刹塵心念可數知하고 大海中水可飮盡하며 虛空可量風可繫라도 無能盡說佛功德이라하니 無盡之德을 總名萬德이라 塵沙無明과 種現習氣를 總皆斷盡일새 故云蕩無纖塵이라하니 總卽二障이라 二障有三하니 一은 現行이요 二는 種子요 三은 習氣라 習氣微細를 況之纖塵이니 細中之細도 尙無커늘 況餘麤中之細等가 若總配三德인댄 萬德은 含於智恩이요 下句는 卽是斷德이라 又混虛空爲體는 卽法身德이요 萬德은 卽般若德이요 無塵은 卽解脫德이라 萬德之句는 爲總이요 上下諸句는 皆是別德이라 上之二句는 並福德身이니 十身之中에 已具四矣오 餘之六身은 在後段中이니라

"부유하기로는 만덕을 갖추고 있고 텅 비어 없기로는 가는 티끌조차 없다"고 한 것은, 네 번째 두 구절이 있는 것은 덕을 갖추고 있음을 밝힌 것이니,
위에 구절은 덕을 갖추고 있지 아니함이 없는 것이요,
아래 구절은 모든 장애가 고요하지 아니함이 없는 것이다.
만덕萬德의 만萬이라고 한 것은 모든 공덕상의 큰 숫자이니,
진실로 끝없는 공덕을 갖추고 있다는 것이다.

그런 까닭으로 아래 입법계품[244] 경문에 말하기를
"국토의 미진을 마음속 생각으로 가히 헤아려 알고,
큰 바다 가운데 물을 가히 마셔 다하며,
허공을 가히 측량하고 바람을 가히 잡아맬지라도,
부처님의 공덕은 능히 다 설할 수 없다" 하였으니,
끝이 없는 공덕은 모두 다 만덕이라 이름하는 것이다.
미진수 항하사만큼 많은 무명과 현행과 종자와 습기를 모두 다 끊어 다하였기에, 그런 까닭으로 말하기를 "텅 비어 없기로는 가는 티끌조차 없다" 하였으니,
"모두 다"라고 한 것은 곧 두 가지 장애[245]이다.
두 가지 장애에 세 가지가 있나니,
첫 번째는 현행現行이요,
두 번째는 종자種子요,
세 번째는 습기習氣이다.
습기가 미세한 것을 가는 티끌에 비유한 것이니,
미세한 가운데 미세한 습기도 오히려 없거늘 하물며 나머지 거친 가운데 미세한 습기 등이 있겠는가.
만약 세 가지 공덕에 모두 다 배속한다면 만덕이라고 한 것은 지덕과

---

244 하경이란 입법계품이니, 입법계품 게송으로 마지막에서 두 번째 게송이다. 즉 보현보살의 일백 게송 가운데 99번째 게송이다. 앞에 나온 불지광대여허공佛智廣大如虛空 운운은 일백 게송 가운데 첫 번째 게송이다.

245 두 가지 장애는, 첫째는 번뇌장이니 열반을 장애하고, 둘째는 소지장이니 보리를 장애한다.

단덕을 포함하고 있는 것이요,
아래 구절은 곧 이것은 단덕이다.
또 "모든 허공으로 체성을 삼는다"고 한 것은 곧 법신덕이요,
만덕이라고 한 것은 곧 반야덕이요,
가는 티끌조차 없다고 한 것은 곧 해탈덕이다.
만덕이라고 한 구절은 모든 공덕상이 되는 것이요,
상하의 모든 구절은 다 다른 공덕상이 되는 것이다.
위의 두 구절은 복덕신을 아우르고 있나니
십신 가운데 이미 사신四身[246]을 구족하였고, 나머지 육신六身은 후단後段[247] 가운데 있다.

---

246 사신四身이란 차단의 설주난사說主難思 p.49에 네 가지 몸을 갖추고 있다.
첫 번째 심신 이하 두 구절은 보리신이고(복덕신)
두 번째 승원행 이하 한 구절은 원신이고
세 번째 혼허공 이하 한 구절은 법신이고(허공신)
네 번째 부유만덕 이하 한 구절은 복덕신을 갖추고 있다는 것이다.
위에서 여섯 구절이 있으나 뜻으로 나누어 네 가지로 한다고 한 것이 네 가지 몸에 배속된 것이다. 그러나 세 번째 혼허공의 한 구절에 법신과 허공신을 배속하고 뒤에 두 구절의 보리신에 복덕신을 아울러서 네 가지 몸을 갖추고 있다고 하는 것이다.

247 후단이란 바로 아래 p.52 설의주보를 말한다.

疏

湛智海之澄波가 虛含萬象하며 皎性空之滿月이 頓落百川하며 不起樹王하고 羅七處於法界하시며 無違後際하고 暢九會於初成하며 盡宏廓之幽宗하사 被難思之海會하며 圓音이 落落하야 該十刹而頓周하며 主伴이 重重하야 極十方而齊唱이로다

잠잠한 지혜의 바다에 맑은 물결이 빈 마음으로 만 가지 모습을 함유하시며,
밝은 자성의 허공에 둥근 달이 문득 백 천의 강물에 떨어졌으며[248],
보리수왕에서 일어나지 않고 칠처七處를 법계에 펴시며,
후제後際를 어기지 않고 구회九會를 처음 성도할 때 펴시며,
넓고 큰[249] 유현幽玄의 종지를 다하여 사의하기 어려운 해회海會[250]에 입히시며,
원만한 음성이 낙락落落하여 십불찰 미진수 세계까지 다 한꺼번에 두루하시며,
주반主伴이 중중무진하여 시방세계 끝까지 제창齊唱하셨다.

---

248 문득 백천의 강물에 떨어졌다는 것은 천강유수천강월千江流水千江月이란 말과 상통한다 하겠다.

249 아래 초문엔 넓을 굉宏을 대大라 하고, 클 확廓을 공空이라 하였으나, 그런 뜻으로도 본다고 하고, 우납은 글자 그대로 번역하였다.

250 해회는 바다 같이 넓은 곳에 대중이 많이 모인 것을 말한다.

鈔

第四에 湛智海之澄波虛含萬象下는 說儀周普니 文有七對하야 卽爲七義라 一에 明所依定者는 如說法華엔 依無量義處三昧하고 說般若엔 依等持王三昧하고 說涅槃엔 依不動三昧라 故說諸經엔 多依三昧니라 今說此經엔 依何三昧오 卽海印三昧니라 海印은 是喩니 從喩受名이라 賢首品疏에 當廣說之어니와 今略示其相호리니 謂香海澄渟하야 湛然不動이면 四天下中에 色身形象이 皆於其中에 而有印文이 如印印物이니라 亦猶澄波萬頃이 晴天無雲이면 列宿星月이 炳然齊現호대 無來無去며 非有非無며 不一不異달하야 如來智海도 識浪不生하야 澄渟淸淨하며 至明至靜하면 無心頓現一切衆生의 心念根欲하고 心念根欲이 並在智中호미 如海含像하니라 故로 下經에 云호대 如海普現衆生身일새 以此說名爲大海달하야 菩提普印諸心行일새 是故正覺名無量이라하니라 非唯智現物心이라 亦依此智하야 頓現萬象하야 普應諸類하나니 賢首品에 云호대 或現童男童女形과 天龍及以阿修羅와 乃至摩睺羅伽等하야 隨其所樂悉令見케하나니 衆生形相各不同하며 行業音聲亦無量이어늘 如是一切皆能現은 海印三昧威神力이라하니라 然此文中엔 言含法喩하니 智卽是法이요 海卽是喩니 識浪旣停일새 云湛智海요 無心頓現일새 故曰虛含이요 能應所應은 皆爲萬象이니라

제 네 번째 “잠잠한 지혜의 바다에 맑은 물결이 빈 마음으로 만 가지 모습을 함유한다”고 한 아래는 설법하는 위의가 시방에 널리

두루한 것이니,

소문에 칠대七對가 있어 곧 일곱 가지 뜻이 되는 것이다.

제일대에 의지할 바 삼매를 밝힌 것은 저 『법화경』을 설할 때[251]는 무량의처삼매를 의지하고,

『반야경』을 설할 때는 등지왕삼매를 의지하고,

『열반경』을 설할 때는 부동삼매를 의지한 것과 같나니,

그런 까닭으로 모든 경전을 설할 때는 다분히 삼매를 의지하는 것이다.

지금 『화엄경』을 설할 때는 무슨 삼매를 의지하였는가.

곧 해인삼매이다.

해인이라고 한 것은 이것은 비유이니,

비유를 좇아 이름을 받은 것이다.

현수품 소문[252]에 마땅히 널리 그 삼매를 설하였거니와 지금 간략하게 그 삼매의 모습을 현시하리니,

말하자면 향수해가 맑고 맑아 고요히 움직이지 아니하면 사천하

---

251 『법화경』을 설할 때라고 한 아래는, 모든 경이 설할 때 다 삼매를 의지하는데 오직 미타경만 삼매를 의지하지 않고 설하셨다.

252 현수품 소문에 그 삼매를 널리 설했다고 한 것은, 현수품 무한대용無限大用 가운데 삼매의 모습이 다함이 없음을 열 가지 뜻으로 현시하였다. 첫째는 무심코 나타내고, 둘째는 나타내지만 나타내는 바가 없고, 셋째는 나타내는 것과 나타내는 바가 같지 않고, 넷째는 나타내는 것과 나타내는 것이 다르지 않고, 다섯째는 거래가 없고, 여섯째는 광대하고, 일곱째는 널리 나타내고, 여덟째는 단번에 나타내고, 아홉째는 항상 나타내고, 열째는 드러난 것만 나타내는 것이 아니다. 이상은 의역이다.

가운데 색신의 형상이 다 그 향수해 가운데 찍히는 문채가 있는 것이, 마치 도장으로 사물을 찍는 것과 같다.

또한 마치 넓은 바다[253]에 맑은 물결이 맑은 하늘에 구름이 없으면 줄지어 있는 별과 달이 밝게 가지런히 나타나되 옴도 없고 감도 없으며,

있는 것도 아니고 없는 것도 아니며,

하나도 아니고 다른 것도 아닌 것과 같아서, 여래의 지혜의 바다도 업식의 물결이 생기지 않아 맑고 맑아 청정하며,

지극히 밝고 지극히 고요하면 무심코 일체중생이 마음속으로 생각하는 것과 근성과 욕락이 문득 나타나고,

마음속으로 생각하는 것과 근성과 욕락이 모두 지혜 가운데 있는 것이 바다가 수많은 모습을 함유하고 있는 것과 같은 것이다.

그런 까닭으로 아래 여래출현품[254] 경문에 말하기를

"마치 바다가 널리 중생의 몸을 나타내기에

이로써 이름을 큰 바다라 말하는 것과 같아서,

보리도 널리 모든 마음에 행을 찍어 나타내기에

이런 까닭으로 정각을 한량이 없다고 이름하는 것이다" 하였다.

오직 지혜가 중생의 마음을 나타낼 뿐만 아니라 또한 이 지혜를 의지하여 문득 만 가지 모습을 나타내어 널리 모든 중생의 유형에 응하나니,

---

253 넓은 바다란 원문의 만경萬頃을 말한다.

254 하경이란 여래출현품 게송을 말하는 것이니, 원문의 정각명무량正覺名無量을 출현품에는 설명위정각說名爲正覺이라 했다.

현수품 게송에 말하기를[255]
"혹은 동남과 동녀의 형상과
하늘과 용과 그리고 아수라와
내지 마후라가 등을 나타내어
그들이 좋아하는 바를 따라 다 하여금 보게 하나니,

중생의 형상이 각각 같지 아니하며,
행업과 음성도 또한 한량이 없거늘,
이와 같이 일체를 다 능히 나타내는 것은
해인삼매의 위신력이라" 하였다.
그러나 이 소문 가운데는 말이 법과 비유를 포함하고 있나니,
지혜(智)라고 한 것은 곧 이것은 법이요,
바다(海)라고 한 것은 곧 이것은 비유이니,
업식의 물결이 이미 정지되었기에 잠잠한 지혜의 바다라 말한 것이요,
무심코 문득 나타나기에 그런 까닭으로 빈 마음으로 함유한다 말한 것이요,
능히 응하고 응하는 바[256]는 다 만 가지 모습이 되는 것이다.

---

255 현수품 운운은 현수품에서 문수보살이 현수보살에게 수행의 수승한 공덕을 연창해 달라고 함에 현수보살이 게송으로 답한 것 가운데 두 게송을 인용하였다.

256 능히 응하는 이는 부처님이고, 응하는 바는 중생이다.

皎性空之滿月이 頓落百川者는 第二對에 明能應之身이니 此之兩句에 惟性字是法이요 餘皆是喩어니와 以性該之하면 皆含法喩하니라 謂若秋空朗月이 皎淨無瑕하야 萬器百川에 不分而遍하나니 性空은 卽所依法體요 滿月은 卽實報智圓이요 百川은 卽喩物機요 影落은 便爲變化니 佛之智月이 全依性空하야 惑盡德圓하면 無心頓應이니라 故로 出現品에 云호대 譬如淨月在虛空하야 能蔽衆星示盈缺하고 一切水中皆現影커든 諸有觀瞻悉對前인달하야 如來身月亦復然하야 能蔽餘乘示脩短하고 普現天人淨心水커든 一切皆謂對其前이라하며 智幢菩薩偈에 云호대 譬如淨滿月이 普現一切水에 影象雖無量이나 本月未曾二인달하야 如來無礙智도 成就等正覺하사 普現一切刹이나 佛體亦無二라하니 此則水亦喩刹이니라 若準離世間品인댄 亦喩菩薩이니 偈에 云호대 譬如淨日月과 皎鏡在虛空하야 影現於衆水나 不爲水所雜인달하야 菩薩淨法輪도 當知亦如是하야 現世間心水나 不爲世所雜이라하니라 亦以月喩所說法이니 上皆空月不同하니라 若以相歸性인댄 則空亦名佛이니 故로 一切慧菩薩이 云호대 法性本空寂하야 無取亦無見하나니 性空卽是佛이라 不可得思量이라하시니 則空色照水면 影落晴天이니 天은 猶空也라

"밝은 자성의 허공에 둥근 달이 문득 백천의 강물에 떨어졌다"고 한 것은 제이대에 능히 응하는 몸을 밝힌 것이니,
여기 두 구절에 오직 성性 자만 이 법이고 나머지는 다 이 비유거니와 성 자로써 나머지를 갖춘다면 다 법과 비유를 포함한다 할 것이다.
말하자면 마치 가을의 허공에 밝은 달이 밝고 맑아 티가 없어 만

가지 그릇과 백천의 강물에 나누지 않고 두루 비추는 것과 같나니,
자성의 허공이라고 한 것은 곧 의지할 바 법체요,
둥근 달이라고 한 것은 곧 실보신(實報)[257]의 지혜가 원만한 것이요,
백천의 강물이라고 한 것은 곧 중생의 근기에 비유한 것이요,
그림자가 떨어졌다[258]고 한 것은 곧 변화신이 되는 것이니,
부처님의 지혜의 달이 온전히 자성의 허공을 의지하여 번뇌가 다하고 공덕이 원만하면 무심코 문득 응하는 것이다.
그런 까닭으로 출현품出現品 게송[259]에 말하기를
"비유하자면 밝고 맑은 달이 허공[260]에 있어
능히 수많은 별들을 가려 차고 이지러짐을 보이고
일체 물 가운데 다 그림자를 나타내거든,
삼유의 중생이 우러러보고 모두 다 목전에서 상대한다고 말하는 것과 같아서

여래신如來身의 달[261]도 또한 다시 그러하여,

---

257 실보신이란 부처님이 받아 나신 진실한 보신이다.

258 원문의 영락影落은 소문에 돈락頓落이라 하니, 뜻으로 해석한 것이 아니면 한 곳은 잘못이라 하겠다.

259 출현품은 게송문이다.

260 밝고 맑은 달이란 소문에 만월이고, 허공이란 소문에 성공性空이다.

261 원문의 여래신월如來身月이 출현품엔 여래정월如來淨月로 되어 있다. 여기에 여래신의 달은 소문에 성공의 만월에 비견하고, 천상과 인간 마음 물에 떨어진다고 한 것은 돈락백천頓落百川에 비견한 것이니, 아래 지당보살의 게송도 그렇다.

능히 이승(餘乘)을 가려 길고 짧음을 보이고,
널리 천상과 인간의 맑은 마음의 물 가운데 나타내거든,
일체중생[262]이 다 그를 목전에서 상대한다"고 말한다 하였으며,
지당보살智幢菩薩 게송[263]에 말하기를
"비유하자면 밝고 맑은 둥근 달이
널리 일체 강물에 나타남에
그림자 모습이 비록 한량이 없지만,
본래의 달은 일찍이 둘인 적이 없는 것과 같아서,

여래의 걸림 없는 지혜[264]의 몸도
평등하고 바른 깨달음을 성취하여
널리 일체 국토에 나타나지만,
부처님의 본래의 몸은 또한 둘인 적이 없다" 하였으니,
이것은 곧 물도 또한 국토에 비유한 것이다.
만약 이세간품離世間品의 게송을 기준한다면 또한 보살에 비유하였으니,
게송에 말하기를 "비유하자면 밝고 맑은 해와 달과
밝은 거울이 허공에 있어
그림자를 수많은 강물에 나타내지만

262 여기서 일체중생은 이승과 천상과 인간이다.
263 지당보살의 게송은 p.218, 2행에도 인용하고 있다.
264 원문의 여래무애지如來無碍智는 지당보살 게송문엔 여시무애지如是無碍智라 하였다.

그 강물에 뒤섞이는 바가 되지 않는 것과 같이,

보살의 밝고 맑은 법륜도
마땅히 또한 이와 같아서
세간에 중생의 마음 물에 나타내지만
세간에 섞이는 바가 되지 않는 줄 알아야 할 것이다" 하였다.
또한 달은 설할 바 법에 비유한 것이니,
이상은 다 허공과 달이 같지 않는 것이다.
만약 모습이 자성에 돌아간다면, 곧 허공도 또한 부처님이라 이름할 것이니
그런 까닭으로 일체혜보살一切慧菩薩[265]이 말하기를
"법의 자성이 본래 공적하여
취할 것도 없고 또한 볼 것도 없나니,
법의 자성이 공한 것이 곧 이 부처님이다.
가히 사량으로 얻을 수 없다"[266] 하였으니,
곧 허공의 색상이 강물에 비친다면 그림자가 푸른 하늘에서 떨어진 것이니,
하늘은 성공性空에 비유한 것이다.

---

265 일체혜보살 등은 수미정상게찬품 게송의 말이니, p.44, 10행에 이미 인용한 바 있다.

266 가히 사량으로 얻을 수 없다 한 것은, 『법화경』에는 이 법은 사량분별로 능히 알 바가 아니라 하였다. 원문으로는 시법비사량분별지능혜是法非思量分別之能慧라 한다.

不起樹王羅七處於法界者는 第三에 明說經之處니 意取七處故라 言樹王者는 卽菩提樹니 謂畢鉢羅樹라 此樹高聳하야 獨出衆樹일새 故稱爲王이라 言不起者는 謂不起菩提樹코 而昇忉利天等이니 故로 下經에 云호대 爾時世尊이 不離一切菩提樹下코 而昇須彌하사 向帝釋殿이라하며 法慧菩薩偈에 云호대 佛子汝應觀 如來自在力하라 一切閻浮提에 皆言佛在中이어니와 我等今見佛이 住於須彌頂이라 十方悉亦然하니 如來自在力이라하니라 三天에 皆有不起而昇之言이니 故로 彼成四句니라 一은 不起一切菩提樹코 而昇一天이니 如前經文이요 二는 不起一處코 而昇一切處요 三은 不起一處코 而昇一處요 四는 不起一切處코 而昇一切處라 二四兩句는 取其結例之文이니 謂十方悉亦然은 取前一切閻浮提하야 對一切忉利亦然이니 則是第四句요 但取一閻浮하야 對一切忉利하면 是第二句니라 其第三句는 易故로 文無어니와 義必合有니 是則不起法界菩提樹코 遍昇法界七處니라

"보리수왕에서 일어나지 않고 칠처를 법계에 폈다"고 한 것은 제삼대에 경을 설하는 처소를 밝힌 것이니,
그 뜻은 칠처七處[267]를 취하고 있는 까닭이다.
수왕樹王이라고 말한 것은 곧 보리수[268]이니

---

267 칠처七處란, 같은 장소인 보광당이 세 번이지만 한 처소이기에 칠처에서 구회의 설법을 하였다는 것이다.

268 보리수라는 것은 『공작왕주경孔雀王呪經』 상권에 말하기를, 비바시불은 무수, 시기불은 분타리수, 비사부불은 사라수, 구류손불은 시리사수, 구나함모니

필발라수畢鉢羅樹를 말하는 것이다.

이 나무는 높이 솟아 수많은 나무보다 특출하기에 그런 까닭으로 왕이라 이름하는 것이다.

"일어나지 않았다"고 말한 것은 말하자면 보리수에서 일어나지 않고 도리천에 올라가는 등[269]이니,

그런 까닭으로 아래 수미산정품[270] 경문에 말하기를 "그때에 세존이 일체 보리수 아래를 떠나지 않고 수미산 정상에 올라 제석천왕의 궁전으로 향하였다"[271] 하였으며,

법혜보살法慧菩薩[272]의 게송에 말하기를

"불자야, 그대들은 응당

여래의 자재한 힘을 관찰하라.

일체 염부제에

불은 우담바라수, 가섭불은 가루타수, 석가모니불은 보리수 아래서 깨달음을 얻었다 하였다. 당래에 미륵불은 용화세계 화림원 용화수 아래서 깨달음을 얻는다 하였다. 미륵설은 『공작경』의 말이 아니다.

269 등이란 타화자재천, 도솔천, 야마천이다.

270 하경이란 수미정상게찬품이니, 이곳 수미정상에 도리천이 있다. 이 말은 p.195, 4행에도 인용되어 있다.

271 제석천왕의 궁전으로 향하여 갔다는 말 아래에, 그때에 천제석이 묘승전妙勝殿에 있다가 멀리서 부처님이 오시는 것을 보고 곧 신통력으로써 이 제석궁을 장엄하고 넓은 광명의 사자좌를 안치하였다고 하였다.

272 법혜보살 운운은 수미정상게찬품 가운데 법혜보살이니, 이 보살이 가장 먼저 부처님을 찬송한 보살로서, 여기 게송은 제 여섯 번째와 제 일곱 번째 게송이다.

다 부처님이 그 가운데 있다 말하거니와,

우리 등은 지금 부처님이
저 수미산 정상에 머무심을 본다.
시방세계에서도 다 또한 그렇게 보나니
여래의 자재한 힘이다" 하였다.
세 하늘[273]에 다 일어나지 않고 올랐다는 말이 있나니,
그런 까닭으로 저 말[274]이 네 구절을 이루는 것이다.
첫 번째는 일체 보리수 아래서 일어나지 않고 한 하늘에 오르는 것이니
앞에서 말한 경문[275]과 같은 것이요,
두 번째는 한 처소에서 일어나지 않고 일체 처소에 오르는 것이요,[276]
세 번째는 한 처소에서 일어나지 않고 한 처소에 오르는 것이요,[277]
네 번째는 일체 처소에서 일어나지 않고 일체 처소에 오르는 것이다.[278]
두 번째와 네 번째의 두 구절은 예를 맺는 문장[279]을 취한 것이니,

---

273 세 하늘이란 도리천·야마천·도솔천이다.

274 저 말이란 일어나지 않고 올랐다는 말이다.

275 앞에서 말한 경문이란 하경이니, 곧 수미정상게찬품이다.

276 두 번째에 한 처소 등이란, 한 처소는 염부제 보리수이고 일체 처소는 일체 도리천이다.

277 세 번째에 앞에 한 처소는 염부제, 뒤에 한 처소는 도리천이다.

278 네 번째에 앞에 일체 처소는 일체 염부제이고, 뒤에 일체 처소는 일체 도솔천이다.

말하자면 "시방세계에서도 다 또한 그렇게 본다"고 한 것은 앞의 "일체 염부제"라 한 구절을 취하여 일체 도리천에서도 또한 그렇게 봄을 상대한 것이니

곧 이것은 제 네 번째 구절이요,

다만 "한 염부제"라 한 구절만 취하여 일체 도리천에서도 또한 그렇게 봄을 상대한다면 이것은 제 두 번째 구절이다.

제 세 번째 구절은 쉬운 까닭으로 문장이 없거니와 뜻은 반드시 합하여 있나니[280],

이것은 곧 법계의 보리수에서 일어나지 않고 두루 법계의 칠처에 오른다는 것이다.

今言羅七處於法界者는 略有二意하니 一은 令遍法界中에 皆有七處요 二는 令一一處로 皆遍法界니라 且初義者는 若約自狹으로 之寬說遍인댄 應如下說處中十重之內에 遍於中八이니 以初一은 是能遍七處요 十은 是例餘佛故라 然下十重은 是約佛遍於處이요 今明處遍於處니 自有二義耳라 所依之處가 旣遍法界인댄 能依之身도 居然遍也니라

279 예를 맺는 문장이란 시방세계에서도 다 그렇게 본다 한 구절이니, 예를 이끌어 온 글 가운데 마지막 결론하는 구절인 까닭으로 결예結例, 즉 예를 맺는다 한 것이다.

280 뜻은 반드시 합하여 있다는 것은, 제 세 번째 한 처소(염부제)에서 일어나지 않고 한 처소(도리천)에 오른다는 것은 상식으로 말하지 않아도 안다 하겠다.

지금 "칠처를 법계에 폈다"고 말한 것은 간략하게 두 가지 뜻이 있나니,
첫 번째는 하여금 법계에 두루한 가운데 다 칠처가 있게 하는 것이요,
두 번째는 낱낱 처소로 하여금 다 법계에 두루하게 하는 것이다.
또 처음에 뜻은 만약 좁은 곳에서부터[281] 넓은 곳에 나아감을 잡아 두루함을 말한다면, 응당 아래 처소를 설한[282] 가운데 십중十重의 안에 그 가운데 팔중처八重處[283]에 두루하는 것과 같나니,
처음에 일중一重은 이것은 능히 두루하는 가운데 칠처요,
제십중十重은 이것은 나머지 부처님[284]을 예를 들어 말한 까닭이다.
그러나 아래서 말한 십중[285]은 이것은 부처님이 처소에 두루함을 잡아 말한 것이요,
지금은 처소가 처소에 두루함을 밝힌 것이니
스스로 두 가지 뜻이 있을 뿐이다.
의지하는 바 처소가 이미 법계에 두루하였다면 능히 의지하는 몸도 모르는 사이에[286] 두루할 것이다.

今直就遍法界言인댄 略有五重하니 一은 遍法界同類刹中에도 皆有

281 만약 좁은 곳에서부터 운운은 p.193, 8에도 말하고 있다.

282 아래 처소를 설한 곳(說處)이란, 아래 교기인연분教起因緣分 가운데 의처依處이다. 그러나 가까이는 바로 아래 9행이다.

283 팔중처란 일중과 십중을 뺀 것이다.

284 나머지 부처님이란 석가모니 외에 다른 부처님이다.

285 아래서 말한 십중이란 역시 교기인연분이다.

286 원문에 거연居然은 모르는 사이 또는 자연히라는 뜻이다.

七處요 二는 遍法界異類刹中에도 有七處요 三은 遍法界微塵刹中에도 亦有七處요 四는 遍法界虛空容塵之處에도 亦有七處요 五는 遍法界帝網刹中에도 亦有七處니라 二에 令一一處遍者는 如菩提場이 遍法界하야 則普光明中에도 亦有菩提場이며 忉利天中에도 亦有菩提場이며 夜摩兜率等七處에도 一一皆有菩提場이니라 如遍七處하야 亦遍非七處之處니 如化樂四王色界十八等히 非說經處에도 今菩提場이 亦皆遍滿이니라

지금 바로 법계에 두루한다는 말에 나아간다면 간략하게 오중의 처소가 있나니,
첫 번째는 법계의 동류국토에 두루한 가운데도 다 칠처가 있는 것이요,
두 번째는 법계의 이류국토에 두루한 가운데도 칠처가 있는 것이요,
세 번째는 법계의 미진수국토에 두루한 가운데도 또한 칠처가 있는 것이요,
네 번째는 법계 허공계의 미진을 용납하는 처소에 두루한 가운데도 또한 칠처가 있는 것이요,
다섯 번째는 법계의 제망국토에 두루한 가운데도 또한 칠처가 있는 것이다.
두 번째 낱낱 처소로 하여금 다 법계에 두루하게 하는 것이라고 한 것은 마치 보리도량이 법계에 두루함과 같아서 곧 보광명 가운데도 또 보리도량이 있으며,
도리천 가운데도 또한 보리도량이 있으며,

야마천과 도솔천 등의 칠처에도 낱낱이 다 보리도량이 있는 것이다. 칠처에 두루함과 같아서 또한 칠처가 아닌 곳에도 두루하나니, 화락천과 사왕천[287]과 색계의 십팔천 등[288]과 같이 경을 설하지 아니한 곳에도 지금에 보리도량이 또한 다 두루 충만한 것이다.

如菩提場이 既遍法界하야 其餘七處도 一一皆遍七處와 乃至法界니라 此亦有五하니 一은 遍一一同類刹이요 二는 遍異類刹이요 三은 遍法界塵이요 四는 遍虛空容塵之處요 五는 遍法界帝網刹이니라 更細而論인댄 非但一一處遍이라 隨一一塵하야 皆遍法界五重之處하니 是則一處中에 有一切處하니라 上二重釋遍이 皆遍五類하니 五類之中에 前三은 約事法界요 次一은 通事理니 理空事空故요 後一은 事事無礙法界니 由事卽理하야 事理無礙故로 以理融事하야 遍於重重하나니 皆是如來說經之處니라

보리도량[289]이 이미 법계에 두루함과 같아서 그 나머지 칠처도 낱낱이 다 칠처와 내지 법계에 두루하는 것이다.
여기에 또한 다섯 가지가 있나니
첫 번째는 낱낱이 동류의 국토에 두루한 것이요,
두 번째는 이류의 국토에 두루한 것이요,
세 번째는 법계의 미진수국토에 두루한 것이요,

287 화락천은 육욕천 가운데 제오천이고, 사왕천은 제일천이다.
288 등이란 무색계 사천이다.
289 보리도량은 칠처 구회 가운데 제일회이다.

네 번째는 허공계의 미진을 용납하는 처소에 두루한 것이요,
다섯 번째는 법계의 제망국토에 두루한 것이다.
다시 자세히 논한다면 다만 낱낱의 처소에만 두루할 뿐 아니라, 낱낱의 미진을 따라 다 법계의 오중五重의 처소에도 두루하나니, 이것은 곧 한 처소 가운데 일체 처소가 있는 것이다.[290]
위에서 두 번 거듭 두루함을 해석[291]한 것이 다 오류五類의 세계에 두루하나니,
오류 가운데 앞의 삼류는 사법계를 잡은 것이요,
다음에 일류는 사법계와 이법계에 통하는 것이니
진리도 공하고 사실도 공한 까닭이요,
뒤에 일류는 사사무애법계이니
사실이 진리에 즉하여 사실과 진리가 걸림이 없음을 인유한 까닭으로, 진리로써 사실을 융합하여 중중무진의 세계에 두루하나니 다 이것은 여래가 경을 설하는 처소인 것이다.

---

290 한 처소 가운데 일체 처소가 있다고 한 것은 두 가지 해석이 있나니, 처음에는 능변能遍의 한 처소 가운데 소변所遍의 일체 처소를 갖추고 있는 것이고, 뒤에는 소변의 한 처소 가운데 능변의 일체 처소를 갖추고 있는 것이다. 마치 천상의 일만 개의 별이 낱낱이 저 일만 개의 강물에 비치면 곧 일만 개의 별은 능변이 되고 일만 개의 강물은 소변이 되는 것과 같나니, 능변의 일만 개의 별 가운데 한 개의 별이 저 일만 개의 강물에 두루함을 거론하고(처음의 뜻), 소변의 일만 개의 강물 가운데 한 강물에 일만 개의 별이 비침이 있음을 거론한 것(뒤의 뜻)이다.

291 위에서 두 번 거듭 두루함을 해석했다고 한 것은 p.56, 9행에 약유오중若有五重과 p.57, 5행에 차역유오此亦有五라 한 것이 그것이다.

無違後際暢九會於初成者는 四에 明說經時니 卽始成正覺時라 然有兩說하니 各是一師之義일새 以無違兩字로 會通이라 謂菩提流支는 則以前五會는 是初成卽說이니 以經初에 云호대 始成正覺故라하며 三天에 皆云不起而昇故라하니라 第六會已下는 是第二七日後說이니 以別行十地經初에 云호대 婆伽婆가 成道未久하야 第二七日故니라 例此則第九一會는 在後時說이니 以有身子祇樹等故라하니라 賢首는 則以初成하고 頓說九會之文이라하니 今疏會云이라 賢首가 旣指歸云호대 常恒之說하야 前後際而無涯라하시니 則在後時無過로다 故云無違後際라하니 後際는 卽通第九會가 在後時說니라 故로 不妨後際하고 而宣暢九會는 在於初成이니라

"후제를 어기지 않고 구회를 처음 성도할 때 폈다"고 한 것은 제사대에 경을 설할 때를 밝힌 것이니,
곧 처음 정각을 성취한 때이다.
그러나 두 가지 학설[292]이 있나니
각각이 한 사람의 뜻이기에 어김이 없다는 무위無違 두 글자로써 회통한 것이다.
말하자면 보리유지는 곧 앞의 오회는 이것은 처음 성도하여 곧바로 설한 것이니,
이 경의 초두에 말하기를 "처음 정각을 성취하였다" 한 까닭[293]이며,

292 두 가지 학설이란 보리유지와 현수의 학설이다.

293 고故 자는 인용구의 글이 아니다. 그러나 편의상 고故라 하며 고故라하니라 토吐를 달 뿐이다. 뒤에도 이런 경우가 가끔 있을 것이다.

"세 하늘에서 다 보리수 아래서 일어나지 않고[294] 위로 하늘에 오르셨다" 한 까닭이다.

제육회 이하는 이것은 제이칠일(14일) 이후에 설한 것이니

별행본 『십지경』[295] 초두에 말하기를 "바가바[296]가 성도하신 지 오래지 않아 제이칠일이라" 한 까닭이다.

이 말을 비례하여 보면 제구회의 일회는 후시后時에 있어 설한 것이니

사리불과 기원정사 등의 말이 있는 까닭이라 하였다.

현수법사는 곧 처음 성도하고 구회의 경문을 한꺼번에 설하였다 하였으니,

지금 소문에 회통하여 말한 것이다.[297]

현수법사가 이미 『화엄지귀』에서 말하기를 "항상 설하여 전제와 후제에 끝이 없다" 하였으니,

곧 후시에 있어 설했다 할지라도 허물이 없는 것이다.[298]

---

294 원문에 불기不起 운운은 불리不離이다. 그 예는 p.55, 5행에 그때에 세존이 보리수 아래를 떠나지 않고 수미산에 오르셨다고 한 것이다.

295 별행본 『십지경』이란 『불설십지경』 9권이니, 시라달마가 번역하였다.

296 바가바란 자재自在와 치성熾盛과 단엄端嚴과 명칭名稱과 길상과吉祥과 세존世尊이라는 여섯 가지 공덕을 원만하게 갖춘 분을 바가바라 이름하는 것이다.

297 지금 소문에 회통하여 말하였다 한 것은, 곧 처음 성도하고 구회의 경문을 한꺼번에 설하였다고 한 것을 말한 것이다. 말하였다는 운云 자는 북장경과 『회현기』엔 취取 자이다.

298 후시에 있어 설했다 할지라도 허물이 없다고 한 것은, 청량스님이 현수스님과 보리유지의 학설을 현수스님의 항상 설하였다는 말로써 회통하고 있는 것이다.

그런 까닭으로 말하기를 "후제를 어기지 않는다" 하였으니,
후제라고 한 것은 제구회가 후시에 있어 설했다고 함에 통하는 것이다.
그런 까닭으로 후제를 방해하지 않고 구회를 편 것은 처음 성도함에 있는 것이다.

上來에 分於三時는 約所表故요 初成頓演은 約圓融故며 又分三時者는 以法就機故요 能頓說者는 約佛德能하야 能頓演故니 以初後相卽일새 故로 無違後際하고 不妨初成에 頓彰九會니라 經에 云호대 一念이 卽無量劫이요 無量劫이 卽一念故라하며 晉經十住品에 云호대 過去無量劫을 安置未來今하고 未來無量劫을 迴置過去世하니 非長亦非短이라 解脫人所行이라하니 多劫이 不乖刹那어늘 初成이 豈妨後際리오 上之二段은 廣如教緣中辨하니라

상래에 삼시三時를[299] 나눈 것은 표현하는 바가 있음을 잡아 말한 까닭이요,
처음 성도하고 한꺼번에 연설한 것은 원융을 잡아 말한 까닭이며,
또 삼시를 나눈 것은 법으로써 근기에 나아간 까닭이요,
능히 한꺼번에 설한 것은 부처님의 공덕이 능함을 잡아 능히 한꺼번에 연설한 까닭이니,

---

299 상래에 삼시 운운은, 삼시는 보리유지의 학설이고, 표현하는 바라고 한 것은 곧 교법의 깊고 얕음을 말한 것이다.

초제와 후제가 서로 즉하기에 그런 까닭으로 후제를 어기지 않고 처음 성도함에 한꺼번에 연창演彰하는 것을 방해하지 않는 것이다.

이세간품 경문[300]에 말하기를

"한 생각이 곧 한량없는 겁이요,

한량없는 겁이 곧 한 생각인 까닭이라" 하였으며,

진역경 십주품에 말하기를

"과거 한량없는 겁을

미래와 지금에 안치하고

미래의 한량없는 겁을

과거세에 돌이켜 안치하나니,

긴 시간도 아니고 또한 짧은 시간도 아니다.

해탈한 사람이 행하는 바다" 하였으니,

이렇듯 수많은 겁이 찰나를 어기지 않거늘, 처음 성도[301]한 것이 어찌 후제를 방해하겠는가.

이상의 이단二段[302]은 널리 교기인연분[303] 가운데 분별한 것과 같다.

---

300 원문에 경운經云이란 이세간품 보현보살 게송이니, 무량겁일념無量劫一念 일념무량겁一念無量劫이라고 하여 여기와는 바뀌어 있다.

301 처음 성도(初成)란 바로 전제이다.

302 이단이란 제삼에 설경처說經處와 제사에 설경시說經時이다.

303 교기인연은 장석경의蔣釋經義의 십문十門 가운데 첫 번째가 교기인연이니, p.137, 11행에 장석경의가 있고, p.139, 10행에 있다.

盡宏廓之幽宗하야 被難思之海會者는 五에 明所被衆也라 然이나 上句는 略明經義하야 以爲能被니 義在旨趣之中이어니와 今爲成所被故로 略擧能耳니 宏者는 大也요 廓者는 空也요 幽者는 深也라 下句에 被難思之海會는 卽是所被라 言海會者는 以深廣故니 謂普賢等衆이 德深齊佛하며 數廣刹塵일새 故稱爲海요 深超情表일새 是不可思며 數廣難量일새 亦不可思요 卽深而廣일새 不可作深思며 卽廣而深일새 不可爲廣思니라 眞應權實을 類例多端일새 又不可思며 該徹果海일새 尤不可思니 故로 初會에 云호대 有十佛刹微塵數菩薩하야 所共圍繞라하고 略列四十二衆호대 皆以刹塵無量으로 而爲其量하니라 況口光所召一一菩薩이 各領世界海微塵數菩薩하야 以爲眷屬하고 來至此會하사 毛光重現하야 周入刹塵하사 依正作用이 該攝三際아 諸大菩薩도 尙不能思어늘 豈況凡情으로 測其涯際아 故云難思之海會라하니라

"넓고 큰 유현의 종지를 다하여 사의하기 어려운 해회에 입힌다"고 한 것은 제오대에 입힐 바 대중을 밝힌 것이다.
그러나 위에 구절은 간략하게 이 경의 뜻을 밝혀 능히 입히는 것을 삼은 것이니,
그 뜻은 지취旨趣[304] 가운데 있거니와 지금은 입힐 바를 성립하기 위한 까닭으로 간략하게 능히 입히는 것을 거론하였을 뿐이니,

304 지취란 p.71, 3행이니, 세과십중細科十中의 제 여섯 번째 지취현미旨趣玄微이다.

굉宏이라고 한 것은 크다는 뜻이요,

확廓이라고 한 것은 공하다는 뜻이요,

유幽라고 한 것은 깊다는 뜻이다.

아래 구절에 "사의하기 어려운 해회에 입힌다"고 한 것은 곧 이것은 입힐 바이다.

해회海會라고 말한 것은 깊고 넓은 까닭이니

말하자면 보현 등의 대중이 덕이 깊어 부처님과 같으며,

수가 넓어 국토의 미진과 같기에 그런 까닭으로 바다라 이름하는 것이요,

깊어 범정[305]의 밖을 뛰어났기에 이에 가히 생각할 수 없는 것이며,

수가 넓어 측량하기 어렵기에 또한 가히 생각할 수 없는 것이요,

깊음에 즉하여 넓기에 가히 깊다는 생각을 지을 수 없는 것이며,

넓음에 즉하여 깊기에 가히 넓다는 생각을 지을 수 없는 것이다.

진신과 응신과 방편과 진실을 비유하여 예를 든 것이 다단多端하기에 또한 가히 생각할 수 없는 것이며,

과보의 바다에 갖추어 사무치기에 더욱 가히 생각할 수 없는 것이니,

그런 까닭으로 초회에 말하기를 "십불찰미진수보살이 있어 함께 에워싸는 바라"라 하고 간략하게 사십이四十二 대중[306]을 열거하였지

---

305 범정(情)은 범부의 망정이다.

306 사십이중四十二衆이란, 동생대중과 이생대중이 사십이고, 사자좌대중과 미간眉間의 대중이 둘이니, 지자대사의 사교 가운데 원교의 뜻이다.
一은 십신의 만심滿心과 초발심주의 해월海月 등 십보살의 동생대중이 하나이고, 二는 십주의 집금강신 등 이생대중이 아홉이고, 三은 십행의 주가신

만 다 불찰미진수 한량없는 대중으로써 그 수량을 삼은 것이다.
하물며 입의 광명으로[307] 부른 바 낱낱 보살이 각각 세계의 바다에 미진수보살을 통령하여 권속을 삼고 이 회중에 와서 이르러 털구멍 가운데 광명을 거듭 나타내어 불찰미진수 세계에 두루 들어가 의보와 정보의 작용이 삼제를 갖추어 섭수하는 것이겠는가.
모든 큰 보살도 오히려 능히 생각할 수 없거늘, 어찌 하물며 범정으로 그 끝을 측량하겠는가.
그런 까닭으로 말하기를 "사의하기 어려운 해회라" 하였다.

圓音落落이라 該十刹而頓周者는 六에 明說經本也니 本卽圓音이요 落落者는 疏遠聲也라 十刹者는 謂樹形等異類之刹을 經列二十하고 結有十佛刹塵은 擧十以彰無盡일새 故云十刹이라하니라 圓音之義는 下當廣說이어니와 略而言之컨대 一音之中에 具一切音일새 名曰

등 이생대중이 열이고, 四는 십회향의 아수라 등 이생대중이 열이고, 五는 십지의 도리천왕 등 이생대중이 열이고, 六은 등각의 보리수 아래 사자좌 대중이 하나이고, 七은 미간에서 나온 대중이 하나이다. 총 칠처구회의 대중 수는 백칠십오 대중이다. 『회현기』, p.159를 참고하라.

307 입의 광명으로 부른다고 한 것은 여래현상품의 말이니, 부처님이 입 가운데 치아 사이에서 불찰미진수 광명을 놓아 시방으로 각각 일억불찰미진수 세계를 두루 비추니 그 세계 모든 보살 한 사람 한 사람이 다 세계의 바다에 미진수 보살을 권속으로 삼아 부처님의 처소에 와서 에워싸다 운운한 것이다. 구광口光은 치광齒光이니 초회의 치광과 미간 가운데 치광이다. 미간의 광명은 초회와 육회와 칠회와 구회에서 총 네 번을 놓았다. 여래현상품의 입의 광명은 숙자권 상권 36장 하4행에 있다. 『회현기』, p.161을 참고하라.

圓音이요 一切音聲이 卽是一音일새 亦名一音이니 一多無礙를 總曰圓音이라하니라 經에 云호대 佛演一妙音하사 周聞十方國하시니 衆音悉具足하야 法雨皆充遍이로다 一切言詞海와 一切隨類音으로 一切國土中에 恒轉無上輪이라하니 皆圓音義也라 十刹齊聞하야 無有前後일새 故名爲頓이요 法界十刹에 無所不聞일새 故名曰周니라

"원만한 음성이 낙락하여 십불찰미진수 세계까지 다 한꺼번에 두루 한다"고 한 것은 제육대에 경을 설하는 근본을 밝힌 것이니,
근본이라고 한 것은 원만한 음성이요,
낙락이라고 한 것은 소원한 소리이다.
십불찰이라고 한 것은 말하자면 나무 형상 등 다른 유형의 국토를 화장세계품경[308]에서 스무 가지[309]로 열거하고 십불찰미진수 세계가 있다고 맺은 것은 십불찰을 거론하여 끝이 없음을 밝히기에 그런 까닭으로 십불찰이라 말하는 것이다.
원만한 음성의 뜻은 아래 마땅히 널리 설할 것[310]이지만 간략하게

---

308 원문에 경열經列이라 한 경은 화장세계품이다.

309 스무 가지란, 화장세계품에 회전형세계迴轉形世界 등 스무 종류의 세계를 열거하였다. 한자권寒字卷 41장 하3행에 있다.

310 아래 마땅히 널리 설할 것이라 한 것은 여래출현품 어업語業을 설하는 가운데 있다. 여래의 음성이 열 가지가 있나니 一은 두루 이르나니 무량한 음성인 까닭이요, 二는 중생의 마음이 좋아함을 따라 기쁘게 하는 음성이니 설법이 명료한 까닭이요, 三은 믿음과 지혜를 따라 기쁘게 하는 음성이니 마음이 청량함을 얻는 까닭이요, 四는 교화하는 때를 잃지 않는 음성이니 들을 사람이 듣지 못함이 없는 까닭이요, 五는 생멸이 없는 음성이니 메아리

말한다면, 한 음성 가운데 일체 음성을 갖추고 있기에 이름을 원만한 음성이라 말하는 것이요,

일체 음성이 곧 이 한 음성이기에 또한 한 음성이라 이름하는 것이니,

한 음성과 수많은 음성이 걸림이 없는 것을 모두 원만한 음성이라 말하는 것이다.

여래현상품 경문[311]에 말하기를

"부처님이 하나의 미묘한 음성을 연설하여

시방의 국토에 두루 듣게 하시니,

수많은 음성이 다 구족되어

법우法雨[312]가 다 충만하여 두루하였다.

일체 언어의 바다와

일체 유형을 따르는 음성으로

일체 국토 가운데

항상 더 이상 없는 법륜을 전하신다" 하였으니,

와 같은 까닭이요, 六은 주재主宰가 없는 음성이니 업을 따라 일어나는 까닭이요, 七은 매우 깊은 음성이니 헤아리기 어려운 까닭이요, 八은 삿됨도 굽음도 없는 음성이니 법계로부터 나오는 까닭이요, 九는 단절함이 없는 음성이니 법계에 두루 들어가는 까닭이요, 十은 변함이 없는 음성이니 끝까지 가는 까닭이라 했다. 강자권薑字卷 상권 7장 하8행에 있다. 『회현기』, p.163을 참고하라.

311 원문에 경운經云이란 여래현상품 게송이다. 단 일체국토중은 일체찰토刹土중이라 하고, 항전무상륜은 전어정법륜轉於正法輪이라고 한 것만 다르다.

312 법우란 여래현상품 소초에 사제·십이인연·육바라밀 등의 법우라 했다.

다 원만한 음성이라는 뜻이다.
십불찰에 다 같이 들려 전후가 없기에 그런 까닭으로 한꺼번(頓)이라고 이름하는 것이요,
법계의 십불찰에 들리지 않는 곳이 없기에 그런 까닭으로 두루한다(周)고 이름하는 것이다.

主伴重重하야 極十方而齊唱者는 七에 別叙說儀也니 謂是通方之說은 擧一爲主면 十方爲伴이라 諸佛菩薩이 皆有主伴일새 遞互相望컨대 盡於十方에 隨一爲主하야 十方爲伴이나 隣次相壓일새 故曰重重이라하니라 然相猶難明이나 今復略示호리라 言諸佛菩薩이 皆有主伴者는 略有三句하니 一은 果主果伴이니 謂遮那가 爲主면 十方佛이 爲伴이요 十方佛이 爲主면 遮那 爲伴이니라 二는 因主因伴이니 謂此方法慧菩薩이 爲主면 十方法慧菩薩이 爲伴이요 十方菩薩이 爲主면 此方菩薩이 爲伴이니라 三은 果主因伴이니 謂如來 爲主면 普賢等이 爲伴이니라 此一은 亦名輔翼이요 亦得稱伴이니 彼佛이 爲主면 此方菩薩이 爲伴이니라 如法慧說法하면 十方佛證은 但名證法諸佛이요 不名因主果伴이니 設爾爲伴이라도 自望本佛하면 而爲主故니라

"주반이 중중무진하여 시방세계 끝까지 제창하셨다"고 한 것은 제칠대에 설하는 위의를 따로 서술한 것이니,
말하자면 시방에 통한다는 말은 하나가 주主가 되면 시방이 반伴이 됨을 거론한 것이다.
모든 부처님과 보살이 다 주와 반이 있기에 번갈아 서로서로 바라보

면 모든 시방에 하나가 주가 됨을 따라 시방이 반이 되지만, 가까운 곳으로부터 차례로 서로 겹쳐 누르기에[313] 그런 까닭으로 중중이라 말한 것이다.

그러나 그 모습을 오히려 밝히기는 어렵지만 지금 다시 간략하게 현시하겠다.

모든 부처님과 보살이 다 주와 반이 있다고 말한 것은 간략하게 세 구절이 있나니,

첫 번째는 과위의 주와 과위의 반이니

말하자면 비로자나 부처님이 주가 되면 시방의 부처님이 반이 되고, 시방의 부처님이 주가 되면 비로자나 부처님이 반이 되는 것이다.

두 번째는 인위의 주와 인위의 반이니,

말하자면 이곳의 법혜보살[314]이 주가 되면 시방의 법혜보살이 반이 되고,

시방의 보살이 주가 되면 이곳의 보살이 반이 되는 것이다.

세 번째는 과위의 주와 인위의 반이니,

말하자면 여래가 주가 되면 보현 등이 반이 되는 것이다.

이 하나는 또한 보처불이라고도 이름하고 또한 반이라고도 이름함을 얻나니,

---

313 서로 겹쳐 누른다고 한 것은 동전이 1전 위에 2전이 겹쳐 누른다는 비유의 말이다.

314 법혜보살은 제삼회 설주이니, 이 삼회는 도리천에서 설법하신 것으로 육품六品이 있다. 즉 승수미정상, 수미정상게찬, 십주, 범행, 초발심공덕, 명법품이다.

저 부처님이 주가 되면 이곳의 보살이 반이 되는 것이다.
마치 법혜보살이 법을 설하면 시방의 부처님이 증명하는 것과 같은 것은 다만 법을 증명하는 모든 부처님이라고만 이름하고
인위의 주와 과위의 반이라 이름하지 않나니,
설사 저 모든 부처님[315]이 반이 된다 할지라도 스스로 근본 부처님을 바라보면 주가 되는 까닭이다.

言隣次相壓일새 故曰重重者는 略有二義하니 一은 此彼互望이니 如遮那가 爲主면 十方諸佛이 爲伴이요 此界之東阿閦如來가 爲主면 此土遮那와 與十方諸佛이 爲伴이요 次東第二佛이 爲主면 遮那與東第一佛과 及十方佛이 爲伴하야 則隨一佛하야 有法界諸佛重數하니라 如十人爲主伴하야 遞互相望하면 便爲十重主伴하니라 如一佛旣你하야 佛主菩薩伴도 亦然하며 因主旣爾하야 因伴도 亦然하나니 此一義中에 自有三義하니라

"가까운 곳으로부터 차례로 서로 겹쳐 누르기에 그런 까닭으로 중중이라 말한다"고 한 것은 간략하게 두 가지 뜻이 있나니,
첫 번째는 이것과 저것이 서로 바라보는 것이니
저 비로자나 부처님이 주가 되면 시방의 모든 부처님이 반이 되고,
이 세계의 동쪽에 아촉여래가 주가 되면 이 국토의 비로자나 부처님이 시방의 모든 부처님으로 더불어 반이 되고,

315 모든 부처님이란 시방의 부처님이다.

다음에 동쪽의 제 두 번째 부처님이 주가 되면 비로자나 부처님과 더불어 동쪽의 첫 번째 부처님과 그리고 시방의 부처님이 반이 되어 곧 한 부처님을 따라[316] 법계의 모든 부처님이 중수重數로 있는 것이다.

마치 열 사람이 주와 반이 되어 번갈아 서로서로 바라보면 곧 십중十重으로 주와 반이 되는 것과 같다.

한 부처님이 이미 그러함과 같아서 부처님이 주가 되고 보살이 반이 되는 것도 또한 그러하며,

인위의 주가 이미 그러함과[317] 같아서 인위의 반도 또한 그러하나니,

이 한 가지 뜻 가운데 스스로 세 가지 뜻이 있는 것이다.[318]

二者는 遮那一佛이 爲主면 十方菩薩이 爲伴이요 主佛旣遍이면 伴亦隨遍이니 謂遮那가 處普光堂하면 東方十佛刹塵數界外에 有金色世界文殊가 而來爲伴하고 十方菩薩도 皆去十剎而來하며 若此主佛이

---

316 한 부처님을 따른다고 한 것은 주불과 반불이고, 다만 모든 부처님 가운데 한 부처님이 아니다.

317 이미 그러하다고 한 기이旣爾라는 두 글자는 연衍이 아닌지. 연이라면 인위의 주와 인위의 반도 또한 그러하다고 해석할 것이다.

318 한 가지 뜻 가운데 스스로 세 가지 뜻이 있다고 한 것은, 이 한 가지 뜻이란 중중의 두 가지 뜻 가운데 첫 번째 뜻이니 차피호망此彼互望이다. 스스로 세 가지 뜻이 있다고 한 것은 두 가지 뜻이 있나니, 一은 원문에 여자나如遮那 운운과 차계지동此界之東 운운과 차동제이불次東第二佛 운운이 하나이고, 二는 일불기이一佛旣爾 운운과 인주기이因主旣爾 운운과 일의중삼의一義中三義라 한 것이 하나이다.

向東一界하야 坐蓮華座라도 金色文殊가 來亦不相近하야 還去十佛剎塵數外하나니 如長空明月을 列宿圍繞하야 萬器百川에 星月炳現이라 月如主佛하고 列宿如伴하야 一一水中에 遠近皆現하니 義當金色이 近東一界요 其西蓮華色世界에 財首菩薩도 亦移近東一界며 餘之八方도 皆移近東一界니라 如是主佛이 至東十佛剎塵數界外하사 坐蓮華藏師子之座는 正當本金色界處니 由主佛至彼하야 其金色界가 近東亦十佛剎塵數界外요 其西方蓮華色界도 正當娑婆之處니라

두 번째는 저 비로자나 한 부처님이 주가 되면 시방의 보살이 반이 되고,
주불이 이미 두루하면 반 보살도 또한 따라 두루하나니,
말하자면 비로자나 부처님이 보광당에 거처하면 동방의 십불찰미진수 세계 밖에 있는 금색세계의 문수보살이 와서 반이 되고 시방의 보살도 다 십불찰을 떠나오며,
만약 이 주불이 동방의 한 세계를 향하여 연꽃의 자리에 앉을지라도 금색세계의 문수보살이 오는 것이 또한 서로 가깝지 아니하여 도리어 십불찰미진수 세계 밖을 떠나오나니,
마치 긴 허공에 밝은 달을 늘어선 별들이 에워싸서 만 가지 그릇과 백천의 강물에 별과 달이 밝게 나타나는 것과 같다.
달은 주불과 같고 늘어선 별들은 반보살과 같아서 낱낱의 물 가운데 멀고 가까움이 다 나타나나니,
그 뜻은 마땅히 금색세계의 문수보살이 동방의 한 세계에 옮겨

가까이 오고,
그 서방의 연화색세계에 재수보살도 또한 동방의 한 세계에 옮겨 오며,
나머지 팔방에서도 다 동방의 한 세계에 옮겨 오는 것이다.
이와 같이 주불이 동방의 십불찰미진수 세계 밖에 이르러 연화장 사자의 자리에 앉으신 것은 바로 본래 금색세계의 처소에 해당하는 것이니,
주불이 저곳에 이르름을 인유하여 그 금색세계가 동방으로 옮겨 가까이 오는 것도 또한 십불찰미진수 세계 밖에서 오는 것이요,
그 서방의 연화색세계가 옮겨 오는 것도 바로 사바세계의 처소에 해당하는 것이다.

如是主佛이 極於東方하면 金色等伴刹도 亦極東方호대 終不見文殊가 從西向東하야 來近主佛이며 亦不見文殊가 從佛前過하야 向西近佛이니라 如是主佛이 極於西方이라도 亦不見有西方菩薩이 從東過西하야 來近主佛이니 十方皆伱니라 如人이 以十錢布地호대 錢心爲主하고 錢緣爲伴하야 第一錢當中하고 以第二錢으로 壓第一錢上하야 近東一緣之地하면 則開元通寶等이 皆亦近東一緣之地하야 如是錢錢이 重重相壓하야 皆漸近東하나니 如近東旣伱하야 更十錢近西도 亦然하니라 說一十信에도 則已重重周於十方하고 如是第三會의 說十住時에도 亦如說信하야 重重遍於十方이며 行向地等도 皆然하니 則九會에 爲九重重이니라

이와 같이 주불이 동방에 끝까지 오면 금색세계 등 반의 세계에서도 또한 동방에 끝까지 오시지만, 끝내 문수보살이 서방을 좇아 동방을 향하여 주불에게 가까이 오는 것을 볼 수 없으며,

또한 문수보살이 부처님의 앞을 좇아 지나 서방을 향하여 부처님께 가까이 오는 것도 볼 수 없는 것이다.

이와 같이 주불이 서방에 끝까지 올지라도 또한 서방에 있는 보살이 동방을 좇아 서방을 지나 주불에게 가까이 오는 것도 볼 수 없나니, 시방이 다 그러한 것이다.

마치 어떤 사람이 열 개의 동전을 땅에 펴되, 동전의 중심을 주로 삼고 동전의 테두리를 반을 삼아 첫 번째 동전을 가운데 배당하고, 제 두 번째 동전으로써 첫 번째 동전 위를 눌러서 동쪽의 한 테두리 땅에 가까이 놓으면 곧 개원통보開元通寶[319]라는 글씨 등이 다 동쪽의 한 테두리 땅에 가까이 놓여, 이와 같이 동전과 동전이 중중무진으로 서로 눌러 다 점점 동쪽에 가까이 오는 것과 같나니,

동쪽에 가까이 오는 것이 이미 그러함과 같아서 다시 열 개의 동전이 서쪽에 가까이 오는 것도 또한 그러한 것이다.

첫 번째 십신[320]을 설할 때도 곧 이미 중중으로 시방에 두루하였고[321],

---

319 개원통보는 당나라 현종 때에 만들어진 돈으로 서기로는 713년이다. 돈의 모양은 이렇다. 마치 우리나라 상평통보常平通寶와 유사하다.

錢緣

錢心

320 첫 번째 십신이라 한 첫 번째(一)는 오십삼위 가운데 십신이 첫 번째라는 것이고, 제일회를 말하는 것이 아니다. 십신은 제이회에 있다.

이와 같이 제삼회에 십주를 설할 때도 또한 십신을 설할 때와 같이 중중으로 시방에 두루하며,
십행과 십회향과 십지 등을 설할 때도 다 그러하나니,
곧 구회에 아홉 번 중중으로 시방에 두루한 것이다.

如第一會重重으로 遍法界하야 第二會重重도 還在第一會重重之上하니 則九會에 自爲九箇重重이라 若四十八會인댄 爲四十八重重이며 若無盡會인댄 有無盡重重이니라 此는 一佛爲主면 餘菩薩爲伴이 重重如是어니와 十方佛爲主면 十方菩薩爲伴하야 重重亦然이니 如是諸佛重重으로 復互相遍이니라 故로 主伴重重하야 極十方而齊唱이라하니 餘義는 至教起因緣中辯하리라

제일회에 중중으로 법계에 두루함과 같아서 제이회에 중중으로 법계에 두루하는 것도 도리어 제일회에 중중으로 두루한 분상에 있나니,
곧 구회에 스스로 아홉 번 중중으로[322] 두루한 것이다.

---

321 중중으로 시방에 두루하였다고 한 것은 한 곳에서 십신을 설하면 시방에서도 동시에 설한다는 것이다.

322 구회에 스스로 아홉 번 중중(九箇重重)이라 한 것은 응당 아홉 번에 아홉 번 중중(九箇九重重)이라 할 것이니, 이 위에는 곧 각각 자기 회에서 중중을 논한 까닭으로 구회로 아홉 번의 중중을 삼았다. 지금은 구회가 서로 바라본다면 곧 구회에 낱낱이 각각 구회가 있나니, 그런 까닭으로 아홉 번에 아홉 번 중중(九箇九重重)이라 하는 것이다. 이상은 당시 강사의 학설이라 하고, 사기주私記主는 초문의 뜻을 자세히 살펴보니 다만 제일회의 중중상上에

만약 사십팔회[323]라고 한다면 사십팔 번 중중으로 두루한 것이 되며, 만약 끝이 없는 회[324]라고 한다면 끝이 없이 중중으로 두루함이 있을 것이다.
이것은 한 부처님이 주가 되면 나머지 보살이 반이 되어 중중으로 두루함이 이와 같거니와, 시방의 부처님이 주가 되면 시방의 모든 보살이 반이 되어 중중으로 두루하는 것도 또한 그러한 것이니, 이와 같이 모든 부처님이 중중으로 다시 서로서로 두루하는 것이다.
그런 까닭으로 말하기를 "주반이 중중무진하여 시방세계 끝까지 제창하셨다" 한 것이니,
나머지 뜻은 교기인연분[325] 가운데 이르러 분별하겠다.

然上七對에 有其六身하니 初에 所依海印三昧는 卽是智身이니 湛智海故요 二에 說法之身은 爲化身이니 謂如水分千月故요 三에 說經處는 是意生身이니 隨意遍於法界處故요 四에 說經時는卽力持身이니 持令永久故요 五에 被海會는 卽威勢身이니 菩薩衆中에 威光赫奕故요 六에 圓音과 七에 主伴은 皆相好莊嚴身이니 圓音은 卽一相이요

제이회의 중중과 내지 제팔회의 중중상上에 제구회의 중중뿐이다. 그렇다면 일개의 구중중(一箇九重重)이고 구개의 구중중(九箇九重重)의 뜻은 현시하지 않았다 하여 당시의 강사학설을 부정하였다.

323 사십팔회란 하본경으로 십만 게송에 사십팔품이니, 일품으로 일회를 삼은 것이다.

324 무지회란 상본경으로 무진회·무진품이다.

325 교기인연분은 p.139에 있다.

主伴은 卽坐蓮華藏師子之座하야 具相好故라 此段에 有六하고 教主難思에 已有四身일새 十身具矣로다 意云호대 十身初滿에 卽說此經이어니와 然疏本意는 正示說儀等異에 含具十身일새 故有三兩身名이 不全昭著하니라

그러나 이상의 칠대에 여섯 가지 몸[326]이 있나니,
초대에 의지하는 바 해인삼매는 곧 이 지신智身이니
잠잠한 지혜의 바다인 까닭이요,
이대에 법을 설하는 몸은 화신化身이 되나니
말하자면 물에 나누어 있는 천 개의 달과 같은 까닭이요,
삼대에 경을 설하는 처소는 이 의생신意生身이니
뜻을 따라 법계의 처소에 두루하는 까닭이요,
사대에 경을 설하는 때는 곧 역지신力持身이니
가져서 하여금 영원히 오래 머물게 하는 까닭이요,
오대에 해회에 입히는 것은 곧 위세신威勢身이니
보살 대중 가운데 위세의 광명이 크게 빛나는 까닭이요,
육대에 원만한 음성과 칠대에 주반은 다 상호장엄신相好莊嚴身이니,
원만한 음성은 곧 한 가지 모습이요,
주반은 곧 연화장 사자의 자리에 앉아 삼십이상과 팔십종호를 구족한 까닭이다.
이 단段[327]의 설의주보說議周普에 여섯 가지 몸이 있고, 제삼단 교주난

---

326 여섯 가지 몸은 p.220, 십신十身을 보라.

사敎主難思[328]에 이미 네 가지 몸이 있었기에 열 가지 몸이 구족된 것이다.

그 뜻에 말하기를 "열 가지 몸이 처음 원만함에 곧 이 『화엄경』을 설하였다"는 것이지만, 그러나 소문의 본래 뜻은 설의주보 등[329]이 다르므로 열 가지 몸을 포함하여 구족하고 있음을 바로 현시하기에, 그런 까닭으로 여섯 가지 몸(三兩身)의 이름이 온전히 밝게 나타나지 아니함이 있는 것이다.

---

327 이 단은 제사단의 설의주보이다.

328 교주난사는 제삼단이다.

329 등이란 교주난사이다.

疏

雖空空絕跡이나 而義天之星象이 燦然이요 湛湛亡言이나 而教海之波瀾이 浩瀚이니 若乃千門潛注는 與衆典爲洪源이요 萬德交歸는 攝群經爲眷屬이로다

비록 공한 것조차 공하여[330] 자취가 끊어졌지만, 그러나 제일의천第一義天에 별의 모습이 빛나고
잠잠한 것조차 잠잠하여 말이 없지만, 그러나 일승교의 바다에 물결이 넓고도 크나니,
이에[331] 일천 법문이 잠기어 흐르는 것은 수많은 경전으로 더불어 넓은 근원이 되고, 만 가지 덕이 서로 사무쳐 돌아가는 것은 수많은 경전을 섭수하여 권속을 삼는 것이다.

鈔

第五에 雖空空絶迹下는 言該本末也라 文有兩意하니 一은 理事相望이요 二는 諸教相望이니 今初也라 亦是遮於伏難이니 恐有難言호대

---

330 비록 공한 것조차 공하여 운운한 것은, 공한 것조차 공하다 한 것은 근본이고, 제일의천에 별의 모습이라 한 것은 지말이고, 잠잠한 것조차 잠잠하여 말이 없다 한 것은 근본이고, 일승교의 바다에 물결이라 한 것은 지말이다. 원문에 교해教海는 일승교·화엄교해이다.

331 원문에 약若 자는 '이에 약' 자이니 약내若乃는 '다만 이에'라고 해석하면 된다.

夫大象은 無形이요 大音은 無聲이라 希微絶眹하야 難思之境이어니 豈有形言者哉아 則心絶動搖하고 言忘戲論하야사 自入眞趣어늘 何用廣陳言相하야 翻欲擾人고할새 故今釋云호대 非言이면 何以知乎無言이며 非相이면 何以顯乎無相이리오 十忍品에 云호대 了法不在言하야 善入無言際나 而能示言說하야 如響遍世間이라하니 斯則以言顯無言也요 又云호대 佛以法爲身하사 清淨如虛空이라 所現衆色形으로 令入此法中이라하니 斯卽以相顯無相也요 又云호대 色身非是佛이며 音聲亦復然이어니와 亦不離色聲코 見佛神通力이라하니 具上二也니라

제 다섯 번째 "비록 공한 것조차 공하여 자취가 끊어졌지만"이라고 한 아래는 말이 근본과 지말을 갖춘 것이다.
소문에 두 가지 뜻이 있나니,
첫 번째는 진리와 사실을 서로 바라보는 것이요,
두 번째는 모든 교를 서로 바라보는 것이니,
지금은 처음이다.
또한 이것은 엎드려 비난하는 것을 막는 것이니,
어떤 사람이 비난하여 말하기를 "대저 큰 모습은 모습이 없고 큰 소리는 소리가 없다.
희유하고 현미하여 자취가 끊어져[332] 생각하기 어려운 경계이거니

332 원문에 희미절진希微絶眹이라 한 것은 『노자』 14장의 말을 빌려온 것이니, 볼 수 없는 것을 보는 것은 이夷라 이름하고, 들을 수 없는 것을 듣는 것은 희希라 이름하고, 얻을 수 없는 것을 잡아 얻는 것은 미微라 이름하는 것이니,

어찌 모습과 말이 있겠는가.

곧 마음에 동요함이 끊어지고[333] 말에 희론이 없어야 스스로 진실한 의취에 들어가거늘, 어찌 말과 모습을 널리 진술하여 거꾸로 사람을 요란하게 하고자 하는가" 할까 염려하기에, 그런 까닭으로 지금 해석하여 말하기를 "말이 아니면 무슨 까닭으로 말이 없음을 알며, 모습이 아니면 무슨 까닭으로 모습이 없음을 나타내겠는가."

십인품十忍品 게송[334]에 말하기를

"법이 말에 있지 아니한 줄 알아

말이 없는 경계에 잘 들어갔지만,

그러나 능히 말을 현시하여

메아리와 같이 세간에 두루하게 한다" 하였으니,

이것은 곧 말로써 말이 없음을 나타낸 것이요,

또 여래현상품 게송에 말하기를[335]

이 세 가지는 가히 힐난을 이룰 수가 없다 하였다. 여기에 절진絶眹은 노자의 '가히 힐난을 이룰 수 없다(不可致詰)'는 말을 빌려 쓴 것이라 하겠다.

333 마음에 동요함이 끊어졌다는 등은 대반야나가실리분의 말이니 내용은 이렇다.

용길상龍吉祥이 걸식하러 가니 묘길상妙吉祥이 말하였다. '걸식할 때는 발을 들지도 내리지도 말며, 길을 간다는 생각도 말며, 몸을 굽히지도 말며, 말을 하지도 희론도 하지 말며, 성읍에 들어간다는 생각도, 크다 작다는 생각도, 여자다 남자다는 생각도 내지 말라. 보살은 모든 생각을 떠나 고하가 없고, 마음에 동요가 없고, 말에 희론이 없다' 운운한 것이다. 이상은 간략하게 인용한 것이다.

334 십인품이란 십인품의 게송이다.

"부처님은 법으로써 몸을 삼아
청정하기가 허공과 같다.
시현한 바 수많은 형색으로
하여금 이 법 가운데 들어가게 한다" 하였으니,
이것은 곧 모습으로써 모습이 없음을 나타낸 것이요,
또 도솔천궁게찬품 게송에 말하기를[336] "색신은 이 부처님이 아니며
음성도 또한 다시 그러하거니와
또한 색신과 음성을 떠나
부처님의 신통력을 볼 수 없다" 하였으니,
위의 두 가지[337]를 갖추고 있다.

法華에 亦云호대 諸法寂滅相은 不可以言宣이로대 以方便力故로 爲五比丘說이라하니 斯亦以言顯無言也요 金剛經에 云호대 若見諸相非相하면 卽見如來라하니 亦以相顯無相也요 淨名에 云호대 夫說法者는 無說無示나 不言不說일새 故로 云當如法說이라하며 又云호대 無離文字코 說解脫也라하며 又云호대 雖知諸法이 不生不滅이나 而以相好로 莊嚴其身하며 雖知諸佛國과 及以衆生空이나 而常修淨土하고 敎化諸群生等이라하니 皆是言與無言과 相與無相이 不相離也니라

335 또 말하였다고 한 것은 여래현상품의 게송이다.
336 또 말하였다고 한 것은 도솔천궁게찬품의 게송이다.
337 위의 두 가지란 언무언言無言과 상무상相無相이다.

『법화경』[338]에 또한 말하기를 "모든 법의 고요한 모습은
가히 말로써 선설할 수 없지만
방편의 힘을 쓴 까닭으로
오비구를 위하여 설하였다" 하였으니
이것도 또한 말로써 말이 없음을 나타낸 것이요,
『금강경』에 말하기를 "모든 모습이 모습이 아닌 줄 본다면
곧 여래를 볼 것이다" 하였으니
또한 모습으로써 모습이 없음을 나타낸 것이요,
『정명경』[339]에 말하기를 "대저 법을 설하는 사람은 설할 수도 없고
현시할 수도 없지만, 말이 아니면 설할 수 없기에 그런 까닭으로
말하기를 마땅히 이와 같이 설한다" 하였으며,
또 말하기를 "문자를 떠나[340] 해탈을 설할 수 없다" 하였으며,

---

338 『법화경』이란 『법화경』 비유품이다.

339 『정명경』이란 제자품 제삼이다. 『정명경』 제자품에는 결론하여 말하기를, 대저 법을 설하는 사람은 설할 수도 현시할 수도 없고, 그 법을 듣는 사람은 들을 수도 없고 얻을 수도 없다 하고, 그 전에 대저 법을 설하는 사람은 마땅히 이와 같이 설한다고만 되어 있다. 이 대화는 목련과 유마의 대화이다.

340 또 말하기를 문자를 떠나 운운한 것은 『정명경』 관중생품에 사리불과 천녀의 대화 중 천녀의 말이다. 사리불이 천녀에게 '이 집에 있은 지 얼마나 되었는가?' 하니 '장로님의 해탈한 시간과 같습니다.' '그렇게 오래 되었는가?' 하자 천녀가 '장로님의 해탈이 오래 되었다고 생각하십니까?' 사리불이 답이 없자 '연세도 많고 지혜도 많으신데 왜 답이 없으십니까?' 사리불이 '해탈은 말할 수 있는 것이 아니라서 답을 안 하는 것이다.' 천녀가 말하기를 '말도 글자도 모두 해탈입니다. 왜냐하면 해탈은 안도 밖도 중간도 아니고, 말도 안도 밖도 중간도 아닙니다. 사리불이여, 문자를 떠나 해탈을 말할 수 없나니

또 게송에 말하기를 "비록 모든 법이[341]
생기함도 없고 사라짐도 없는 줄 알지만
그러나 삼십이상과 팔십종호로써
그 몸을 장엄하며,

비록 모든 부처님의 나라와
그리고 중생이 공한 줄 알지만
그러나 항상 정토를 수행하고
모든 중생을 교화한다" 한 등이니,
다 이것은 말과 더불어 말이 없는 것과, 모습과 더불어 모습이 없는 것이 서로 떠나지 않는 것이다.

十住品에 云호대 欲以寂靜一妙音으로 普應十方隨類演이니 如是皆令淨明了하야 菩薩이 以此初發心이로다 一切衆生語言法을 一言演說無不盡이니 悉欲了知其自性하야 菩薩이 以此初發心이로다 世間言辭靡不作은 悉令其解悟寂滅이니 欲得如是妙舌根하야 菩薩이 以此初發心이라하니 皆卽言無言으로 其文非一이니라 今疏文中엔 但略明其無礙之義니 文有二對라 初對는 無相이 不礙相이요 後對는 無言이 不礙言이니 今初對也라 雖空空絶迹者는 法性이 本空하고

온갖 법이 다 해탈이기 때문입니다.' 하였다.

341 또 말하기를 비록 모든 법이 운운한 것은 『정명경』 불도품 게송이니, 즉 보현색신보살이 유마거사의 부모, 처자 등을 질문하니 유마거사가 이 게송으로 답한 것이다.

空無諸相이요 緣生之法은 無性故로 空이니 復有何相이리오 借空遣有언정 有去空亡일새 故曰空空이라하니라

십주품十住品[342] 게송에 말하기를
"고요한 한 가지 미묘한 음성으로써
널리 시방에 응하여 유형을 따라 연설하나니,
이와 같이 다 하여금 맑고 밝게 알게 하고자 하여[343]
보살이 이것으로써 처음 발심하였다.

일체중생의 언어의 법을
한 마디 말로 연설하여 다하지 아니함이 없나니,
다 그 자성을 알고자 하여
보살이 이것으로써 처음 발심하였다.

세간의 언사를 짓지 아니함이 없는 것은
다 그 중생으로 하여금 적멸을 알아 깨닫게 하려는 것이니,
이와 같이 미묘한 설근舌根을 얻게 하고자 하여
보살이 이것으로 처음 발심하였다" 하였으니,
다 말에 즉하여 말이 없다는 뜻으로 그런 문장이 하나가 아니다.

---

342 십주품은 십주품 게송이다.

343 이와 같이 다 하여금 맑고 밝게 알게 하고자 한다고 한 것은 본 십주품에는 실령기해증적멸悉令其解證寂滅이라 하였다. 즉 다 하여금 적멸을 알아 증득케 하고자 한다는 것으로 되어 있다.

지금 소문 가운데는 다만 간략하게 그 걸림이 없다는 뜻만 밝혔을 뿐이니
소문에 이대二對[344]가 있다.
초대初對는 모습이 없는 것이 모습에 걸리지 않는 것이요,
후대는 말이 없는 것이 말에 걸리지 않는 것이니
지금은 초대이다.
"비록 공한 것조차 공하여 자취가 끊어졌다"고 한 것은 법의 자성이 본래 공하고 공하여 모든 모습이 없는 것이요,
인연으로 생기하는 법은 자성이 없는 까닭으로 공이니
다시 어떤 모습이 있겠는가.
공을 빌려 유를 보낼지언정 유가 떠나가면 공도 없기에 그런 까닭으로 말하기를 "공한 것조차 공하다" 하였다.

淨名에 云호대 唯有空病이어니와 空病亦空이라하며 中論에 云호대 諸佛說空法은 爲除於有見이라 若復見有空이면 諸佛所不化라하니 故知非有非無也니 非有는 卽空이요 非無는 卽空空也라 經에 云호대 無中無有二요 無二亦復無라 三界一切空이 是則諸佛見이라하니 此卽空空也요 次云凡夫無覺解일새 佛令住正法이어니와 諸法無所住라 悟此見自身이라하니 則空亦無所住矣니라 又上無中無有二는 空也요 無二亦復無는 空空也요 三界一切空은 成眞空也라 又迴向品에

344 이대란, 초대는 원문에 수공공雖空空으로 찬연燦然까지이고, 후대는 담담망언湛湛亡言으로 호한浩瀚까지이다.

云호대 法性은 本無二하며 無二亦復無라하니 皆空空也니라

『정명경』[345]에 말하기를 "오직 공의 병만 있거니와 공의 병도 또한 공한 것이다" 하였으며,
『중론』에 말하기를 "모든 부처님이 공의 법을 말한 것은
유의 소견을 제멸하기 위한 것이다.
만약 다시 공이 있음을 본다면
모든 부처님도 교화하지 못할 바라" 하였으니,
그런 까닭으로 있는 것도 아니고 없는 것도 아닌 줄 알아야 할 것이니,
있는 것도 아니라고 한 것은 곧 공이요,
없는 것도 아니라고 한 것은 곧 공한 것조차 공한 것이다.
수미정상게찬품[346] 경문에 말하기를
"없는 가운데는 두 가지가 없고,
두 가지가 없다는 것도 또한 다시 없는 것이다.
삼계의 일체가 공하다는 것이
이것이 곧 모든 부처님의 소견이라" 하였으니,
이것은 공한 것조차 공한 것이요,
다음에 말하기를 "범부는 깨달아 아는 것이 없기에
부처님이 하여금 정법에 머물게 하거니와

345 『정명경』은 문수문품이다.

346 원문에 경운經云이란 수미정상게찬품 무상혜보살의 게송이다.

모든 법은 머무는 바가 없는지라.
이것을 깨달아 자신을 본다" 하였으니,
곧 공도 또한 머무는 바가 없는 것이다.
또 위의 "없는 가운데는 두 가지가 없다"고 한 것은 공이요,
"두 가지가 없다는 것도 또한 다시 없다"고 한 것은 공한 것조차 공한 것이요,
"삼계의 일체가 공하다"고 한 것은 진공을 이루는 것이다.
또 회향품迴向品[347]에 말하기를 "법의 자성은 본래 두 가지가 없으며, 두 가지가 없다는 것은 또한 다시 없다" 하였으니
다 공한 것조차 공한 것이다.

言絶迹者는 空有斯絶일새 心行處滅이요 行處滅故로 迹不可尋이니 謂若有有可有인댄 則有無可無어니와 今無有可有일새 亦無無可無니라 以無遣有라도 無卽是迹이요 以空遣空이라도 空亦是迹이니 以有遣故로 遣之又遣之하야 以至於無遣이며 若以無遣無인댄 無遣도 亦是迹이니 有所得故로 如鳥履沙니라 若無所得인댄 當句卽絶이라 故로 出現品에 云호대 了知諸法性寂滅이 如鳥飛空無有迹이라하니 故云空空絶迹이라하니라 以空空이 不礙於相일새 故致雖言이니 雖字는 生下義天之星象燦然也니라 謂依於晴空하야 不礙星象燦爛이니 晴空은 卽是義天이니 依第一義天하야 不礙法門星象이라 又以不礙星象하야사 方知是空이요 不礙法門하야사 爲眞第一義空矣니라 上卽

347 회향품에는 이 말이 안 보인다.

以空爲本이요 法門爲末也라

"자취가 끊어졌다"고 말한 것은 공과 유가 이에 끊어졌기에 마음이 갈 곳이 없는 것이요,
마음이 갈 곳이 없는 까닭으로 그 자취를 가히 찾을 수가 없나니,
말하자면 만약 유를 가히 유라 할 것이 있다면 곧 무를 가히 무라 할 것도 있거니와, 지금은 유를 가히 유라 할 것이 없기에 또한 무를 가히 무라 할 것도 없는 것이다.
무로써 유를 보낼지라도 무는 곧 이 자취요,
공으로써 공을 보낼지라도 공도 또한 이 자취이니,
보낼 것이 있는 까닭으로 보내고 또 보내어 보낼 것이 없는 곳에 이르는[348] 것이며,
만약 보낼 것이 없는 것으로써 무를 삼는다면 보낼 것이 없다는 것도 또한 이 자취이니,
얻을 바가 있는 까닭으로 마치 새가 모래를 밟는 것과 같다.
만약 얻을 바가 없다면 지금의 구절들이 곧 끊어지는 것이다.
그런 까닭으로 출현품出現品[349] 게송에 말하기를

---

348 보낼 것이 없는 곳에 이른다고 한 것은, 『노자』 제48장에 "학문은 날마다 더하는 것이고 도는 날마다 덜어내는 것이니, 덜고 또 덜어 저 무위에 이른다" 하였다. 즉 위학일익爲學日益이요 위도일손爲道日損이니 손지우손損之又損에 지어무위야至於無爲也라 한 것이니 서로 상통한다 하겠다.

349 출현품 운운은 위에 두 구절만 인용하였다. 아래 두 구절은 이본원력현색신以本願力現色身일새, 영견여래대신변令見如來大神變이로다. 즉 "본래 서원의

"모든 법의 자성이 고요할 줄 아는 것이
마치 새가 허공을 나는 것과 같아서 자취가 없다" 하였으니,
그런 까닭으로 말하기를 "공한 것조차 공하여 자취가 끊어졌다"고 한 것이다.
공한 것조차 공한 것이 모습에 걸리지 않기에, 그런 까닭으로 수雖라는 말을 이루는 것이니,
수라는 글자는 아래 "제일의천의 별의 모습이 빛난다"는 말을 생기하는 것이다.
말하자면 맑은 허공을 의지하여 별의 모습이 빛남에 걸리지 않는 것이니,
맑은 허공이라고 한 것은 곧 이것은 제일의천이니,
제일의천을 의지하여 법문의 별의 모습이 빛남에 걸리지 않는 것이다.
또 별의 모습이 빛남에 걸리지 아니하여야 바야흐로 이 허공인 줄 알 것이요,
법문에 걸리지 아니하여야 진실한 제일의공이 되는 것이다.
이상은 곧 공으로써 근본을 삼고 법문으로써 지말을 삼는 것이다.

湛湛亡言이나 而教海之波爛이 浩瀚者는 二에 約無言이 不礙言也니 則以無言爲本이요 言卽爲末이라 湛湛者는 海水澄凝之相이니 意明

힘으로써 색신을 나타내어, 하여금 여래의 큰 신통 변화를 보게 하는 것이다"는 말이니 보현보살의 게송이다. 즉 여래출현품 37의 1권에 있다.

動依於靜일새 無言이 不礙於言이라 故로 下經에 云호대 雖復不依言語道나 亦復不著無言說이라하니라 若礙於言인댄 則身子被訶요 不礙於言인댄 則文殊攸讚이어든 況文字性離하야 卽言亡言가 故雖無言이나 而敎海之中에 波瀾浩瀚이니 大波曰瀾이라 是以佛證離言이나 流八音於聽表하시고 法本非說이나 演大藏於龍宮이니라 故知至趣非遠이나 心行得之則甚深이요 言象非近이나 虛懷體之而目擊하리라 言絶至理而非絶이요 繁興玄籍而非興이라 卽言亡言也니 融常心言하야 無所遣矣니라

"잠잠한 것조차 잠잠하여 말이 없지만, 그러나 일승교의 바다에 물결이 넓고도 크다"고 한 것은 두 번째 말이 없는 것이 말에 걸리지 아니함을 잡은 것이니,
곧 말이 없는 것으로써 근본을 삼고 말로써 곧 지말을 삼는 것이다.
"잠잠한 것조차 잠잠하다"고 한 것은 바닷물이 맑게 모여 고요한 모습이니,
그 뜻은 움직이는 것은 고요함에 의지하기에 말이 없는 것이 말에 걸리지 아니함을 밝힌 것이다.
그런 까닭으로 아래 십회향품[350] 경문에 말하기를
"비록 다시 언어의 길을 의지하지 않지만

---

350 원문에 하경下經이라 한 것은 십회향품 게송이고, 십회향품이란 위에 초언사이형출超言思而逈出이라는 문장을 설명하면서 말미 부분에서 이미 말하였다. 즉 불취중생소언설不取衆生所言說과 일체유위허망사一切有爲虛妄事하나니 운운하여 아래 두 구절은 여기와 같다.

또한 다시 언설이 없는 길에도 집착하지 않는다" 하였다.

만약 언설에 걸린다면 곧 사리불이 유마에게 꾸짖음을 입은 것[351] 이요,

말에 걸리지 않는다면 곧 문수보살이 유마를 찬탄한[352] 바와 같거든,

하물며 문자의 자성을 떠나 말에 즉하여 말이 없는 것이겠는가.

그런 까닭으로 비록 말이 없지만 그러나 일승교의 바다 가운데 물결이 넓고도 크나니

큰 물결을 난瀾이라 말하는 것이다.

이런 까닭으로 부처님은 말을 떠난 것을 증득하였지만, 여덟 가지 음성[353]을 듣는 밖[354]에 유출하였고,

법은 본래 말하는 것이 아니지만 대장경을 용궁에서 연설하였다.

그런 까닭으로 지극한 의취는 멀지 않지만, 마음으로 행하여 그것을 얻는다면 곧 깊고도 깊을 것[355]이요,

---

351 사리불이 유마에게 꾸짖음을 입었다는 것은 『유마경』 관중생품觀衆生品이다.

352 문수보살이 유마를 찬탄했다고 한 것은 『유마경』 불이법문품이다. 문수가 유마에게 묻기를, "무엇이 불이법문에 들어가는 것입니까?" 유마가 침묵으로 말이 없자 문수가 찬탄하기를, "훌륭하고 훌륭합니다. 그러고 난 뒤에 문자나 언설이 없는 것이 참으로 불이법문에 들어가는 것입니다" 하였다.

353 여덟 가지 음(八音)이란 ① 극호음極好音, ② 유연음柔軟音, ③ 화적음和適音, ④ 존혜음尊慧音, ⑤ 불녀음不女音, ⑥ 불오음不誤音, ⑦ 심원음深遠音, ⑧ 불갈음不竭音이다. 혹은 극호음을 최호음最好音, 화적음을 조화음調和音, 불갈음을 이요음異了音으로 바꾸어 말하기도 한다.

354 듣는 밖이란 중생의 귓가를 말한다.

355 깊다는 것은 멀다는 뜻이다.

말과 모습은 가깝지 않지만 생각을 비우고 그것을 체달한다면 곧바로 목격하게[356] 될 것이다.
지극한 진리는 말이 끊어졌지만 그러나 끊어진 것이 아니요,
현묘한 전적은 번다하게 일으키지만 그러나 일으킨 것이 아니다.
말에 즉하여 말이 없는 것이니
마음과 말을 융합하여 영원케 하여야 보낼 바가 없을 것이다.

若乃千門潛注與衆典爲洪源下는 諸教相對而論本末이니 卽以華嚴으로 爲根本法輪이라 文有兩對하니 上對는 爲開漸之本이니 謂千門異義가 潛注衆經이 如海潛流四天下地에 有穿鑿者면 無不得水니 則知衆流가 依海水라 故로 海는 爲衆水之源이요 華嚴은 爲諸教之源矣니라

"만약 이에 일천법문이 잠기어 흐르는 것은 수많은 경전으로 더불어 넓은 근원이 된다"고 한 아래는 모든 교를 상대하여 근본과 지말을 논한 것이니,
곧 『화엄경』으로써 근본 법륜을 삼은 것이다.
소문에 두 가지 상대가 있나니,
위에 상대는 점漸을 여는 근본이 되는 것이니
말하자면 일천법문의 다른 뜻이 수많은 경에 잠기어 흐르는 것이 마치 바다가 사천하의 땅에 잠기어 흐름에, 땅을 파는 사람이 있다면

356 목격한다는 것은 가깝다는 뜻이다.

물을 얻지 못함이 없는 것과 같나니,
곧 수많은 물이 바닷물을 의지하는 줄 알아야 할 것이다.
그런 까닭으로 바다는 수많은 물의 근원이 되고,
『화엄경』은 모든 교의 근원이 되는 것이다.

下對는 爲攝末歸本이니 則萬德交歸가 若百川歸海하야 海能普收일새 卽爲其本이라 故로 昔人이 云호대 九流가 於是乎交歸요 衆聖이 於是乎冥會라하니 彼約會歸涅槃이어니와 此約會歸法界니라 故로 攝論에 云호대 無不從此法界流하며 無不還證此法界故라하니라 故로 法華에 云호대 於一佛乘에 分別說三이라하니 一乘은 卽三乘之本이며 一佛乘者는 卽華嚴也라 會三歸一은 卽攝末歸本이니 故로 第五經에 云호대 始見我身하며 聞我所說하고 卽皆信受하야 入如來慧는 卽指華嚴하야 爲根本也요 除先修習學小乘者는 卽所流也요 我今亦令得聞是經하고 入於佛慧는 卽攝末歸本也니 是經은 卽是法華로 法華가 攝於餘經하야 歸華嚴矣니라 是則法華에도 亦指華嚴하야 爲根本矣니 其義分明이라 餘如下說하니라

아래 상대는 지말을 섭수하여 근본에 돌아가는 것이니,
곧 만 가지 덕이 서로 사무쳐 돌아가는 것이 백천의 물이 바다로 돌아가는 것과 같아서, 바다가 능히 널리 거두기에 곧 그 근본이 되는 것이다.
그런 까닭으로 옛날 사람[357]이 말하기를 "구류九流[358]가 이 열반에 서로 사무쳐 돌아가고

수많은 성인이 이 열반에 그윽이 회합한다"고 하였으니,
저 옛날 사람의 말은 열반에 회귀함을 잡은 것이거니와, 이 『화엄경』의 말은 법계에 회귀함을 잡은 것이다.
그런 까닭으로 『섭론』[359]에 말하기를 "이 법계로 좇아 유출하지 아니함이 없으며,
도리어 이 법계에 증득하여 돌아가지 아니함이 없는 까닭이다" 하였다.
그런 까닭으로 『법화경』에 말하기를 "일불승에 분별하여 삼승을 말한다 하였으니,
일불승은 곧 이 삼승의 근본이며,
일불승은 곧 『화엄경』이다.
삼승을 모아 일승에 돌아가는 것은 곧 지말을 섭수하여 근본에 돌아가는 것이니,
그런 까닭으로 제오경第五經[360] 종지용출품에 말하기를 "처음 나의

---

357 옛날 사람이란 승조법사이고, 여기 말은 『조론』에 열반무명론의 말이다.

358 구류란 삼계의 구류중생이다. 세가에는 구류가가 있다. 유가·도가·음양가·법가·명가名家·묵가·종횡가縱橫家·잡농가이다. 여기 구류와 상관없으나 말만 이끌어 왔다.

359 원래 원문에는 지론地論으로 되어 있으나 섭론攝論의 잘못된 글자이다. 이 『섭론』은 진제스님이 번역한 『섭대승론석』 제십삼권 지혜의 차별을 설한 부분이다. 본론에는 이 법신으로 좇아 생기지 아니함이 없으며, 도리어 이 법신에 증득하여 돌아가지 아니함이 없는 까닭이라 하여 법계와 법신의 차이만 있을 뿐 다른 것은 같다.

360 제오경이란 『법화경』 종지용출품이다.

몸을 보며 내가 말한 바를 듣고 곧 다 믿고 받아 가져 여래의 지혜에 들어간다"고 한 것은 곧 『화엄경』을 가리켜 근본을 삼은 것이요,

"먼저 소승을 닦아 익혀 배운 사람은 제외한다"고 한 것은 곧 근본에서 유출한 바요,

"내가 지금 또한 하여금 이 경을 얻어 듣고 부처님의 지혜에 들어가게 한다"고 한 것은 곧 지말을 섭수하여 근본에 돌아가는 것이니,

이 경은 곧 이 『법화경』으로 『법화경』이 나머지 경을 섭수하여 화엄에 돌아가는 것이다.

이것은 곧 『법화경』에서도 또한 『화엄경』을 가리켜 근본을 삼은 것[361]이니

그 뜻이 분명하다.

나머지는 아래서 말하는 것[362]과 같다.

---

361 화엄을 근본 삼았다고 한 것은 법화학자는 믿지 않을 것이다. 『법화경』을 일승으로 보고 삼승을 소승과 대승으로 보기 때문이다. 그러나 청량스님은 법화의 회삼귀일會三歸一은 궁극에 일승원교인 화엄에로 돌아간다는 말로 설명하고 있다.

362 아래서 말하는 것이란 제 두 번째 장교소섭藏教所攝과 제 다섯 번째 교체심천教體深淺이니, 4권 1장에 있다.

疏

其爲旨也는 冥眞體於萬化之域이요 顯德相於重玄之門이니 用繁興以恒如하고 智周鑑而常靜이로다

그 지취[363]는 진실한 체성이 만 가지 변화의 영역에 명합冥合하고,
공덕의 모습이 중중의 현묘[364]한 문門에 나타나나니,
작용은 번다하게 일으키지만 항상 여여하고,
지혜는 두루 비추지만 항상 고요한 것이다.

鈔

第六에 其爲旨也下는 旨趣玄微라 於中有二하니 先明理事無礙요 後顯事事無礙라 雖此經中에 廣說於事하고 及說於理나 而皆無礙일새 故以無障礙法界로 而爲旨趣니 此門은 卽義分齊中意라 就初理事無礙中하야 亦二니 先示三大요 後融眞妄이라 前中에 問曰호대 初往復無際等에 已明三大어늘 今何重說고 答略三義이니 與前不同하니라 一은 前直就法界宗上하야 約義以明三大어니와 今約能詮經中에 具說三大일새 故로 不同也라 二는 前辯三大之相이어니와 今明三大所在니 體在何處오 所謂萬化等이니라 三은 前明三大融拂은 爲成

363 그 지취하는 자체이고, 공덕하는 모습이고, 작용하는 작용이니 체·상·용 삼대가 갖추어진 것이다.

364 중중의 현묘란 우선 거듭 현묘(玄之又玄)함을 말하고 있으나 그러나 중중으로 다함이 없는 현묘함을 말하고 있다.

已宗이어니와 此明三大互在는 爲遮異釋이니 意辯不相捨離가 爲無礙義니라.

제 여섯 번째 "그 지취"라고 한 아래는 지취가 유현하고 미묘한 것이다. 그 가운데 두 가지가 있나니
먼저는 진리와 사실에 걸림이 없는 것을 밝힌 것이요,
뒤에는 사실과 사실이 걸림이 없는 것을 나타낸 것이다.
비록 이 『화엄경』 가운데 널리 사실을 설하고 그리고 진리를 설하지만 그러나 다 걸림이 없기에 그런 까닭으로 걸림이 없는 법계로써 지취를 삼는 것이니,
이 문門은 곧 의리분제[365] 가운데 뜻이다.
처음 진리와 사실이 걸림이 없는 가운데 나아가 두 가지가 있나니
먼저는 삼대三大를 현시한 것이요,
뒤에는[366] 진실과 허망을 융합하는 것이다.
앞의 삼대를 현시한 가운데 물어 말하기를 "처음에 가고 돌아오는 것이 끝이 없지만이라고 한 등에 이미 삼대를 밝혔거늘[367] 지금에 어찌 거듭 말하는가."
답하면 간략하게 세 가지 뜻이 있나니,
앞에서 말한 것으로 더불어 같지 않다.

---

365 의리분제는 육권 일장一丈에 있다.

366 뒤에란 p.74 끝줄에 있다.

367 이미 삼대를 밝혔다는 것은 p.34에서 가고 돌아오는 것이 끝이 없다는 등에 삼대를 이미 밝혔다는 것이다.

첫 번째는 앞에는 바로 법계종의 분상에 나아가 뜻을 잡아 삼대를 밝혔거니와, 지금에는 능전의 경 가운데 삼대를 갖추어 설한 것을 잡아 말하기에 그런 까닭으로 같지 않는 것이다.
두 번째는 앞에는 삼대의 모습을 분별하였거니와 지금에는 삼대가 있는 곳을 밝힌 것이니
자체가 어느 곳에 있는가.
말하자면 만 가지 변화의 영역에 명합하여 있다는 등이다.
세 번째는 앞에는 삼대를 융합하고 떨침을 밝힌 것은 자기 종을 성립[368]하기 위한 것이어니와, 여기는 삼대가 서로 있음[369]을 밝힌 것은 다른 해석[370]을 막기 위한 것이니,
그 뜻은 서로 버리고 떠나지 않는 것이 걸림이 없는 뜻이 됨을 분별하는 것이다.

如昔人이 云호대 其爲體也는 則不生不滅이며 無去無來니 以不滅로 爲無生이요 以不生으로 爲無滅等이니라 其爲相也는 則同異類之殊體가 微細容持요 同異類之別質이 展轉重現이니 微細之理는 難見일새 況之以芥甁이요 重現之理는 易觀일새 喩之以帝網이니라 其爲用

---

368 자기 종을 성립한다고 한 것은 다른 종을 상대한 까닭으로 자기 종이라 한 것이니, 자기 종은 화엄종이다.

369 삼대가 서로 있다고 한 것은, 자체는 만화萬化 가운데 있고 공덕의 모습은 자체 위에 있는 것이다. 만화는 작용이다.

370 다른 해석이란, 우선 『간정기刊定記』의 혜원慧苑스님이다. 즉 여기서는 『간정기』의 다른 해석을 상대하여 변론하기에 다른 해석을 막는다는 것이다.

也는 則不分而遍하며 不去而臻하며 一多大小而互爲하고 延促靜亂而相在等이라하니 斯則別顯三大之相이어니와 今但明其不離가 則是深玄이니 名理事無礙니라

저 옛날 사람[371]이 말하기를 "그 자체는 곧 생기하는 것도 아니고,
사라지는 것도 아니며,
가는 것도 아니고, 오는 것도 아니니,
사라지는 것도 아닌 것으로써 생기하는 것도 아님을 삼고,
생기하는 것도 아닌 것으로써 사라지는 것도 아님을 삼는 등[372]이다.
그 모습은 곧 동류와 이류의 다른 자체가 미세하게 용납하여 가지고,
동류와 이류의 다른 성질[373]이 전전히 거듭 나타나나니,
미세한 진리는 보기[374]가 어렵기에 개자병芥子甁으로써 비유하고,
거듭 나타나는 진리는 보기가 쉽기에 제석천의 그물로써 비유하는 것이다.
그 작용은 곧 나누지 않고 두루하며,

---

371 옛날 사람이란 정법사 혜원스님으로서, 이 내용은 『간정기』 일권 서문에 있다. 단 가는 것도 아니고 오는 것도 아니라 한 것(無去無來)만 있는 것도 아니고 없는 것도 아니라(非有非無)고 되어 있다.

372 사라지는 것도 아님을 삼는 등이라 한 등等 자는 주住와 이異를 등취한 것이다. 그러나 『간정기』엔 등等 자가 없다. 그러나 여기 문장으로 보면 무거무래無去無來를 등취한다 할 것이다.

373 원문에 질質 자는 『간정기』엔 구軀 자로 되어 있다.

374 원문에 이理 자는 『간정기』엔 경境 자이고, 견見 자는 신信 자이고, 그 아래 중현지리重現之理라 한 이理 자는 상相 자로 되어 있다.

가지 않고 이르며,
하나와 많은 것과 크고 작은 것이 서로 작용하고,
길고 짧은 것과 고요하고 산란한 것이 서로 존재하는 등[375]이라" 하였으니,
이것은 곧 삼대의 모습을 따로 나타낸 것이어니와 지금에는 다만 그 삼대가 떠나지 않는 것이 곧 깊고 현묘함을 밝힌 것이니,
진리와 사실이 걸림이 없는 것이라 이름할 것이다.

初句는 明體니 體在萬化之中하야 非事外也니라 故로 云호대 冥眞體於萬化之域이라하니 冥은 爲冥契며 亦是冥寂이요 萬化는 乃事法之總名이니라 故로 曉公起信疏序에 云호대 原컨대 夫大乘之爲體也는 傄然空寂하며 湛爾沖玄이로다 玄之又玄이나 豈出萬象之表며 寂之又寂이나 猶在百家之談이로다 非象表也로대 五目으로 不能睹其容이요 在言裏也로대 四辯으로 莫能談其狀이라하니 釋曰此는 明眞體가 與一切法으로 非一非異어니와 今疏엔 但云無礙則與諸法으로 非一異矣니라 故로 肇公이 云호대 道遠乎哉아 觸事而眞이라하니 亦體卽萬化矣니라

처음 구절은 자체를 밝힌 것이니,
자체가 만 가지 변화[376]하는 가운데 있어 사실 밖에 벗어나지 않는

---

375 존재하는 등이란, 수많은 겁이 한 생각에 들어가지만 말은 적도 없고 편적도 없으며, 작은 티끌 속에 세계를 용납하지만 더함도 없고 감소함도 없다는 등을 등취한 것이다.

것이다.

그런 까닭으로 말하기를 "진실한 체성이 만 가지 변화하는 영역에 명합한다" 하였으니,

명冥이라고 한 것은 말하자면 그윽이 계합한다는 뜻이며 또한 그윽이 고요하다는 뜻이요,

만화萬化라고 한 것은 이에 사법事法을 모두 이름한 것이다.

그런 까닭으로 원효스님[377]의 『기신론』 서문에 말하기를, "근원을 찾아보니

대승의 자체는 소연翛然하여 비고 고요[378]하며,

담이湛爾하여 깊고 현묘하다.

현묘하고 또 현묘[379]하지만 어찌 만 가지 모습 밖을 벗어나며,

고요하고 또 고요[380]하지만 오히려 제자백가의 말 속에 있는 것이다.

만 가지 모습[381] 밖에 있는 것은 아니지만 다섯 가지 눈으로 능히

---

376 변화란 사실의 법이니, 아래 사법이라 한 것이다. 자체는 곧 이理이다.

377 원효를 원문에 효공曉公이라 하니, 앞으로도 효공은 다 원효스님이다. 청량소초 전체에 원효스님의 말이 처음 등장하였다.

378 소연翛然하여 비고 고요한 것은 말을 떠난 것이고, 담이하여 깊고 현묘한 것은 모습을 떠난 것이다. 소연은 『해동소 기신론』엔 소언蕭焉이라 했다.

379 현묘하고 또 현묘하다고 한 등은 모습이 없는 것이 모습이 있는 것에 걸리지 않는 것이다.

380 고요하고 또 고요하다고 한 등은 말을 떠난 것이 말에 걸리지 않는 것이다. 『해동소 기신론』엔 위의 우현又玄과 여기 우적又寂 하에 지之 자가 있다.

381 만 가지 모습 등이라 한 것은 모습이 곧 모습이 없는 것이다. 원문에 오목五目은 오안五眼으로, 기용其容은 기구其軀로 되어 있다. 오목은 육안·천안·혜안·법

그 얼굴을 볼 수 없고,
백가의 말 속[382]에 있지만 사변四辨으로 능히 그 모습을 말할 수 없다" 하였으니,
해석하여 말하면 이것[383]은 진실한 체성이 일체법으로 더불어 하나도 아니고 다르지도 아니함을 밝힌 것이어니와, 지금 소문에는 다만 걸림이 없어서 곧 모든 법으로 더불어 하나도 다르지도 아니한 것만을 말한 것이다.
그런 까닭으로 승조법사가 말하기를[384] "도가 멀리 있는 것이겠는가. 닿는 일마다 진실한 도라" 하였으니,
또한 자체가 곧 만 가지 변화인 것이다.

顯德相於重玄之門은 明相不礙體也라 重玄은 卽是理體니 明德相이 只在體上이니라 若離體有相인댄 相非玄妙니 勝德之相도 亦爲德相이니라 言重玄者는 亦卽空空이니 語借老子의 玄之又玄이 衆妙之門이니라 彼有名無名을 同謂之玄이어늘 河上公이 云호대 玄者는 天

안·불안이다.

382 백가의 말 속이라 한 등은 말이 곧 말을 떠난 것이다. 사변이란 법法·의義·사詞·요설樂說·무애변이다.

383 해석하여 말하면 이것이라 한 이것은 원효스님의 『기신론』 서문이다.

384 승조법사 운운은 『조론』 제2 부진공론不眞空論 마지막 구절이니, 즉 "서 있는 곳이 곧 도이다. 그렇다면 곧 도가 멀리 있는 것이겠는가. 그 도를 체달하면 곧 신령한 성인이다" 하였다. 그 원문은 이렇다. 입처즉진야立處卽眞也니 연즉도원호然則道遠乎아 촉사이진觸事而眞이라 성원호재聖遠乎哉아 체지즉신體之卽神이라.

也니 天中에 復有天이라하며 莊子 云호대 天卽自然이라하니 則自然도 亦自然也니라 御注에 云호대 玄은 深妙也니 猶恐執玄爲滯하야 不至兼忘일새 故寄又玄하야 以遣玄迹耳니라 明無欲於無欲이니 依此而生萬物이라 故로 云호대 衆妙之門이라하니 今以空空之中에 無德不備耳니라

"공덕의 모습이 중중의 현묘한 문에 나타난다"고 한 것은 모습이 자체에 걸리지 아니함을 밝힌 것이다.
중중의 현묘한 것이라고 한 것은 곧 이것은 진리의 자체이니, 공덕의 모습이 다만 자체상에 있음을 밝힌 것이다.
만약 자체를 떠나 모습이 있다면 모습이 현묘한 것이 아니니, 수승한 공덕의 모습도 또한 공덕의 모습이라 하는 것이다.
중중의 현묘한 것이라 말한 것은 또한 곧 공한 것조차 공한 것이니, 말은 노자가 말한 "현묘하고 또 현묘한 것이 수많은 묘한 문門이라" 한 것을 빌려 쓴 것이다.
저 『도덕경』[385]에 유명有名과 무명無名을 다 같이 현묘하다 말하였거늘, 하상공河上公[386]이 말하기를 "현玄이라고 한 것은 하늘(天)이니 하늘 가운데 다시 하늘이 있다" 하였으며,
장자가 말하기를 "하늘은 곧 자연이라" 하였으니

---

385 저란 노자 『도덕경』 제1장이다. 즉 무명천지지시無名天地之始요 유명만물지모有名萬物之母라 운운하여 차양자此兩者는 동위지현同謂之玄이니 현지우현玄之又玄이 중묘지문衆妙之門이라 하였다.

386 하상공은 위나라 사람으로서 『도덕경주』가 있다.

곧 자연도 또한 자연인 것이다.

『어주御注』[387]에 말하기를 "현玄이라고 한 것은 심묘深妙한 것이니 오히려 현묘함에 집착함으로 막히어 함께 잊음[388]에 이르지 못할까 염려하기에 그런 까닭으로 또 현묘하다는 말(又玄)을 붙여 현묘한 자취조차 보내는 것이다.

욕심이 없음에 욕심이 없음을 밝힌 것이니

이것[389]을 의지하여 만물을 생기하는 것이다.

그런 까닭으로 말하기를 수많은 묘한 문이라 한다" 하였으니,

지금은 공한 것조차 공한 가운데 공덕을 갖추지 아니함이 없음을 말하고 있을 뿐이다.

用繁興以恒如者는 明用이니 用不離於體相이라 故로 繁多興起나 而常卽如니라 上은 體相用三이 不相捨離니 皆是所證所觀이니라

"작용은 번다하게 일으키지만 항상 여여하다"고 한 것은 작용을 밝힌 것이니,

작용이 자체와 모습을 떠나지 않는 것이다.

그런 까닭으로 번다하게 일으키지만 항상하고 곧 여여한 것이다.

이상은 체·상·용 세 가지가 서로 버리고 떠나지 않나니,

다 이것은 증득할 바이며 관찰할 바이다.

---

387 어주란 당나라 현종玄宗이 『도덕경』에 주를 낸 것이다.

388 함께 잊음(兼忘)이란 유명과 무명을 함께 잊는다는 것이다.

389 이것이란 무욕이다.

智周鑒而常靜者는 卽能證能觀이니 若當句明인댄 卽止觀無礙라 周鑒은 觀也니 理事遍觀이요 常靜은 止也니 惑相皆寂이니라 亦權實無礙니 周鑒은 權也요 常靜은 實也니라 對上三句인댄 爲境智無礙니 由所觀境이 旣體用無礙일새 故로 能觀智도 亦寂照雙流니라 若別對三大인댄 則各具體用하고 皆有止觀하니 如體上에 冥眞體는 體也며 止也요 萬化之域은 用也며 觀也라 顯德相은 觀也며 重玄門은 止也요 用繁興은 觀也며 以恒如는 止也니라 若作三觀釋者인댄 以智鑒體는 空觀也요 鑒用은 假觀也요 鑒相은 中觀也니 三諦齊觀일새 故云호대 周鑒이라하니라 對此三觀컨대 常靜之上에도 亦有其三하니 一은 體眞故로 靜이요 二는 方便隨緣하야 無取故로 靜이요 三은 離二邊分別故로 靜이니 三止三觀이 融爲一心하야 契同三諦無礙之理하면 則心境融卽이나 而常歷然이니라

"지혜는 두루 비추지만 항상 고요하다"고 한 것은 곧 능히 증득하는 것이며 능히 관찰하는 것이니,
만약 당구當句를 밝힌다면 곧 지止와 관觀이 걸림이 없다는 뜻이다.
두루 비춘다고 한 것은 관의 뜻이니
진리와 사실을 두루 관찰하는 것이요,
항상 고요하다고 한 것은 지의 뜻이니
미혹한 모습이 다 고요한 것이다.
또한 방편과 진실이 걸림이 없다는 뜻이니
두루 비춘다고 한 것은 방편의 뜻이요,
항상 고요하다고 한 것은 진실의 뜻이다.

위에 세 구절[390]을 상대한다면 경계와 지혜가 걸림이 없는 것이 되나니,
관찰할 바 경계가 이미 그 자체와 작용이 걸림이 없음을 인유하기에 그런 까닭으로 능히 관찰하는 지혜도 또한 고요함과 비춤을 함께 유출하는 것이다.
만약 따로 삼대三大를 배대한다면 곧 각각 자체와 작용을 갖추고 있고 모두 다 지와 관을 갖추고 있나니,
저 자체상[391]에 진실한 체성은 자체이며 지止요,
만 가지 변화의 영역에 명합하는 것은 작용이며 관觀이다.
공덕의 모습은 관이며, 중중의 현묘한 문에 나타나는 것은 지요,
작용을 번다하게 일으키는 것은 관이며, 항상 여여한 것은 지이다.
만약 삼관을 지어 해석한다면 지혜로써 자체를 비추는 것은 공관이요,
작용을 비추는 것은 가관이요,
모습을 비추는 것은 중도관이니,
삼제三諦[392]를 가지런히 관찰하기에 그런 까닭으로 말하기를 "두루 비춘다" 한 것이다.
이 삼관三觀에 배대한다면 항상 고요한 분상에도 또한 그 세 가지

---

390 위에 세 구절(三句)이란 자체(體)·모습(相)·작용(用)이다.

391 원문에 명진체冥眞體라 한 것은 소문에 명진체만화지역冥眞體萬化之域이라는 말을 근간하여 해석하기에 명冥 자를 만화지역이라는 문장 아래 번역하는 것이다. 아래 현덕상顯德相이라는 현顯 자도 역시 그렇다.

392 삼제란 공(진제)·가(속제)·중(중도제일의제)이다.

뜻이 있나니,
첫 번째는 자체가[393] 진실한 까닭으로 고요한 것이요,
두 번째는 방편이 인연을 따라 취할 것이 없는 까닭으로 고요한 것이요,
세 번째는 두 쪽의 분별을 떠난 까닭으로 고요한 것이니,
삼지와 삼관이 한 마음으로 융합하여 삼제의 걸림이 없는 진리에 계합하여 같다면 곧 마음과 경계가 융합하여 하나이지만 그러나 항상 분명할[394] 것이다.

---

393 첫 번째는 자체가 운운한 것은 『회현기』와 속장경엔 고요하다(靜) 한 아래 곧 공관이니 체진지體眞止를 이루고, 제 두 번째도 고요하다 한 아래 곧 가관이니 방편수연지方便隨緣止가 있고, 제 세 번째도 고요하다 한 아래 곧 중도관이니 이 이변분별지離邊分別止라는 말이 있다.

394 분명하다는 말은 마음과 경계가 분명하다는 것이다.

疏

眞妄交徹일새 卽凡心而見佛心이요 事理雙修일새 依本智而求佛智로다

진실과 허망이 서로 사무치기에 범부의 마음에 즉하여 부처님의 마음을 보고,
사실과 진리를 함께 수행하기에 근본지를 의지하여 부처님의 지혜[395]를 구하는 것이다.

鈔

眞妄交徹下는 融眞妄也라 文有二對하니 初對는 正明雙融이니 眞은 謂理也며 佛也요 妄은 謂惑也며 生也라 亦生死涅槃이라 言交徹者는 謂眞該妄末하고 妄徹眞源일새 故云交徹이라하니 如波與濕이 無有不濕之波며 無有離波之濕이니라 亦合言卽聖心而見凡心이니 如濕中見波라 故로 如來가 不斷性惡하시고 又佛心中에 有衆生等이니라 若依此義인댄 合云眞妄交徹하며 凡聖互收라하야늘 今不你者는 若約理融인댄 實卽眞妄互有어니와 今約有不壞相하야 但明凡卽同聖은 以卽眞故요 而聖不同凡은 無煩惱故라 如波卽濕이나 而濕未必卽波니 有靜水故라 故로 靜水說波인댄 有動之性이나 無動之事어니와 如波中說濕인댄 動濕俱有니라

395 부처님의 지혜란 후득지後得智이다. 『능엄경』에는 근본지는 인지심因地心이라 하고, 후득지는 과지심果地心이라 했다.

"진실과 허망이 서로 사무친다"고 한 아래는 진실과 허망을 융합하는[396] 것이다.

소문에 두 가지 상대가 있나니,

처음 상대는 바로 함께 융합함을 밝힌 것이니

진실(眞)이라고 한 것은 진리(理)이며 부처를 말하는 것이요,

허망(妄)이라고 한 것은 미혹(惑)이며 중생을 말하는 것이다.

또한 생사와 열반[397]을 말하는 것이기도 한 것이다.

"서로 사무친다"고 말한 것은, 말하자면 진실은 허망의 지말을 갖추고 있고,

허망은 진실의 근원을 사무치고 있기에 그런 까닭으로 말하기를 "서로 사무친다" 하였으니,

마치 파도와 더불어 습기[398]가 습기가 아닌 파도가 없으며,

파도를 떠난 습기가 없는 것과 같다.

또한 성인의[399] 마음에 즉하여 범부의 마음을 본다고 말해야 합당할 것이니,

마치 습기 가운데 파도를 보는 것과 같다.

그런 까닭으로 여래가 성품이 악한 것[400]을 끊지 않았으며,

---

396 진실과 허망을 융합한다고 한 것은, p.71, 6행에 "이사무애 가운데 먼저 삼대三大를 보이고, 뒤에 진실과 허망을 융합한다" 하였다.

397 생사와 열반이란, 허망은 생사이고 진실은 열반이다.

398 파도와 습기란, 파도는 범부이고 습기는 부처님이다.

399 원문의 역합亦合이라는 말 위에 어떤 본엔 약론교철若論交徹이라는 말이 있다. 즉 "만약 서로 사무치는 것을 논한다면"이라는 뜻이다.

또 부처님의 마음 가운데 중생이 있다 한 등[401]이다.
만약 이 뜻을 의지한다면 진실과 허망이 서로 사무치며,
범부와 성인이 서로 거둔다고 말해야 합당할 것이어늘, 지금 그렇게 말하지 않는 것은 만약 진리가 융합함을 잡는다면 진실로 곧 진실과 허망이 서로 있거니와, 지금에는 무너지지 않는 모습이 있음을 잡아 다만 범부가 곧 성인과 같은 것은 진실에 즉하는 까닭이고, 성인이 범부와 같지 않는 것은 번뇌가 없는 까닭인 것만 밝힌 것이다.
마치 파도가 습기에 즉하지만 그러나 습기가 반드시 파도에 즉하는 것은 아닌 것과 같나니,
고요한 물[402]도 있는 까닭이다.
그런 까닭으로 고요한 물을 파도라고 말한다면 움직이는 습성濕性[403]은 있지만 움직이는 파사波事는 없거니와, 만약 파도 가운데 습기를 말한다면 움직이는 파도와 습기가 함께 있는 것이다.

又說凡卽是佛인댄 於凡有益이어니와 佛卽是凡인댄 令人妄解일새 是故로 但云호대 卽凡心而見佛心耳라하니라 然其眞妄이 所以交徹

---

400 악한 마음이란 범부중생심이다. 즉 원문에 성악性惡은 범부심이고, 역으로 성선性善은 불성이다. 그러나 선과 악, 부처와 중생이 하나이니 끊을 것이 없다.

401 원문의 유중생등有衆生等이라고 한 등等 자는 중생심중유불衆生心中有佛이라는 말을 등취한 것이니, 즉 부처는 이 중생의 마음 가운데 부처로서, 중생과 부처가 서로 사무치고 진실과 허망이 서로 사무친다는 것이다.

402 고요한 물이란 파도 아닌 물이다.

403 습성 운운은, 습성은 진짜 물이고, 파사는 허망(가짜)한 물이다.

者는 不離一心故며 妄攬眞成하야 無別妄故며 眞隨妄顯하야 無別眞故며 眞妄名異나 無二體故며 眞外有妄이면 理不遍故며 妄外有眞이면 事無依故니라 然이나 或說妄空眞有라하며 或說妄有眞空하며 俱空俱有하며 雙非雙是라호미 雖有多端이나 並皆交徹이니라 此義云何오 且說眞妄에 自有二義하니 一은 約三性說인댄 圓成은 是眞이요 遍計는 爲妄이요 依他起性은 通眞通妄이니 淨分은 同眞이요 染分은 爲妄이니라

또 범부가 곧 이 부처라고 말한다면 저 범부에게 이익이 있거니와, 부처가 곧 이 범부라고 한다면 사람으로 하여금 허망한 지해(解)를 내게 하기에, 그런 까닭으로 다만 말하기를 "범부의 마음에 즉하여 부처님의 마음을 본다"고만 하였을 뿐이다.

그러나 그 "진실과 허망이 서로 사무친다"고 한 까닭은 일심을 떠나지 않는 까닭이며,

허망한 것이 진실을 잡아 성립하여 따로 허망한 것이 없는 까닭이며,

진실한 것이 허망한 것을 따라 나타나 따로 진실한 것이 없는 까닭이며,

진실과 허망이 이름은 다르지만 두 가지 체성이 없는 까닭이며,

진실 밖에 허망이 있다면 진리가 두루하지 못하는 까닭이며,

허망 밖에 진실이 있다면 사실이 의지할 수 없는 까닭이다.

그러나 혹 허망은 공하고 진실은 있다 말하며,

혹 허망은 있고 진실은 공하며,

함께 공하고 함께 있으며,

함께 그르고 함께 옳다고 말하는 것이 비록 단서가 많이 있지만 아울러 다 서로 사무친다는 것이다.
이 뜻이 어떠한가.[404]
또한 이 진실과 허망을 설함에 스스로 두 가지 뜻이 있나니,
첫 번째는 삼성을 잡아 말한다면 원성실성은 이 진실이요,
변계소집성은 이 허망이요,
의타기성은 진실에도 통하고 허망에도 통하나니,
정분의타淨分依他는 진실과 같고,
염분의타染分依他는 허망이 되는 것이다.

二는 約二諦說인댄 眞諦는 爲眞이요 俗諦는 爲妄이니 二諦多門은 下當廣說호리라 今且約理事 二門인댄 理爲眞諦爲眞이요 事爲俗諦爲妄이니 設淨分之事라도 妄未盡故라 如唯識論하야 約遍計爲妄인댄 則妄空眞有요 若染分爲妄인댄 則眞妄俱有니라 若涅槃說인댄 空者는 所謂生死요 不空者는 謂大涅槃이라하니 則依他染分은 爲空이요 淨分圓成은 皆有니라

두 번째는 이제二諦를 잡아 말한다면, 진제는 진실이 되는 것이요 속제는 허망이 되는 것이니,
이제에 대한 수많은 법문은 아래에 마땅히 널리 말할 것[405]이다.

---

404 이 뜻이 어떠한가 한 아래에 어떤 본엔 하법위진何法爲眞이며 하법위망何法爲妄가, 즉 어떤 법이 진실이 되며 어떤 법이 허망이 되는가 하는 말이 있다.
405 아래에 마땅히 널리 말할 것이라 한 것은 앞으로 두고두고 나온다는 뜻이다.

지금 우선 진리와 사실의 이문二門을 잡아 말한다면, 진리는 진제가 되고 진실이 되는 것이요,
사실은 속제가 되고 허망이 되는 것이니,
설사 정분淨分의 일이라도 허망이 아직 다하지 아니한 까닭이다.
『유식론』과[406] 같아서 변계소집성으로 허망을 삼는 것을 잡는다면 곧 허망은 공하고 진실은 있는 것이요,
만약 염분의타로 허망을 삼는다면 곧 진실과 허망이 함께 있는 것이다.
만약 『열반경』에서 말한 것이라면 공이라고 한 것은 생사를 말하는 바요,
불공이라고 한 것은 대열반을 말하는 것이라 하였으니,
곧 의타기성의[407] 염분은 공이 되고,
의타기성의 정분과 원성실성은 다 있는 것이다.

若依三論인댄 以世諦故로 有요 眞諦故로 空이니 若以妄爲俗諦하고 以眞爲眞諦인댄 則妄有眞空이요 若約隨俗說二諦인댄 則眞妄俱空이요 若約眞妄通二諦인댄 則眞妄이 俱通空有요 若約觸物皆中 인댄 則眞妄이 俱非空有니라 言並皆交徹者는 約宗以明인댄 唯識等宗은 不得交徹이어니와 今就華嚴하야는 則前諸義가 皆得交徹이니 以具

바로 아래, 멀리는 『현담』 5권, p.191, 4행에 잘 나타나 있다.

406 『유식론』 운운은 『현담』 5권, pp.187~190에 잘 설출하고 있다.

407 의타기성 운운은, 의타염분은 망이고 의타정분과 원성실성은 진이니, 곧 망은 공하고 진은 있는 것이다.

前卽一心等義故라 如約遍計爲妄者인댄 情有가 卽是理無일새 妄徹眞也요 理無가 卽是情有일새 眞徹妄也니라 若染分依他爲妄者인댄 緣生無性일새 妄徹眞也요 無性緣成일새 眞徹妄也니라 若約生死涅槃說者인댄 生死가 卽涅槃일새 妄徹眞也요 涅槃이 卽生死일새 眞徹妄也니라 故로 中論에 云호대 生死之實際가 卽是涅槃際요 涅槃之實際가 卽是生死際라 如是二際者는 無毫釐差別이라하니 卽交徹也니라 此經에 云호대 有諍說生死요 無諍說涅槃이나 生死及涅槃을 二俱不可得이라하니 亦俱空俱有하야 交徹義也니라

만약 삼론[408]을 의지한다면 세제世諦인 까닭으로 있는 것이요,
진제眞諦인 까닭으로 공이니,
만약 허망으로써 속제를 삼고 진실로써 진제를 삼는다면 곧 허망은 있고 진실은 공한 것이요,
만약 속제를 따라 이제를 설한 것을 잡는다면 곧 진실과 허망이 함께 공한 것이요,
만약 진실과 허망[409]이 이제에 통함을 잡는다면 곧 진실과 허망이 함께 공하고 있음에 통하는 것이요,
만약 닿는[410] 만물이 다 중도임을 잡는다면 곧 진실과 허망이 함께 공하지도, 있지도 않는 것이다.

---

408 삼론은 『중론』·『백론』·『십이문론』이다. 이 삼론 이하는 가유진무假有眞無이다.

409 만약 진실과 허망 이하는 쌍시雙是이다.

410 만약 닿는다 한 이하는 쌍비雙非이다.

모두 다 서로 사무친다고 말한 것은, 종파를 잡아 밝힌다면 유식 등의 종은 서로 사무친다는 것을 얻을 수 없거니와, 지금 『화엄경』에 나아가서는 곧 앞의 모든 뜻이 다 서로 사무친다는 것을 얻을 수 있나니,

앞의 일심에 즉한다[411]는 등의 뜻을 갖추고 있는 까닭이다.

만약 변계소집성[412]으로 허망을 삼는 것을 잡는다면 망정으로는 있는 것이 곧 이 이치로는 없기에 허망이 진실에 사무치는 것이요,

이치로는 없는 것이 곧 이 망정으로는 있기에 진실이 허망에 사무치는 것이다.

만약 염분의타로 허망을 삼는다면 인연으로 생기하는 것은 자성이 없기에 허망이 진실에 사무치는 것이요,

자성이 없는 것은 인연으로 이루어지기에 진실이 허망에 사무치는 것이다.

만약 생사[413]와 열반을 잡아 말한다면 생사가 곧 열반이기에 허망이 진실에 사무치는 것이요,

열반이 곧 생사이기에 진실이 허망에 사무치는 것이다.

그런 까닭으로 『중론』[414]에 말하기를 "생사의 진실한 경계가

---

411 앞의 일심에 즉한다고 한 것은 p.75, 끝줄에 일심을 떠나지 않는다는 것이고, "등"이라고 한 것은 허망은 진실을 잡아 이루어져 따로 허망이 없는 까닭이라 한 등이다.

412 만약 변계소집성 운운은 『유식론』의 말이다.

413 만약 생사 운운은 『열반경』의 말이다.

414 『중론』이란 『중론』 열반품 게송이다.

곧 이 열반의 경계요,
열반의 진실한 경계가
곧 이 생사의 경계이다.

이와 같이 두 가지 경계(二際)는
호리도 차별이 없다" 하였으니
곧 서로 사무친다는 것이다.
이 『화엄경』 수미게찬품[415]에 말하기를
"다툼이 있으면 생사라 말하고,
다툼이 없으면 열반이라 말하지만,
생사와 그리고 열반을
둘 다 함께 가히 얻을 수 없다" 하였으니
또한 함께 공하고 함께 있어서[416] 서로 사무친다는 뜻이다.

若依三論의 以妄爲俗諦하고 以眞爲眞諦하야 言交徹者인댄 卽俗而眞이며 卽眞而俗故라 故로 影公이 云호대 然이나 統其要歸인댄 則會通二諦니 以眞諦故로 無有요 俗諦故로 無無라 眞故로 無有면 則雖無而有요 俗故로 無無면 則雖有而無니 雖有而無면 則不累於有요 雖無而有면 則不滯於無라하며 乃至云호대 寂此諸邊일새 故名中道라하니 卽眞妄交徹也니라 眞故로 無有면 則雖無而有는 則眞徹妄也요

415 원문에 차경此經이란 『화엄경』 수미정상게찬품 게송이다.
416 함께 공하고 함께 있다고 한 것은 쌍차쌍융雙遮雙融이다.

俗故로 無無면 則雖有而無는 則妄徹眞也니 餘可思準이니라 若約隨俗說인댄 眞妄本虛일새 居然交徹이요 若約眞妄皆眞인댄 則本末一味일새 居然交徹이요 若觸物皆中인댄 居然交徹이니라

만약 삼론에서 허망으로써 속제를 삼고 진실로써 진제를 삼는다고 한 것을 의지하여 서로 사무치는 것을 말한다면, 속제에 즉한 진제이고 진제에 즉한 속제인 까닭이다.

그런 까닭으로 담영스님[417]이 말하기를 "그러나 이 요점이 돌아가는 곳을 통합한다면 곧 이제二諦로 회통하나니,

진제인 까닭으로 있는 것(有)이 없는 것이요,

속제인 까닭으로 없는 것(無)이 없는 것이다.

진제인 까닭으로 있는 것이 없다면 곧 비록 없지만 있는 것이요,

속제인 까닭으로 없는 것이 없다면 곧 비록 있지만 없는 것이니,

비록 있지만 없다면 곧 있음에 얽매이지 않고, 비록 없지만 있다면 곧 없음에 막히지 않는다" 하였으며,

내지 말하기를 "이 모든 이변二邊[418]의 경계가 고요하기에 그런 까닭으로 중도라 이름한다" 하였으니,

곧 진실과 허망이 서로 사무치는 것이다.

"진제인 까닭으로 있는 것이 없다면 곧 비록 없지만 있는 것"이라고

---

417 담영曇影은 진晉나라 때의 승려로, 구마라습鳩摩羅什의 역경을 도와 『성실론』을 정리하였다. 저서로 『법화의소』와 『중론』 주석서가 있다. 여기에 인용한 글은 구마라습의 제자 영담스님이 『중론』에 쓴 서문序文이다.

418 원문에 제변諸邊이란 이변二邊의 분별을 말하는 것이다.

한 것은 곧 진실이 허망에 사무치는 것이요,
"속제인 까닭으로 없는 것이 없다면 곧 비록 있지만 없다"고 한 것은 곧 허망이 진실에 사무치는 것이니,
나머지는 가히 생각하여 기준할 것이다.
만약 속제[419]를 따라 설한 것을 잡는다면 진실과 허망이 본래 허망하기에 거연히 서로 사무치는 것이요,
만약 진실과 허망이 다 진실한 것을 잡는다면 곧 근본과 지말이 한 맛이기에 거연히 서로 사무치는 것이요,
만약 닿는 만물이 다 중도임을 잡는다면 거연히 서로 사무치는 것이다.

問이라 眞妄相乖가 其猶水火어늘 何得交徹고 答이라 此有多義하니 一은 眞妄二法이 同一心故니 以一貫之일새 故得交徹이니라 故로 起信論에 云호대 依一心法하야 有二種門하니 一은 心眞如門이요 二는 心生滅門이라 然此二門이 皆各總攝一切法盡이니 以此二門이 不相離故라하니 故로 云호대 不離一心일새 故得交徹이라하니라 二는 妄攬眞成하야 無別妄故는 亦是起信論勝鬘等意니 眞如隨緣하야 成一切法은 眞徹妄也요 眞隨妄顯하야 無別眞故는 妄徹眞也니 若無有妄이면 對何說眞이며 如無緣生이면 則無無性故니라 三은 眞妄名異나 體無二故는 如向所引에 有諍說生死요 無諍說涅槃等을 俱不可得이니 則體無二也라 故로 下經에 云호대 若逐假名字하야 取著此二法하면

419 만약 속제 운운은 p.76, 끝줄이다.

顚倒非實義라 不能見正覺이라하니 明以無二爲實也니 豈非交徹이리오 四는 眞外有妄이면 理不遍故下는 反成二義니 此句는 眞徹妄也라 五는 妄外有眞이면 事無依故는 卽妄徹眞也니 此亦法性宗義이다 一切法이 皆如어니 豈妄外有眞이며 眞如가 遍一切어니 豈眞外有妄이리오 是知眞妄이 常交徹이나 亦不壞眞妄之相이니 則該妄之眞은 眞非眞而湛寂이요 徹眞之妄은 妄非妄而雲興이니라

묻겠다.
진실과 허망이 서로 어그러지는 것이 그 물과 불과 같거늘 어찌 서로 사무침을 얻겠는가?
답하겠다.
여기에 수많은 뜻이 있나니,
첫 번째는 진실과 허망의 두 가지 법이 동일한 마음인 까닭이니,
하나로써 관통하기에 그런 까닭으로 서로 사무침을 얻는 것이다.
그런 까닭으로 『기신론』에 말하기를 "일심의 법을 의지하여 두 가지 문이 있나니
첫 번째는 심진여문心眞如門이요,
두 번째는 심생멸문心生滅門이다.
그러나 이 두 가지 문이 다 각각 일체 법을 모두 섭수하여 다하나니,
이 두 가지 문이 서로 떠나지 않는 까닭이라" 하였으니,
그런 까닭으로 말하기를 "일심을 떠나지 않는 까닭[420]으로 서로 사무

420 일심을 떠나지 않는 까닭 운운은 소이교철자所以交徹者는 불리일심고不離一心

침을 얻는다" 하였다.

두 번째는 허망한 것이 진실을 잡아 성립하여 따로 허망한 것이 없는 까닭이라고 한 것은 또한 이것은 『기신론』과 『승만경』 등의 뜻이니,

진여가 인연을 따라 일체 법을 이루는 것은 진실이 허망에 사무치는 것이요,

진실한 것이 허망한 것을 따라 나타나 따로 진실한 것이 없는 까닭이라고 한 것은 허망이 진실에 사무치는 것이니,

만약 허망이 없다면 무엇을 상대하여 진실을 말하며,

만약 인연으로 생기하는 것이 없다면 곧 자성이 없다는 것도 없는 까닭이다.

세 번째는 진실과 허망이 이름은 다르지만 체성은 두 가지가 없는 까닭이라고 한 것은 향전에 인용한 바[421]에 "다툼이 있으면 생사라 말하고, 다툼이 없으면 열반이라 말하는 등을 함께 가히 얻을 수 없다" 한 것과 같나니,

곧 체성이 둘이 없다는 것이다.

그런 까닭으로 아래 수미게찬품[422] 경문에 말하기를

"만약 거짓 이름을 좇아 이 두 가지 법[423]에 취착한다면

故라는 말을 약간 바꾸어 놓은 것이다. 이 책 pp.245~246에 있다.

421 향전에 인용한 바란 p.77, 7행에 인용한 수미정상게찬품이니, 위에 두 구절은 전과 같고, 아래 두 구절은 뜻으로 인용한 것이다.

422 하경이라고 한 것은 수미정상게찬품 게송이다.

423 거짓 이름이란 생사와 열반이고, 두 가지 법이란 진실과 허망이다.

거꾸러진 것으로 진실한 뜻이 아니다.
능히 정각[424]을 볼 수 없다" 하였으니,
둘이 없는 것이 진실한 뜻이 됨을 밝힌 것이니
어찌 서로 사무치지 않겠는가.
네 번째는[425] 진실 밖에 허망이 있다면 진리가 두루하지 못하는 까닭이라고 한 아래는 두 가지 뜻[426]을 반대로 성립하는 것이니 이 구절[427]은 진실이 허망에 사무치는 것이다.
다섯 번째는[428] 허망 밖에 진실이 있다면 사실이 의지할 수 없는 까닭이라고 한 것은 곧 허망이 진실에 사무치는 것이니,
이것도 또한 법성종의 뜻이다.
일체 법이 다 진여이거니 어찌 허망 밖에 진실이 있으며,
진여가 일체에 두루하거니 어찌 진실 밖에 허망이 있겠는가.
이것은 진실과 허망이 항상 서로 사무치지만 또한 진실과 허망의 모습을 무너뜨리지 않는 줄 알아야 할 것이니,
곧 허망을 갖춘 진실은, 진실이 진실이 아니지만 그러나 진실의 맑고 고요한 것이요, 진실에 사무친 허망은, 허망이 허망이 아니지만 그러나 허망의 구름이 일어나는 것이다.

---

424 정각은 부처님을 말한다.
425 네 번째 운운은 p.76, 1행이다.
426 두 가지 뜻이란 역시 진실과 허망이다. 또한 열반·생사, 진·속이다.
427 이 구절이란 제 네 번째 진리 밖에 진실이 있다면 진리가 두루하지 못하는 까닭이라 한 것이다.
428 다섯 번째 운운은 p.76, 2행이다.

事理雙修일새 依本智而求佛智者는 二에 不礙兩存이니 上來交徹不礙之義를 恐人誤執하야 謂泯二相일새 故擧此言이니라 亦由惑者가 執禪하야 則依本性이 無作無修하야 鏡本自明일새 不拂不瑩라하며 執法하야 則須起事行하야 當求如來하며 依他勝緣하야 以成己德이라하나니 並爲偏執일새 故此雙行이니라 依本智者는 約理而說이니 無漏智性이 本具足故요 而求佛智者는 約事而論이니 無所求中에 吾故求之니라 心鏡이 本淨이나 久翳塵勞하고 恒沙性德이 並埋塵沙煩惱일새 是故로 以順法性의 無慳貪等하야 修檀施等故니 諸佛은 已證이나 我未證故니라 又理不礙事하야 不妨求故며 事不礙理하야 求卽無求故니 若此之修를 名曰無修라하나니 無修之修와 修卽無修가 爲眞修矣니라

"사실과 진리를 함께 수행하기에 근본지를 의지하여 부처님의 지혜를 구한다"고 한 것은 두 번째 두 가지가 함께 존재함에 걸리지 않는 것이니,

상래에 서로 사무쳐 걸리지 않는다는 뜻을 사람들이 잘못 집착하여 두 가지 모습이 없다 말할까 염려하기에 그런 까닭으로 이 말을 거론한 것이다.

또한 미혹한 사람이 선에 집착함을 인유[429]하여 곧 본래의 자성이 할 것도 없고 닦을 것도 없음을 의지하여 거울은 본래 스스로 밝기에

---

429 인유란, 원문에 역유亦由라는 유由 자는 아래 집법執法까지 미친다. 즉 양용兩用한다.

털 것도 없고 비출 것도 없다 하며,
법에 집착함[430]을 인유하여 곧 반드시 사실의 수행을 일으켜 마땅히 여래를 구하며 저 부처님의 수승한 인연을 의지하여 자기의 덕을 이룬다 하였으니,
모두 다 치우쳐 집착하는 것이기에 그런 까닭으로 이 두 가지 수행[431]을 말한 것이다.
"근본지를 의지한다"고 한 것은 진리를 잡아 말한 것이니
무루지혜의 자성이 본래 구족되어 있는 까닭이요,
"부처님의 지혜를 구한다"고 한 것은 사실을 잡아 말한 것이니
구하는 바가 없는 가운데 내가 일부러 구하는 것이다.
마음의 거울이 본래 청정하지만 오랫동안 번뇌(塵勞)에 가려 있고,
항하사 같은 자성의 공덕이 모두 미진수 모래 같은 번뇌에 묻혀 있기에 이런 까닭으로 법성의 아낌도 탐함도 없는 등을 따라 보시 등을 닦는 까닭이니,
모든 부처님은 이미 증득하였으나 나는 아직 증득하지 못한 까닭이다.
또 진리가 사실에 걸리지 아니하여 구함에 방해롭지 않는 까닭이며,
사실이 진리에 걸리지 아니하여 구함에 곧 구함이 없는 까닭이니,
이와 같이 닦는 것을 이름하여 닦음이 없이 닦는 것이라 말하나니,
닦음이 없이 닦는 것[432]과 닦음에 곧 닦음이 없는 것[433]이 진실한

430 법에 집착한다고 한 법은 교법이다.

431 두 가지 행이란 진리와 사실이다.

432 닦음이 없이 닦는 것이란, 바로 위에 진리가 사실에 걸리지 아니하여 구함에

닦음이 되는 것이다.

방해롭지 않는 까닭이라 한 것이다.

433 닦음에 곧 닦음이 없는 것이란, 위에 사실이 진리에 걸리지 아니하여 구함에 곧 구함이 없는 까닭이라 한 것이다.

疏

理隨事變일새 則一多緣起之無邊이요 事得理融일새 則千差涉入而無礙로다

진리가 사실을 따라 변하기에 곧 하나와 많은 것이 인연으로 생기하여 끝이 없는 것이요,
사실이 진리를 얻어 융합하기에 곧 천차만별로 간섭하여 들어가지만 걸림이 없는 것이다.

鈔

理隨事變일새 則一多緣起之無邊下는 第二에 明事事無礙法界가 爲經旨趣니 義分齊中에 當廣分別일새 今但略明이니 亦分爲二호리라 初一對는 明無礙所由니 所以事事不同이나 而得無礙者는 以理融事故라 初句는 明依理成事니 故로 一與多가 互爲緣起라하니라 此猶是事理無礙로대 躡前起後일새 故로 擧之耳라 由事理無礙하야사 方得事事無礙니 若事不卽理하고 事非理成이면 則互相礙어니와 今由卽理일새 故得無礙니라 下句는 以理融事이니 故로 云호대 事得理融일새 則千差涉入而無礙라하니라 此는 正辯事事無礙의 所以니 由上事攬理成하야 則無事非理일새 故로 以理融事라 理旣融通인댄 事亦隨你일새 故得千差涉入而無礙라하니라 由卽事故로 而有千差요 爲理融故로 重重涉入이니 卽十所以中에 理性融通門也라 餘至下明이니라

"진리가 사실을 따라 변하기에 곧 하나와 많은 것이 인연으로 생기하여 끝이 없다"고 한 아래는 제 두 번째 사실과 사실이 걸림이 없는 법계가 이 경의 지취가 됨을 밝힌 것이니,

의리분제[434] 가운데 마땅히 널리 분별할 것이기에 지금에는 다만 간략하게만 밝히나니,

또한 나누어 두 가지로 하겠다.

처음의 일대一對는 걸림이 없는 까닭을 밝힌 것이니,

사실과 사실이 같지 않지만 걸림이 없음을 얻는 까닭은 진리로써 사실을 융합하는 까닭이다.

처음 구절은 진리를 의지하여 사실을 이룸을 밝힌 것이니,

그런 까닭으로 "하나와[435] 더불어 많은 것이 서로 인연으로 생기하는 것이라" 하였다.

이것은 오히려 이 사실과 진리가 걸림이 없다는 뜻과 같지만, 앞의 말을 밟아 뒤의 말을 일으키기에[436] 그런 까닭으로 거론한 것뿐이다.

사실과 진리가 걸림이 없음을 인유하여야 바야흐로 사실과 사실이 걸림이 없음을 얻나니,

---

434 의리분제義理分際는 『현담』 제육권 일장이다.

435 원문에 일여다一與多가 호위연기互爲緣起라고 한 것은, 소문에 일다연기지무변一多緣起之無邊이라 한 것이나 무변無邊은 생략되었다 하겠다.

436 앞의 말이란 진리가 사실을 따라 변한다 한 것이고, 뒤의 말이란 곧 하나와 더불어 많은 것이 인연으로 생기하여 끝이 없다는 것이다. 그러나 멀리는 p.71, 3행에 첫 번째 이사무애가 앞의 말이고, 여기 두 번째 사사무애가 뒤의 말이라 하겠다.

만약 사실이 진리에 즉하지 않고 사실이 진리를 이루지 않는다면 곧 서로서로 걸리거니와, 지금에는 진리에 즉함을 인유하기에 그런 까닭으로 걸림이 없음을 얻을 것이다.

아래(뒤) 구절[437]은 진리로써 사실을 융합하는 것이니,

그런 까닭으로 말하기를 "사실이 진리를 얻어 융합하기에 곧 천차만별로 간섭하여 들어가지만 걸림이 없는 것이라" 하였다.

이것은 사실과 사실이 걸림이 없는 까닭을 바로 분별한 것이니,

위에 사실이 진리를 잡아 이루어짐을 인유하여 곧 사실이 진리가 아님이 없기에, 그런 까닭으로 진리로써 사실을 융합하는 것이다.

진리가 이미 융합하여 통한다면, 사실도 또한 따라서 그러하기에, 그런 까닭으로 "천차만별로 간섭하여 들어가지만 걸림이 없는 것"이라 하였다.

사실에 즉함을 인유한 까닭으로[438] 천차만별이 있고,

진리가 융합하여 통하는 까닭으로 중중으로 간섭하여 들어가는 것이니,

곧 십현문의 열 가지 까닭(所以) 가운데 이성융통문理性融通門[439]

---

437 아래 구절이란 원문에 사득리융事得理融 이하이다. 즉 천차섭입이무애千差涉入而無礙는 사사무애이고 사득리융은 사사무애의 원인이다. 위의 구절도 마찬가지로 일다연기무변은 이사무애이고 이수사변은 이사무애의 원인이다.

438 원문에 이 고故 자 다음에 아래 고故 자는 이而 자가 좋다. 『회현기』와 속장경은 이而 자로 되어 있다.

439 이성융통문이란, 십현문은 이사理事로 구분하는데 이성융통문에 해당되고 법계대연기문에 해당하지 않는다. 이성융통은 이理이고, 법계연기문은 사事이다.

이다.

나머지는 아래 의리분제에 이르러 밝히겠다.[440]

440 나머지는 아래에 이르러 밝히겠다고 한 것은, 즉 『현담』 제육권 일장 의리분제 義理分際 가운데 십인十因을 갖추어 밝힌 까닭이다.

疏

故得十身이 歷然而相作하고 六位가 不亂以更收하며 廣大가 卽入於無間하고 塵毛가 包納而無外하며 炳然齊現은 猶彼芥瓶이며 具足同時는 方之海滴이며 一多無礙는 等虛室之千燈이며 隱顯俱成은 似秋空之片月이며 重重交映은 若帝網之垂珠며 念念圓融은 類夕夢之經世며 法門重疊은 若雲起長空이며 萬行芬披는 比華開錦上이로다

그런 까닭으로 열 가지 몸[441]이 각각 분명하여 서로 짓고, 육위六位[442]가 산란하지 않아 다시 서로 섭수하며,
광대한 것[443]이 간격이 없는 곳에 즉하여 들어가고[444], 미진의 털이 포용하여 밖이 없으며,
밝게[445] 가지런히 나타나는 것은 저 개자병과 같으며,
동시에 구족[446]하는 것은 저 바다의 물방울과 같으며,
하나[447]와 많은 것이 걸림이 없는 것은 빈 방에 천 개의 등불과

441 열 가지 몸 이하는 제4현문玄門이다.

442 육위는 삼현·십지·등각·묘각이다.

443 광대한 이하는 제2현문이다.

444 광대즉입어무간廣大卽入於無間은 일척지경一尺之鏡이 현천중영現千重影, 즉 한 자의 거울이 천 겹의 그림자를 나타내는 것과 같다. 이상은 복암스님의 말이다.

445 밝게 이하는 제6현문이다.

446 동시 구족 이하는 제1현문이다.

같으며,

숨고[448] 나타나는 것이 함께 이루어지는 것은 가을 허공에 조각달과 같으며,

중중으로[449] 서로 비추는 것은 제석천의 그물[450]에 내려진 구슬과 같으며,

생각[451] 생각이 원융한 것은 저녁 꿈속에 지나간 세월과 같으며,

법문[452]을 중첩으로 한 것은 구름이 긴 허공[453]에서 일어나는 것과 같으며,

만행[454]의 향내를 입는 것은 꽃이 비단 위에 핀 것[455]과 비등함을 얻는 것이다.

---

447 하나 이하는 제3현문이다.

448 숨고 이하는 제5현문이다.

449 중중 이하는 제7현문이다.

450 제망수주帝網垂珠는 양경호조兩鏡互照에 전휘상사傳輝相瀉, 즉 제석천의 그물에 내려진 구슬은 마치 두 거울이 서로 비춤에 빛을 전하여 서로 쏟아내는 것과 같다.

451 생각 이하는 제9현문이다.

452 법문 이하는 제8현문이다.

453 운기장공雲起長空은 입신수비촉목개도立身豎臂觸目皆道, 즉 구름이 긴 허공에 일어나는 것은 마치 몸을 세우고 팔을 세우고 눈이 닿는 곳이 다 도인 것과 같다.

454 만행 이하는 제10현문이다.

455 화개금상華開錦上은 북진소거北辰所居에 중성개공衆星皆拱, 즉 꽃이 비단 위에 핀 것은 마치 북극성이 있는 곳에 수많은 별이 다 조공하는 것과 같다.

鈔

故得十身歷然而相作下는 正顯無礙之相이니 具十玄門이나 以隨文便일새 故小不次라 如下次第者댄 一은 同時具足相應門이요 二는 廣狹自在無礙門이요 三은 一多相容不同門이요 四는 諸法相卽自在門이요 五는 祕密隱顯俱成門이요 六은 微細相容安立門이요 七은 因陀羅網境界門이요 八은 託事顯法生解門이요 九는 十世隔法異成門이요 十은 主伴圓明具德門이니 今文之次는 在文可知니라 唯主伴一門은 前說儀中에 文理已具일새 故不重出커니와 諸藏純雜은 今古名異일새 今文重出이라 故로 亦有十門하니 今初는 卽諸法相卽自在門이라 文有兩句하니 上句는 總明三世間相卽이라 故得十身이 歷然而相作이라하니라 言故得者는 由前事得理融之故로 便得具下十種玄門이니 故得二字는 文雖在初나 義貫下十하니라

"그런 까닭으로[456] 열 가지 몸이 각각 분명하여 서로 짓는다"고 한

456 그런 까닭으로 이하는, 이미 사사무애의 지취旨趣를 밝힌 까닭으로 간략하게 십현문의 뜻을 조합하여 현시하고 있지만 십현문과 차례가 같지 않다. 혹자는 이것으로 청량스님의 십현문이라 하나 청량스님은 한결같이 현수스님의 십현을 의지하고 따로 십현은 세우지 않았다. 여기 초문의 십현은 현수의 50 이후 십현을 옮겨온 것이니, 초기의 현수 십현은 지엄과 같다. 두 번째 광협자재와 열 번째 주반원명은 지엄과 현수의 초기 십현에 제장순잡과 유심회전으로 보인다. 아래에 지엄과 현수와 혜원의 십현을 열거하였다. 지엄(지상) 십현: 동시구족상응문, 인다라경계문, 비밀은현구성문, 미세상용안립문, 십세격법리성문, 제장순잡리덕문, 일다상용부동문, 제법상즉자재

아래는 걸림이 없는 모습을 바로 나타낸 것이니,

십현문을 갖추고 있지만 문장의 편리함을 따르기에 그런 까닭으로 조금 차례가 같지 않는 것이다.

만약 아래 차례를 한다면 첫 번째는 동시구족상응문同時具足相應門이요,

두 번째는 광협자재무애문廣狹自在無碍門이요,

세 번째는 일다상용부동문一多相容不同門이요,

네 번째는 제법상즉자재문諸法相卽自在門이요,

다섯 번째는 비밀은현구성문秘密隱顯俱成門이요,

여섯 번째는 미세상용안립문微細相容安立門이요,

일곱 번째는 인다라망경계문因陀羅網境界門이요,

문, 유심회전선성문唯心回轉善成門, 탁사현법생해문.

현수 십현: 동시구족상응문, 일다상용부동문, 제법상즉자재문, 인다라망경계문, 미세상용안립문, 비밀은현구성문, 제장순잡구덕문, 십세격법리성문, 유심회전선성문, 탁사현법생해문. 이것은 현수스님이 초년에 세운 오교장의 십현으로 지엄스님과 같다. 단 순서만 차이가 있을 뿐이다. 그러나 50 이후 『탐현기』에서 세운 십현은 여기 청량스님의 초문과 같으니, 청량은 현수의 50 이후에 세운 십현을 따랐고 따로 짓지 않았다. 이상은 『현담』 6권, p.37 이하에 나온다. 6권, pp.31~38 다 참조.

혜원(『刊定記』) 십현: 덕상德相 십十으로 보아 동시구족상응덕, 상즉덕相卽德, 상재덕相在德, 은현덕隱顯德, 주반덕主伴德, 동체성즉덕同體成卽德, 구족무진덕具足無盡德, 순잡덕純雜德, 미세덕微細德, 여인다라덕如因陀羅德. 이상은 덕상의 과보이고, 덕상의 작용은 동시구족상응용用, 상즉용, 상재용, 상입용, 상작용相作用, 순잡용, 은현용, 미세용, 여인다라망용이니 『현담』 6권, p.40, 7행에 있다.

여덟 번째는 탁사현법생해문託事顯法生解門이요,

아홉 번째는 십세격법리성문十世隔法異成門이요,

열 번째는 주반원명구덕문主伴圓明具德門이니,

지금 초문의 차례는 문장에 있는 것과 같이 가히 알 수 있을 것이다.

오직 주반원명구덕문의 일문一門만은 앞의 설의주보說儀周普[457] 가운데 문리文理가 이미 구족되었기에 그런 까닭으로 거듭 설출하지 않거니와, 제장순잡구덕문諸藏純雜具德門은 지금의 이름과 옛날의 이름[458]이 다르기에 지금 초문에서 거듭 설출하겠다.

그런 까닭으로 또한 십현문이 있나니

지금은 처음으로 제법상즉자재문이다.

소문에 두 구절이 있나니[459],

위에 구절은 삼종세간[460]이 서로 즉함을 한꺼번에 밝힌 것이니

---

457 앞의 설의주보란 p.51이다.

458 지금의 이름이란 현수스님이고, 옛날의 이름이란 지엄至儼스님이다. 지상至相이라고도 하나니 지상사至相寺에 살았기 때문이다.
지엄스님이 처음 십현문을 세웠다. 이 지엄스님의 십현을 고십현古十玄이라 하고, 뒤에 현수스님이 세운 십현을 신십현新十玄이라 한다. 따라서 여기에 지엄스님의 제장순잡구덕문을 현수스님이 광협자재무애문廣狹自在無碍門으로 고쳤다.
이것을 청량스님이 회통하여 자성에 칭합하기에 순純이요 광廣이며, 모습을 무너뜨리지 않기에 잡雜이요 협狹이라 하였다. 제장순잡이란 하나와 많은 것이 즉입卽入함을 말한다.

459 소문에 두 구절이 있다고 한 것은, 소문에 제법상즉자재문諸法相卽自在門에 해당하는 구절이 두 구절이라는 것이니, 일구는 십신역연상작十身歷然相作이고, 일구는 육위불란갱수六位不亂更收이다.

"그런 까닭으로 열 가지 몸이 각각 분명하여 서로 짓는다" 하였다. "그런 까닭으로 얻는다"고 말한 것은 앞[461]의 "사실이 진리를 얻어 융합한다"는 말을 인유한 까닭으로 곧 아래 열 가지 현묘한 문(十玄門)을 갖추어 얻는 것이니,

고득故得이라는 두 글자는 글이 비록 처음에 있지만 뜻은 아래 십현문을 관통하고 있다.

言十身者는 卽八地에 云호대 此菩薩이 遠離一切身相分別하야 住於平等하며 此菩薩이 知衆生身과 國土身과 業報身과 聲聞身과 獨覺身과 菩薩身과 如來身과 智身과 法身과 虛空身이라하니라 言相作者는 卽次經에 云호대 此菩薩이 知諸衆生心之所樂하야 能以衆生身으로 作自身하고 亦作國土身과 業報身과 乃至虛空身하며 又知衆生心之所樂하야 能以國土身으로 作自身하고 亦作衆生身과 業報身과 乃至虛空身하며 又知衆生心之所樂하야 能以業報身으로 作自身하고 亦作衆生身과 國土身과 乃至虛空身하며 又知衆生心之所樂하야 能以自身으로 作衆生身과 國土身과 乃至虛空身이라 隨諸衆生의 所樂不同하야 則於此身에 現如是形이라하니 釋曰上四는 別顯이요 末後는 結例니 卽十身相作也니라 言歷然者는 不壞相故라 壞相而作이면 非不思議니 其由芥納須彌나 本相如故라 故로 下七十七經에 云호대 是以一刹이 入一切刹호대 而不壞其相者之所住處라하며 又云호대

---

460 삼종세간이란 중생세간·기세간·지정각세간이다.

461 앞이란 p.80, 10행이다.

是以一佛이 入一切佛호대 而不壞其相者之所住處等이라하며 五十六經에 云호대 所謂以衆生身으로 作刹身호대 而亦不壞衆生身이 是菩薩遊戲며 以刹身으로 作衆生身호대 而亦不壞於刹身이 是菩薩遊戲며 如是佛身이 與二乘身相作하며 菩薩行身이 與成正覺身相作하며 於涅槃에 示生死等호대 皆不壞其相이라하니 故云歷然而相作이라하니라

"열 가지 몸"이라고 한 것은 곧 팔지에 말하기를 "이 보살이 일체 신상[462]의 분별을 멀리 떠나 평등에 머물며,
이 보살이 중생의 몸과 국토의 몸과 업보의 몸과 성문의 몸과 독각의 몸과 보살의 몸과 여래의 몸과 지혜의 몸과 법의 몸과 허공의 몸을 안다" 하였다.
"서로 짓는다"고 말한 것은 곧 그 다음 경문[463]에 말하기를 "이 보살이 능히 중생이 마음에 좋아하는 바를 알아 능히 중생의 몸으로써 자신을 짓고,
또한 국토의 몸과 업보의 몸과 내지 허공의 몸을 지으며,
또 중생이 마음에 좋아하는 바를 알아 능히 국토의 몸으로써 자신을 짓고,
또한 중생의 몸과 업보의 몸과 내지 허공의 몸을 지으며,
또 중생이 마음에 좋아하는 바를 알아 능히 업보의 몸으로써 자신을

462 신상身相이라는 상相 자는 『팔지경』엔 상想 자이다.

463 다음 경문이란 『팔지경』에 인용한 다음 경문이다.

짓고,

또한 중생의 몸과 국토의 몸과 내지 허공의 몸을 지으며,

또 중생이 마음에 좋아하는 바를 알아 능히 자기의 몸으로써 중생의 몸과 국토의 몸과 내지 허공의 몸을 짓는 것이다.

모든 중생이[464] 좋아하는 바가 같지 아니함을 따라 곧 이 몸에 이와 같은 형상을 나타낸다" 하였으니,

해석하여 말하면 위에 네 번[465]으로 말한 것은 따로 나타낸 것이요,

말후는 맺어서 비례한 것이니

곧 "열 가지 몸이 서로 짓는다"는 것이다.

"각각 분명하다"고 말한 것은 자체의 모습을 무너뜨리지 않는 까닭이다.

모습을 무너뜨리고 새롭게 짓는다면 불가사의한 것이 아니니,

그 이유는 마치 개자 속에 수미산을 용납하지만 수미산의 본래 모습은 여여한 것과 같은 까닭이다.

그런 까닭으로 아래 칠십칠경[466]에 말하기를 "이런 까닭으로 한 국토가 일체 국토를 섭입攝入하지만, 그 모습을 무너뜨리지 않는 사람이 머무를 바 처소라" 하였으며,

또 말하기를 "이런 까닭으로 한 부처님이 일체 부처님을 섭입하지만

---

464 모든 중생이라 한 아래는 말후에 맺어서 비례한 것이니, 바로 위에 '허공신하야' 토吐는 맞지 않고 '허공신이라' 토가 좋다. 혹 '곧 이 몸에'라고 한 이하를 말후에 맺어 비례한 것으로 보지만 옳지 않다.

465 위에 네 번이란 처음 한 번과 다음에 세 번의 우又를 사용하여 구분하였다.

466 아래 칠십칠경은 80권 가운데 칠십칠경이니, 입법계품이다.

그 모습을 무너뜨리지 않는 사람이 머무는바 처소라 한 등이라" 하였으며,
오십육경[467]에 말하기를 "말하자면 중생의 몸으로써 세계의 몸을 짓지만 또한 중생의 몸은 무너뜨리지 않는 것이 이 보살의 유희이며,
세계의 몸으로써 중생의 몸을 짓지만 또한 세계의 몸을 무너뜨리지 않는 것이 이 보살의 유희이며,
이와 같이 부처님의 몸이 아승의 몸으로 더불어 서로 지으며,
보살행의 몸이 성정각成正覺의 몸으로 더불어 서로 지으며,
저 열반에 생사 등을 시현하지만 다 그 모습을 무너뜨리지 않는다" 하였으니,
그런 까닭으로 말하기를 "각각 분명하여 서로 짓는다" 하였다.

言六位가 不亂而更收者는 六位는 卽三賢十聖과 等妙二覺이니 則因果皆悉相攝이 如初發心에 便成正覺호대 不壞初心之相이니 若無初心이면 何名初心에 便成正覺이리오 故로 十信이 攝於諸位호대 諸位十信이 歷然하며 十住 攝於諸位호대 諸位十住不亂이니 不亂은 則行布요 更收는 卽圓融이라 如下說因中辯하니라 此句는 亦是相入門이로대 下有相入일새 故此一句는 但爲相卽이니 如乳投水에 廢己同他일새 故名相卽이니라

"육위가 산란하지 않아 다시 서로 거둔다"고 말한 것은, 육위는

---

467 오십육경이란 이세간품이다.

곧 삼현과 십성과 등각과 묘각의 이각二覺이니,

곧 인과[468]가 다 서로 섭수하는 것이 마치 처음 발심함에 곧 정각을 성취하지만 처음 발심한 모습을 무너뜨리지 않는 것과 같나니,

만약 처음 발심이 없다면 어찌 처음 발심함에 곧 정각을 성취한다 이름하겠는가.

그런 까닭으로 십신이 모든 지위를 섭수하지만 모든 지위와 십신이 각각 분명하며,

십주가 모든 지위를 섭수하지만 모든 지위와 십주가 산란하지 않나니,

산란하지 않는 것은 곧 행포行布요,

다시 서로 섭수하는 것은 곧 원융圓融이다.

아래 십인十因을 설명한 가운데[469] 분별한 것과 같다.

이 구절[470]은 역시 서로 들어가는 문(相入門)이지만 아래에 서로 들어가는 문이 있기에[471] 그런 까닭으로 이 한 구절은 다만 서로 즉하는 문(相卽門)이 되나니,

마치 젖을 물에 타면 자기(젖)를 그치고 다른 것(물)과 같아지는 것과 같기에, 그런 까닭으로 즉하는 문이라 이름하는 것이다.

---

468 인과란, 인은 처음 발심이고 과는 정각을 이루는 것이다.

469 아래 십인十因을 설명한 가운데란, 아래 교기인연 가운데 말한 십인이다.

470 이 구절이란 육위가 산란하지 않다는 등이다.

471 아래에 서로 들어가는 문이 있다고 한 것은 원문에 광대즉입廣大卽入 운운이니 광협자재무애문이다.

廣大가 卽入于無間하고 塵毛가 包納而無外者는 第二에 廣狹自在無礙門이니 上句는 大能入小요 下句는 小能容大니 雖有卽入이나 意取廣狹이니라 無間은 謂小니 小之則無內요 以無內故로 無有中間이라 無外는 謂大니 大之則無外요 無外면 卽是廣大之身刹이 卽入無內之塵毛일새 故名廣狹無礙니 若卽若入에 皆得廣狹無礙니라 晉經에 云호대 金剛圍山數無量이나 悉能安置一毛端이라 欲知至大有小相하야 菩薩이以是初發心이라하니 至大有小相이 卽廣狹無礙也니라 又云호대 能以小世界로 作大世界하며 以大世界로 作小世界等이라 하니라

"광대한 것이 간격이 없는 곳에 즉하여 들어가고, 미진의 털이 포용하여 밖이 없다"고 한 것은 제 두 번째 광협자재무애문廣狹自在無礙門이니,
위에 구절[472]은 큰 것이 능히 작은 것에 들어가는 것이요,
아래 구절은 작은 것이 능히 큰 것을 포함하는 것이니,
비록 서로 즉하는 것과 서로 들어가는 것(相卽相入)이 있지만 그 뜻은 광협廣狹을 취하고 있다.
"간격이 없다"고 한 것은 작은 것을 말하는 것이니,
작아서 곧 더 이상 안이 없는 것이요[473],

472 위에 구절이란 원문에 광대즉입廣大卽入 운운이다. 크다는 것은 광廣의 뜻이고, 작다는 것은 협狹의 뜻이다.

473 원문에 소지직무내小之則無內라 하고 대지직무외大之則無外라고 한 것은, 『중용』에 군자어대君子語大인댄 천하막능재언天下莫能載焉이며 군자어소君

안이 없는 까닭으로 중간도 없는 것이다.
"밖이 없다"고 한 것은 큰 것을 말하는 것이니,
커서 곧 밖이 없는 것이요,
밖이 없다면 곧 이 광대한 몸의 국토가 안이 없는 미진의 털 속에 즉하여 들어가기에 그런 까닭으로 광협자재무애문이라 이름하는 것이니,
혹 서로 즉하고 혹 서로 들어감에 다 넓고 좁은 것이 걸림이 없음을 얻는 것이다.
진역경[474]에 말하기를
"금강 철위산의 수가 한량이 없지만
다 능히 한 털 끝에 안치한다.
지극히 큰 것이 지극히 작은 모습에 있음을 알고자 하여
보살이 이런 까닭으로 처음 발심한다" 하였으니,
지극히 큰 것이 지극히 작은 모습에 있는 것이 곧 넓고 좁은 것이 걸림이 없는 것이다.
또 진역경에[475] 말하기를 "능히 작은 세계로써 큰 세계를 지으며,

子語小인댄 천하막능파언天下莫能破焉이라 하니, 즉 군자가 그 큰 것을 말한다면 천하가 능히 실을 수 없으며, 군자가 그 작은 것을 말한다면 천하가 능히 깨뜨릴 수 없다 하고, 소강절은 도통천지무형외道通天地無形外하고 사입풍운변태중思入風雲變態中이라 하니, 즉 도는 천지의 형상이 없는 밖에까지 통하고 생각은 바람과 구름의 변하는 태도 가운데도 들어간다 하였다. 모두 다 크고 작음의 모습을 보인 것이다. 가변으로 이끌어 두었다.

474 진역경은 십주품 게송이다.

475 원문에 우운又云이란 역시 진역경이다.

큰 세계로써 작은 세계를 짓는 등이라" 하였다.

炳然齊現은 猶彼芥甁者는 第三에 微細相容安立門이니 一能含多일새 卽曰相容이요 一多不雜일새 故云安立이라하니라 炳者는 明也라 微細有三하니 一은 所含微細니 如瑠璃甁에 盛多芥子달하야 炳然齊現호대 不相妨礙하야 非前非後니 此卽如來不思議境界經說이라 然有兩本하니 一本은 云白芥子하라며 一本은 卽但云芥子라하니라 今依此本이니 謂一法稱性하야 含容皆盡故로 一切法이 隨所含理하야 現在一中이며 亦緣起實德이 無礙自在하야 致使相容이언정 非天人所作이라 乃實德安立이니 如八相中의 一一相內에 卽具八相일새 名爲微細니라 二는 約能含微細요 三은 約難知微細니라

"밝게 가지런히 나타나는 것은 저 개자병과 같다"고 한 것은 제세 번째 미세상용안립문微細相容安立門이니,
하나가 능히 많은 것을 포함하기에 곧 서로 용납(相容)한다 말하는 것이요,
하나와 많은 것이 섞이지 않기에 그런 까닭으로 안립安立한다 말하는 것이다.
병炳이라고 한 것은 밝다는 뜻이다.
미세微細라고 한 것은 세 가지 뜻[476]이 있나니
첫 번째는 포함하는 바가 미세한 것이니

---

476 미세의 세 가지 뜻은『현담』6권, p.62, 5행을 참고하여 보라.

마치 유리병에 수많은 개자를 담아 놓은 것과 같아서 밝게 가지런히 나타나지만 서로 방해하지 아니하여 앞도 없고 뒤도 없나니,
이것은 곧 『여래부사경계경如來不思議境界經』의 말이다.
그러나 이 경이 두 가지 본本[477]이 있나니
한 본은 백개자白芥子라 말하였으며,
한 본은 곧 다만 개자芥子라고만 말하였다
지금에는 이 제운반야본[478]을 의지하였으니,
말하자면 한 법이 자성에 칭합하여 포함하고 용납하기를 모두 다한 까닭으로 일체법이 의지할 바 진리를 따라 한 법 가운데 나타나 있으며,
또한 인연으로 생기하는 진실한 덕이 걸림이 없이 자재하여 하여금 서로 용납함을 이루게 할지언정 하늘과 사람이 짓는 바가 아니다.
이에 진실한 덕으로 안립하는 것이니
마치 여덟 가지 모습(八相) 가운데 낱낱 모습 안에 곧 여덟 가지 모습을 갖추고 있는 것과 같기에 미세하다 이름하는 것이다.

---

477 이 경이 두 가지 본이란 실차난타본과 제운반야본이다. 실차난타본엔 백개자白芥子라 하고, 제운반야본엔 개자芥子라 했다. 제운반야가 번역한 『대방광불화엄경부사의불경계분分』에 말하기를 "불찰시현佛刹示現이 비여유리병譬如琉璃瓶에 만중성개자滿中盛芥子라" 하였고, 실차난타가 번역한 『대방광불여래부사의경계경』에 말하기를 "실견공중悉見空中에 제모단처諸毛端處와 급미진중及微塵中에 무량불찰無量佛刹이 여유리병如琉璃瓶이 여백개자如白芥子하야 견미진중見微塵中에 일체불찰一切佛刹도 역부여시亦復如是라" 하였다. 그 뜻은 두 본이 같아 따로 번역하지는 않았다.

478 원문에 차본此本이란 제운반야본이다.

두 번째는 능히 포함하는 것이 미세함을 잡은 것이요,
세 번째는 알기 어려운 것이 미세함을 잡은 것이다.

具足同時는 方之海滴者는 第四에 同時具足相應門이니 如大海一滴이 卽具百川之味와 十種之德이라 故隨一法하야 攝無盡法과 及下九門이니 以此一門이 爲其總故라 同時는 則明無先後요 具足은 則所攝無遺라 言十德者는 十地經에 云호대 一은 次第漸深이요 二는 不宿死屍요 三은 餘水入中에 皆失本名이요 四는 普同一味요 五는 具無盡珍寶요 六은 深難得底요 七은 廣大無量이요 八은 大身所居요 九는 潮不過限이요 十은 普受大雨라하며 涅槃經에 云호대 如人이 入大海浴하면 則爲已用諸河之水인달하야 稱此而修하면 一行之內에 德不可盡이라하니라

"동시에 구족하는 것은 저 바다의 물방울과 같다"고 한 것은 제 네 번째 동시구족상응문同時具足相應門이니,
마치 큰 바다에 한 방울의 물이 곧 백 천 강물의 맛과 열 가지 덕을 갖추고 있는 것과 같다.
그런 까닭으로 한 법을 따라 끝이 없는 법과 그리고 아래 아홉 문(九門)[479]을 섭수하나니,
이 한 문이 그 총문이 되는 까닭이다.
동시同時라고 한 것은 곧 선후가 없음을 밝힌 것이요,

479 아홉 문이란 십현 중 동시구족상응문 외의 구문九門이다.

구족具足이라고 한 것은 곧 남김없이 섭수하는 바이다.

열 가지 덕[480]이라고 말한 것은 『십지경』에 말하기를 "첫 번째는 차례로 점점 깊어지는 것이요,

두 번째는 죽은 시체를 재우지 않는 것이요,

세 번째는 다른 물이 바다 가운데 들어감에 다 본래의 이름[481]을 잃는 것이요,

네 번째는 널리 다 같은 한 맛이요,

다섯 번째는 끝이 없는 보배를 갖추고 있는 것이요,

여섯 번째는 깊어서 그 밑을 얻어 보기 어려운 것이요,

일곱 번째는 넓고 커서 측량할 수 없는 것이요,

여덟 번째는 큰 동물(大身)[482]이 거처하는 곳이요,

아홉 번째는 조수가 시한時限을 지나지 않는 것이요,

열 번째는 큰 비를 널리 받아들이는 것이다" 하였으며,

『열반경』[483]에 말하기를 "어떤 사람이 큰 바다에 들어가 목욕한다면 이미 모든 강물을 쓰는 것이 되는 것과 같아서 이 금강삼매에[484] 칭합하여 수행한다면 한 가지 수행 안에 모든 공덕을 가히 끝없이

---

480 열 가지 덕이란 바다의 열 가지 덕이다.

481 본래의 이름이란 이 강물 저 강물, 이 산물 저 산물 등등이다.

482 큰 동물이란 용, 고래 등이다.

483 『열반경』이란 52권 고귀덕왕보살품에서 설한 십덕 가운데 제육덕이다.

484 이 금강삼매 이하는 뜻으로 인용한 것이니, 모든 강물이라 한 다음에 "보살마하살도 또한 다시 이와 같아서 이 금강삼매를 닦는다면 마땅히 알아라. 이미 모든 나머지 삼매를 닦는 것이다" 한 말을 뜻으로 인용했다는 것이다.

수행하는 것이 된다" 하였다.

一多無礙는 等虛室之千燈者는 第五에 一多相容不同門이니 由一與多가 互爲緣起하야 力用交徹일새 故得互相涉入이니 是曰相容이요 不壞其相일새 故云不同이라하니라 如一室內에 千燈並照하면 燈隨盞異하야 一一不同이나 燈隨光遍하야 光光涉入하야 常別常入이니 經에 云호대 一中解無量하며 無量中解一하야 了彼互生起하면 當成無所畏라하니라 此之燈喩도 亦喩相卽이니 直就光看하면 不見別相이요 唯一光故니라

"하나와 많은 것이 걸림이 없는 것은 빈 방에 천 개의 등불과 같다"고 한 것은 제 다섯 번째 일다상용부동문一多相容不同門이니,
하나와 더불어 많은 것이 서로 인연으로 생기하여 힘의 작용이 서로 사무침을 인유하기에 그런 까닭으로 서로서로 간섭하여 들어감을 얻나니
이것을 서로 용납한다 말하는 것이요,
그 모습을 무너뜨리지 않기에 그런 까닭으로 같지 않다 말하는 것이다.
마치 한 집 안에 일천 개의 등불을 함께 비추면 등은 등잔의 다름을 따라 낱낱이 같지 않지만, 등불은 빛을 따라 두루하여 빛과 빛이 서로 간섭하여 들어가 항상 다르지만 항상 들어가는 것과 같나니,
광명각품[485] 경문에 말하기를
"하나 가운데 한량없는 것을 알며

한량없는 가운데 하나를 알아,
저것[486]이 서로 생기하는 줄 알면
마땅히 두려울 바 없는 부처를 이룰 것이다" 하였다.
이 등불의 비유도 또한 서로 즉함(相卽)에 비유한 것이니,
바로 빛에 나아가 본다면 별다른 모습을 볼 수 없고 오직 한 가지 빛만 있을 뿐인 까닭이다.

隱顯俱成은 似秋空之片月者는 第六에 祕密隱顯俱成門이니 如八九夜月이 半隱半顯하야 正顯卽隱이요 正隱卽顯이라 不同晦月의 隱時無顯하며 不同望月의 顯時無隱이니 以一攝多하면 則一顯多隱이요 以多攝一하면 則多顯一隱이라 一毛攝法界하면 則餘毛法界가 皆隱하고 餘一一毛가 互相攝入하야 隱顯亦然하니라 然其半月은 非但明與暗俱라 而明下有暗하고 暗下有明이니 如東方入正定은 爲一半明이요 西方從定起는 爲一半暗이며 而東方入處가 卽於東起는 如明下有暗이요 西方起處가 卽於西入은 如暗下有明이니 故稱祕密隱顯俱成門이니라

"숨고 나타나는 것이 함께 이루어지는 것은 가을 허공에 조각달과 같다"고 한 것은 제 여섯 번째 비밀은현구성문祕密隱顯俱成門이니, 마치 팔일과 구일의 밤에 달이 반은 나타나고 반은 숨는 것과 같아서

485 원문에 경운經云은 광명각품 게송이다.

486 저것이란 하나와 한량없는 것을 말한다.

바로 나타난 것이 곧 숨은 것이요,
바로 숨은 것이 곧 나타난 것이다.
그믐달이 숨었을 때에 나타남이 없는 것과는 같지 않으며,
보름달이 나타났을 때 숨음이 없는 것과는 같지 않나니,
하나로써 많은 것을 섭수한다면 곧 하나가 나타남에 많은 것은 숨고,
많은 것으로써 하나를 섭수한다면 곧 많은 것이 나타남에 하나는 숨는 것이다.
한 털끝이 법계를 섭수한다면 곧 나머지 털끝의 법계가 다 숨고,
나머지 낱낱 털끝이 서로서로 섭수하여 들어가 숨고 나타나는 것도 또한 그러한 것이다.
그러나 그 반달은 다만 밝음이 어둠으로 더불어 함께 할 뿐만 아니라 밝은 아래 어둠이 있고, 어둔 아래 밝음이 있나니,
마치 동방에서 바른 삼매에 들어간[487] 것은 하나의 반이 밝은 것이 되고,
서방에서 삼매로 좇아 일어난 것은 하나의 반이 어둠이 되는 것이며,
동방에서 삼매에 들어간 곳이[488] 동방에서 일어남에 즉한 것은 밝은 아래 어둠이 있는 것과 같고,

---

487 원문의 입정入定은 밝음에 비유하고, 출정出定은 어둠에 비유한 것이다. 일반명一半明은 밝은 반달이니 밝은 아래 어둠이 있는 것(明下有暗)이고, 일반암一半暗은 어두운 반달이니 어두운 아래 밝음이 있는 것(暗下有明)이다.
488 동방에서 삼매에 들어간 곳이 운운은 동방에서 삼매에 들어가 동방에서 일어나고, 서방에서 삼매에 일어나 서방에서 들어간다는 것이다.

서방에서 삼매에 일어난 곳이 서방에서 들어감에 즉한 것은 어둔 아래 밝음이 있는 것과 같나니,
그런 까닭으로 비밀은현구성문이라 이름하는 것이다.

重重交映은 若帝網之垂珠者는 第七에 因陀羅網境界門이니 如天帝殿에 珠網覆上호대 一明珠內에 萬像俱現하야 諸珠盡然이며 又互相現影하고 影復現影하야 重重無盡이라 故로 千光萬色이 雖重重交映이나 而歷歷區分이며 亦如兩鏡이 互照에 重重涉入하야 傳曜相寫하야 遞出無窮이니라

"중중으로 서로 비추는 것은 제석천의 그물에 내려진 구슬과 같다"고 한 것은 제 일곱 번째 인다라망경계문因陀羅網境界門이니,
제석천의 궁전에 구슬로 장엄한 그물이 그 위를 덮되 하나의 밝은 구슬 안에 만 가지 형상이 함께 나타나는 것과 같아서 모든 구슬 안에서도 다 그러하며,
또 서로서로 그림자를 나타내고 그림자가 다시 그림자를 나타내어 중중으로 끝이 없는 것이다.
그런 까닭으로 일천 가지 빛에 일만 가지 색상이 비록 중중으로 서로 비추지만 분명하게 구분되며,
또한 두 개의 거울이 서로 비춤에 중중으로 간섭하여 들어가 서로 전하여 비추고 서로 찍어 번갈아 나타내는 것이 다함이 없는 것이다.

念念圓融은 類夕夢之經世者는 第八에 十世隔法異成門이니 卽離

世間品에 菩薩이 有十種說三世하니 謂過去에 說過去하고 過去에 說現在하고 過去에 說未來하며 現在에 說過去하고 現在에 說平等하고 現在 說未來하며 未來에 說過去하고 未來에 說現在하고 未來에 說無盡하며 三世에 說一念하니 前九는 爲別이요 一念은 爲總이라 故名十世니 以三世相因은 互相攝故요 一念具十은 以顯無盡故라 一念이 卽無量劫이요 無量劫이 卽一念이니 普賢行品에 云호대 無量無數劫도 解之卽一念이요 知念亦無念이니 如是見世間이라하니라 如一夕之夢에 經於數世니 攝論에 云호대 處夢謂經年이나 覺乃須臾頃이라 故時雖無量이나 攝在一刹那라하며 離世間品에 云호대 如人睡夢中에 造作種種事하야 雖經億千歲나 一夜未終盡이라하니라 故로 莊生一夢에 身爲蝴蝶하니 注에 云호대 世有假寐而夢經百年者라하니라 然이나 事類廣矣니라

"생각생각이 원융한 것은 저녁 꿈속에 지나간 세월과 같다"고 한 것은 제 여덟 번째 십세격법이성문十世隔法異成門이니,

곧 이세간품에 보살이 열 가지로 삼세를 말하고 있나니,

말하자면 과거에 과거를 말하고, 과거에 현재를 말하고, 과거에 미래를 말하며,

현재에 과거를 말하고, 현재에 평등(현재)을 말하고. 현재에 미래를 말하며,

미래에 미래를 말하고, 미래에 현재를 말하고, 미래에 끝이 없음을 말하며,

삼세에 한 생각(一念)[489]을 말하나니,

앞의 아홉 가지는 별別이 되고,

한 생각은 총總이 되는 것이다.

그런 까닭으로 십세十世라 이름하는 것이니,

삼세가 서로 원인하는 것은 서로서로 섭수하는 까닭이요,

한 생각에 십세를 갖추고 있는 것은 끝이 없음을 나타내는 까닭이다.

한 생각이 곧 한량없는 겁이고, 한량없는 겁이 곧 한 생각이니,

보현행품[490] 게송에 말하기를

"한량없고 수없는 겁도

알고 보면 곧 한 생각이요,

한 생각인 것도 알고 보면 또한 한 생각도 없는 것이니

이와 같이 세상을 본다" 하였다.

마치 하루 저녁 꿈속에 수많은 세월을 지낸 것과 같나니,

『섭론』[491] 게송에 말하기를

"꿈속에 거처하여 수많은 해를 지냈다 말하지만

꿈을 깨면 이에 잠깐이다.

그런 까닭으로 시간이 비록 한량이 없지만

한 찰나에 섭속하여 있다" 하였으며,

이세간품[492] 게송에 말하기를

---

489 삼세의 한 생각(一念)이란 현재의 한 생각이다. 즉 과거의 무량겁을 미래와 지금에 안치하고 미래의 무량겁을 돌이켜 과거세에 안치하는 것이다.

490 보현행품은 보현행품 게송이다.

491 『섭론』은 『섭론』 게송이다.

492 이세간품은 이세간품 게송이다.

"마치 어떤 사람이 잠 꿈 가운데
가지가지 일을 지어
비록 억천 세월을 지냈다 할지라도
하룻밤도 다 끝나지 않은 것과 같다" 하였다.
그런 까닭으로 장생莊生이 하룻밤 꿈속에 몸이 나비가 되었다[493] 하니,
주注에 말하기를 "세상에 잠깐 자는 사이에 꿈속에서 백 년을 지난[494] 사람이 있다" 하였다.
그러나 이러한 일의 유형이 넓고도 많이 있다.

法門重疊은 若雲起長空者는 第九에 託事顯法生解門이니 言重疊者는 意顯一多不相礙라 故로 隨一事法하야 有多法門하니 以隨一事하야 卽是無盡法界하고 法界無盡일새 故로 事亦無盡이라 兜率天宮品에 云호대 此花卽從無生法忍之所生起等은 意明一切因이 生一果니 一果가 卽具一切因故요 非是託此하야 別有所表也니라

---

493 장생의 나비 꿈은 『장자』 제2권 제물론齊物論(현암사본 p.134)에 있다. 장자의 이름은 주周이다. 언젠가 장주莊周가 나비가 된 꿈을 꾸었다. 나비가 자유롭게 날아다니며 자기가 장주라는 것을 알지 못했다. 그러나 문득 깨고 나니 틀림없이 장주가 아닌가. 대체 장주가 나비가 된 꿈을 꾼 것인가, 나비가 장주가 된 꿈을 꾼 것일까 운운하며 이러한 변화를 만물의 변화라 한다 하였다. 여기서는 한 생각 찰나에 비유하고 있다 하겠다.

494 잠깐 잔다고 한 것은 한 생각을 비유하고, 백 년을 지냈다고 한 것은 한량없는 겁을 비유하고 있다 하겠다.

"법문을 중첩으로 한 것은 구름이 긴 허공에서 일어나는 것과 같다"고 한 것은 제 아홉 번째 탁사현법생해문託事顯法生解門이니,

중첩重疊이라고 말한 것은 그 뜻이 하나와 많은 것이 서로 걸리지 아니함을 나타낸 것이다.

그런 까닭으로 하나의 사법事法을 따라 수많은 법문이 있나니,

하나의 사법을 따라 곧 이 법계가 다함이 없고,

법계가 다함이 없기에 그런 까닭으로 사법도 또한 다함이 없는 것이다.

승도솔천궁품[495]에 말하기를 "이 꽃은 곧 무생법인을 좇아 생기한 바라" 한 등은 그 뜻이 일체 원인이 하나의 과보를 생기하는 것을 밝힌 것이니,

하나의 과보가 곧 일체의 원인을 갖추고 있는 까닭을 말한 것이고,

이것을 의지하여 따로 표하는 바가 있는 것은 아니다.

萬行紛披는 比華開錦上者는 第十에 諸藏純雜具德門이니 至相十玄中에 有此名也라 然有二意故로 賢首가 改爲廣狹自在無礙門하니 一者는 若以契理爲純하고 萬行爲雜인댄 卽是事理無礙요 非事事無礙며 設如菩薩大悲爲純인댄 盡未來際토록 唯見行悲요 餘行은 如虛空이라 若約雜門인댄 卽萬行俱修者니 此二門異하야 亦不成事事無礙니라 二者는 如一施門엔 一切萬法을 皆悉名施일새 所以名純이요

495 원문에 회향품이란 승도솔천궁품의 잘못이다. 이 내용은 회향품엔 없고 승도솔천궁품에 있는 것을 뜻으로 인용하였다. 치자권致字卷 22장을 살펴볼 것이다. 북장경엔 다만 하경下經이라고만 하였다.

而此施門엔 卽具諸度之行일새 故名爲雜이요 如是純之與雜이 不相障礙일새 故名具德이니 則事事無礙義成이니라 而復一中에 具諸度하야 諸度存이면 卽名相入門이요 若一卽諸度泯이면 復似相卽門이니 故不存之하고 改爲廣狹이라 今以至相은 但約行爲小異나 此段은 略無主件일새 故復出之하야 以成十義耳니라 言比花開錦上者는 意取五采相宣에 花色雖異나 一一之線이 皆悉通過니 通喩於純이요 異喩於雜이라 故로 常通常異가 名爲無礙니 不同繡畫의 但異不通이니라 上之十玄은 略陳大格이어니와 廣如向下義分齊中하니라

"만행의 향내를 입는 것은 꽃이 비단 위에 핀 것과 비등함을 얻었다" 한 것은 제 열 번째 제장순잡구덕문諸藏純雜具德門이니,
지상至相법사[496]의 십현문十玄中 가운데 이 이름이 있다.
그러나 두 가지 뜻이 있는 까닭으로 현수스님이 고쳐 광협자재무애문이라 하였으니,
첫 번째는 만약 진리에 계합하는 것으로써 순純을 삼고 만행으로써 잡雜을 삼는다면 곧 이것은 사실과 진리가 걸림이 없는 것이요,
사실과 사실이 걸림이 없음을 말한 것은 아니며,
설사 만약 보살이 대비로써 순을 삼는다면 미래제가 다하도록 오직 대비만 행함을 볼 뿐이고, 다른 행은 허공과 같이 볼 것이다.
만약 잡문雜門을 잡아 말한다면 곧 만행을 함께 닦는 것이니,
이 두 가지 문門[497]이 달라서 또한 사실과 사실이 걸림이 없음을

---

496 지상법사란 지엄법사이니, 종남산 지상사에 있었기 때문이다.

이룰 수 없는 것이다.

두 번째는 저 하나의 보시문에는 일체 만법을 다 보시라 이름하기에 그런 까닭으로 순이라 이름하고,

이 보시문에는 곧 모든 바라밀의 행을 갖추고 있기에 그런 까닭으로 잡이라 이름하고,

이와 같이 순과 더불어 잡이 서로 장애하지 않기에 그런 까닭으로 구덕具德이라 이름하나니,

곧 사실과 사실이 걸림이 없는 뜻이 이루어지는 것이다.

그러나 다시 하나의 보시 가운데 모든 바라밀을 갖추어 모든 바라밀이 존재한다면 곧 서로 들어가는 문(相入門)이라 이름하고,

만약 하나의 보시에 곧 모든 바라밀이 없다면 다시 서로 즉하는 문(相卽門)과 같나니,

그런 까닭으로 제장순잡구덕문이라는 이름을 두지 않고 고쳐서 광협자재무애문이라 하였다.

지금 지상법사는 다만 행만을 잡아 말하였기에 조금 다를 뿐이지만, 이 단段에서는 주반원명구덕문이 생략되어 없기에 그런 까닭으로 다시 제장순잡구덕문을 설출하여 열 가지 뜻을 이루는 것이다.

꽃이 비단 위에 핀 것과 비등하다고 말한 것은 그 뜻이 다섯 가지 색채[498]가 서로 펼쳐짐에 꽃의 색상이 비록 다르지만 낱낱의 실이

---

497 두 가지 문이란 순문純門과 잡문雜門이다. 순문은 이理이고 잡문은 사事이다. 순문은 비단이고 잡문은 비단 위의 꽃이다.

498 다섯 가지 색채란 청·황·적·백·흑이다. 서로 펼쳐졌다는 상선相宣은 북장경엔 지선之線이라고 되어 있다. 즉 오채지선五采之線으로 되어 있다는 말이다.

다 비단을 통과함을 취한 것이니,
비단을 통과한다고 한 것은 순문純門에 비유한 것이요,
꽃의 색상이 다르다고 한 것은 잡문雜門에 비유한 것이다.
그런 까닭으로 항상 통과하고 항상 다른 것이 이름이 걸림이 없는 것이 되는 것이니,
수놓은 그림이 다만 다르기만 하고 통과하지 않는 것과는 같지 않는 것이다.
위에 십현문은 큰 가닥을 간략하게 진술하였거니와 널리 말한 것은 아래 의리분제 가운데 말한 것과 같다.

채采 자는 채彩 자와 통한다.

疏

若夫高不可仰은 則積行菩薩도 曝腮鱗於龍門이요 深不可闚는 則上德聲聞도 杜視聽於嘉會로다

만약 대저 높아서 가히 우러러 볼 수 없는 것은 곧 적행보살[499]도 비늘을 용문에서 햇볕에 쪼이는 것과 같고,
깊어서 가히 엿볼 수 없는 것은 곧 상덕성문[500]도 보고 듣는 것을 가회嘉會[501]에서 막힌 것과 같다.

鈔

若夫高不可仰은 則積行菩薩도 曝鰓鱗於龍門下는 第七에 成益頓超니 文有十義라 初有二義는 總顯高深이니 明權小莫測이요 後八은 正明成益이니 徧益頓圓이라 又前二高深은 反顯成益이요 明權小莫測은 由昔無因이니 反勸衆生하야 令信仰故요 後八은 順顯成益이니 謂能頓能圓하야 令必受故라 今初中에 一은 明高遠이니 若泰華倚天하며 岷峨拂漢하야 難仰其頂이니 故로 論語에 云호대 仰之彌高하고 鑽之彌堅이라하니라 積行菩薩者는 出現品에 云호대 設有菩薩이 於

499 적행보살이란 대승의 방편보살이니, 십지보살이다.

500 상덕성문이란 사리불 등 오백 성문이다. 이들이 화엄의 아름다운 회상에 있었지만 귀머거리 같고 봉사 같았다. 즉 여롱약맹如聾若盲의 형국이었다. 그런 까닭으로 가히 엿볼 수 없었다는 것이다.

501 가회란 화엄회상이다.

無量百千億那由他劫에 修行六波羅蜜하며 修習種種菩提分法이라도 若未聞此如來의 不思議大威德法門하며 或時聞已에 不信不解하며 不順不入하면 不得名爲眞實菩薩이니 以不能生如來家故니라 若得聞此如來의 無量不思議無障無礙智慧法門하며 聞已信解하며 隨順悟入하면 當知此人은 生如來家等이라하니 如魚登龍門하야 若得登者는 卽化爲龍이니 如入華嚴之機也요 若登不過者는 曝鰓鱗於龍門之下하나니 如彼假名菩薩이 卽權教次第修者니라

"만약 대저 높아서 가히 우러러볼 수 없는 것은 곧 적행보살도 비늘을 용문에서 쪼이는 것과 같다"고 한 아래는 제 일곱 번째 이익을 이루어 문득 뛰어 들어가는 것이니,

소문에 열 가지 뜻이 있다.

처음에 두 가지 뜻이 있는 것은 높고 깊은 것을 한꺼번에 나타낸 것이니,

권보살[502]과 소승이 측량할 수 없음을 밝힌 것이요,

뒤의 여덟 가지 뜻[503]은 이익을 이루는 것을 바로 밝힌 것이니,

두루 이익하여 문득 원만함을 나타낸 것이다.

또 앞에 두 가지 높고 깊은 것이라고 한 것은 이익을 이루는 것을 반대로 나타낸 것이요,

권보살과 소승이 측량할 수 없음을 밝힌 것이라고 한 것은 옛날에

502 권보살은 방편으로 화현한 대승십지보살이다.

503 뒤에 여덟 가지 뜻은 p.95, 6행을 보라.

원인이 없음을 인유한 것이니,
반대로 중생에게 권하여 하여금 신앙케 하는 까닭이요,
뒤의 여덟 가지는 순리대로 이익을 이루는 것을 나타낸 것이니,
말하자면 능히 문득 이루고 능히 원만히 이루어 하여금 반드시 이익을 받게 하는 까닭이다.
지금은 처음으로, 그 가운데 첫 번째는 높고 먼 것을 밝힌 것이니,
마치 태산泰山과 화산華山이 하늘을 의지하는 것과 같으며,
민산岷山과 아산峨山[504]이 은하수를 떨치는 것과 같아서 그 정상을 우러러보기가 어려운 것이니,
그런 까닭으로 『논어』에[505] 말하기를 "우러러보고자 하면 더욱 높고 뚫고자 하면 더욱 견고한 것이다" 하였다.

---

504 태산은 오대산(五嶽) 가운데 동쪽(동대)에 있는 산이니, 산동성 봉안현에 있다.
화산은 오대산 가운데 남쪽(남대)에 있는 산이니, 섬서성 화음현에 있다.
민산은 북쪽에 있는 산이니, 사천성 송변현에 있다.
아산은 아미산으로 남쪽에 있는 산이니, 사천성 아미현에 있다.

505 『논어』 운운은 『논어』 제9권 자한子罕편이니, 안연이 탄식하고 찬탄하여 말하기를, 우러러보고자 하면 더욱 높고, 뚫고자 하면 더욱 견고하며, 바라보면 앞에 있으되 홀연히 뒤에 있다 하였다. 『논어집주』에 말하기를, 우러러보고자 함에 더욱 높다는 것은 가히 미칠 수 없다는 것이고, 뚫고자 하면 더욱 견고하다고 한 것은 가히 들어갈 수 없다는 것이고, 앞에 있으되 뒤에 있다고 한 것은 황홀하여 가히 형상할 수 없다는 것이니, 이것은 안연이 공자의 도가 궁구하여 다할 수 없고 방처와 자체가 없는 줄 깊이 알아 찬탄한 것이다. 이상은 공자가 상주나 봉사나 귀머거리나 모두 똑같이 상대함을 보고 공자의 도는 위대하다 말하는 것이다.

적행보살이라고 한 것은 여래출현품[506]에 말하기를 "설사 어떤 보살이 한량없는 백천억 나유타겁에 육바라밀을 수행하며,
가지가지 보리분법을 닦아 익힐지라도 만약 대저 이 여래의 사의할 수 없는 큰 위덕의 법문을 듣지 못하며,
혹시 들은 이후에 믿지 않고 알지 못하며,
따르지 않고 들어가지 못한다면 진실한 보살이라 이름함을 얻을 수 없나니,
무슨 까닭인가.[507] 능히 여래의 집에 태어나지 못하는 까닭이다.
만약 이 여래의 한량도 없고 가히 사의할 수도 없고 장애도 없는 지혜의 법문을 얻어 들으며,
들은 이후에 믿고 알며 따르고 깨달아 들어간다면, 마땅히 이 사람은 여래의 집에 태어나는 줄 알아야 할 것이다" 한 등이라 하였으니,
마치 고기가 용문龍門에 오르는[508] 것과 같아서 만약 용문에 오름을 얻은 고기는 곧 변화하여 용이 되나니

---

506 여래출현품은 해자권海字卷 38장에 있다.

507 이 말은 초문엔 없다.

508 마치 물고기가 용문에 오르는 것과 같다고 한 등은, 『상서尙書』의 주석에 말하기를, "용문산龍門山은 하동군河東郡에 있다. 산 높이는 오천인五千仞이고 물이 아래로 흐르는데 봄이면 잉어들이 올라와 용문龍門을 지나간다. 그러나 힘이 있는 잉어는 용문을 통과하여 불을 내어 지느러미를 태우고 비늘을 벗고 천둥 번개에 구름을 일으켜 비를 내리고 용으로 변하다. 용문을 통과하지 못한 잉어는 이마에 붉은 점이 있고 용문 아래서 아가미(비늘)를 햇볕에 쪼이고 있다" 하였다. 『상서尙書』는 『서경』의 별칭, 혹 『서경』의 옛날 이름이라고도 한다.

화엄의 세계에 들어가는 근기와 같고, 만약 용문에 올랐지만 통과하지 못한 고기는 비늘을 용문의 아래에서 햇볕에 쪼이는 것과 같나니, 저 가명보살假名菩薩[509]이 곧 방편의 가르침을 차례로 닦는 사람과 같은 것이다.

深不可窺는 則上德聲聞도 杜視聽於嘉會者는 第二彰深妙者니 卽法界品初에 舍利弗等五百聲聞이니라 彼歎德云호대 悉覺眞諦하며 皆證實際하며 深入法性하며 永出有海하며 依佛功德하며 離結使縛하며 住無礙處하며 其心寂靜이 猶如虛空하며 於諸佛所에 永斷疑惑하며 於佛智海에 深信趣入이라하니 釋曰卽上德也라

"깊어서 가히 엿볼 수 없는 것은 곧 상덕성문도 보고 듣는 것을 가회에서 막혔다"고 한 것은 제 두 번째 깊고 묘함[510]을 밝힌 것이니, 곧 입법계품 초두[511]에 말한 사리불 등 오백성문이다.
저 입법계품에서 저들의 공덕을 찬탄하여 말하기를 "모두 다 진제를 깨달았으며,
다 실제를 증득하였으며,
깊이 법성에 들어갔으며,

509 가명보살은 명자보살이라고도 하나니 십신보살을 말한다. 그러나 여기서는 차라리 대승의 방편의 가명보살로서 십지보살이라 할 것이다.

510 원문에 묘자妙者라 한 자者는 없는 것이 좋다. 앞에서도 일一은 명고원明高遠이라 하여 자者 자가 없다. 혹본엔 야也 자로 되어 있기도 하다.

511 입법계품 초두란 육십권 초에 있다. 고본으로는 잠자권潛字卷 초에 있다.

영원히 삼유의 바다를 벗어났으며,
부처님의 공덕을 의지하며,
오결과 십사의 번뇌를 떠났으며,
걸림이 없는 처소에 머물며,
그 마음이 고요한 것이 비유하자면 허공과 같으며,
모든 부처님의 처소에서 의혹을 영원히 끊었으며,
부처님의 지혜바다에 깊이 믿어 취향하여 들어갔다" 하였으니, 해석하여 말하면 곧 상덕성문을 말하는 것이다.

在逝多林如來嘉會호대 而不見聞을 名杜視聽이니 杜는 猶塞也라 在目曰視요 在耳曰聽이니 雖在會下나 如聾如盲일새 故云杜視聽也라하니라 故로 經에 云호대 爾時에 上首諸大聲聞인 舍利弗과 大目犍連과 摩訶迦葉과 離波多와 須菩提와 阿㝹樓馱와 難陀와 劫賓那와 迦旃延과 富樓那等의 諸大聲聞이 在逝多林호대 皆悉不見如來神力과 如來嚴好와 如來境界와 如來遊戲와 如來神變과 如來尊勝과 如來妙行과 如來威德과 如來住持와 如來淨刹하며 亦復不見不可思議菩薩境界와 菩薩大會와 菩薩普入과 菩薩普至와 菩薩普詣와 菩薩神變과 菩薩遊戲와 菩薩眷屬과 菩薩方所와 菩薩莊嚴師子之座와 菩薩宮殿과 菩薩住處와 菩薩所入三昧自在와 菩薩觀察과 菩薩頻申과 菩薩勇猛과 菩薩供養과 菩薩受記와 菩薩成熟과 菩薩勇健과 菩薩法身清淨과 菩薩智身圓滿과 菩薩願身示現과 菩薩色身成就와 菩薩諸相具足清淨과 菩薩常光衆色莊嚴과 菩薩放大光明寶網과 菩薩起變化雲과 菩薩身遍十方과 菩薩諸行圓滿이라 如是等事를

悉皆不見하나니 何以故오 善根不同故며 本不修集見佛自在善根故며 本不讚說十方世界一切佛刹의 清淨功德故며 本不稱歎諸佛世尊의 種種神變故며 本不於生死流轉之中에 發阿耨多羅三藐三菩提心故며 本不令他로 住菩提心故며 本不能令如來種性으로 不斷絶故等이라하니라 上來에 先列人은 卽是上德聲聞이요 次明不見等은 卽杜視聽也요 何以故下는 釋不見因이니 劣者不見은 猶未爲深이어니와 上德不知는 方知玄妙로다

서다림逝多林[512]의 여래의 아름다운 회상(嘉會)[513]에 있었지만 보지도 못하고 듣지도 못한 것을 보고 듣는 것이 막혔다고 이름한 것이니 두杜는 막힐 색塞 자와 같은 뜻이다.
눈에 있는 것을 본다(視) 말하고,
귀에 있는 것을 듣는다(聽) 말하는 것이니,
비록 여래의 아름다운 회하에 있었지만 귀머거리와 같고 봉사와 같았기에 그런 까닭으로 보고 듣는 것이 막혔다 말한 것이다.

---

512 서다림은 실라벌성이다.

513 가회嘉會란, 『주역』의 건괘乾卦에 말하기를 "문언文言에 원元이라는 것은 선善의 기름이고, 형亨이라고 한 것은 가嘉의 모임(會)이고, 이利라고 한 것은 의義의 조화이고, 정貞이라고 한 것은 일(事)의 근간이다. 군자가 인仁을 체달하는 것은 사람을 기름으로써 하고, 아름다운 모임(嘉會)은 예禮에 합함으로써 하고, 사물을 이롭게 하는 것은 의義를 조화함으로써 하고, 견고한 도를 바르게 하는 것은 일을 근간함으로써 하나니 군자가 이 네 가지 하늘의 덕을 행하기에 그런 까닭으로 하늘은 원·형·이·정이라 한다" 하였다.(『주역』, 홍신문화사, p.39)

그런 까닭으로 입법계품 초두에 말하기를 "그때에 상수제자 모든 큰 성문인 사리불과 대목건련과 마하가섭과 이바다와 수보리와 아누루타와 난타와 겁빈나[514]와 가전연과 부루나 등의 모든 큰 성문이 서다림에 있지만, 모두 다 여래의 위신력과 여래의 상호 장엄과 여래의 경계와 여래의 유희와 여래의 신통변화와 여래의 존귀하고 수승함과 여래의 묘한 행과 여래의 위덕과 여래의 머물러 섭지함과 여래의 청정한 국토를 보지 못하며,

또한 다시 가히 사의할 수 없는 보살의 경계와 보살의 큰 집회와 보살의 널리 들어감과 보살의 널리 이르름과 보살의 널리 나아감과 보살의 신통변화와 보살의 유희와 보살의 권속과 보살의 처소와 보살의 장엄한 사자의 자리와 보살의 궁전과 보살의 머무는 곳과 보살의 들어간 바 삼매가 자재함과 보살의 관찰과 보살의 빈신頻申과 보살의 용맹과 보살의 공양과 보살의 수기와 보살의 성숙과 보살의 용건勇健과 보살의 법신이 청정함과 보살의 지신智身이 원만함과 보살의 원신願身을 시현함과 보살의 색신을 성취함과 보살의 모든 모습이 구족되어 청정함과 보살의 항상 광명을 놓아 수많은 색상으로 장엄함과 보살의 큰 광명을 놓은 보배 그물과 보살의 일으키는 변화의 구름과 보살의 몸이 두루한 시방과 보살의 모든 행이 원만함을 보지 못하는 것이다.

이와 같은 등의 일을 다 보지 못하나니

무슨 까닭인가.

---

514 겁빈나는 사리불의 외삼촌이다.

선근이 같지 않는 까닭이며,
본래 부처님의 자재함을 보는 선근을 닦아 모으지 아니한 까닭이며,
본래 시방세계에 일체 부처님 국토의 청정한 공덕을 찬탄하여 설하지 아니한 까닭이며,
본래 모든 부처님 세존의 가지가지 신통변화를 칭찬하지 아니한 까닭이며,
본래 생사의 유전하는 가운데 아뇩다라삼약삼보리의 마음을 일으키지 아니한 까닭이며,
본래 다른 사람으로 하여금 보리의 마음에 머물게 하지 아니한 까닭이며,
본래 능히 여래의 종성으로 하여금 끊어지지 않게 하지 아니한 까닭이라 한 등이다" 하였다.
상래[515]에 먼저 열거한 사람은 곧 이 상덕성문이요,
다음에 보지 못한 등을 밝힌 것은 곧 보고 듣는 것이 막힌 것이요,
무슨 까닭인가 한 아래는 보지 못하는 원인을 해석한 것이니,
하열한 사람이 보지 못하는 것은 오히려 깊다 할 수 없거니와 상덕이 알지 못하는 것은 바야흐로 현묘한 줄 알아야 할 것이다.

---

515 상래란 p.93, 4행이다.

疏

見聞爲種하야 八難에 超十地之階하고 解行在躬하야 一生에 圓曠劫之果하며 師子奮迅에 衆海가 頓證於林中하고 象王迴旋에 六千이 道成於言下하며 啓明東廟에 智滿이 不異於初心하고 寄位南求에 因圓이 不逾於毛孔하며 剖微塵之經卷에 則念念果成하고 盡衆生之願門에 則塵塵行滿이로다

보고 들은 것이 종자가 되어 팔난처에서도 십지의 단계를 초월하고, 지해와 행이 몸에 있어 일생에서도 광겁의 과보를 원만케 하며[516], 사자가 분신奮迅함에 수많은 대중(衆海)[517]이 서다림 가운데서 한꺼번에 도를 증득하고,
상왕[518]이 고개를 돌림에 육천 비구가 언하에 도를 성취하며,
선재가 복성의[519] 동쪽 대탑묘처에서 지혜를 열어 밝힘에 지혜가 원만한 것이 처음 발심할 때와 다르지 않고,
지위[520]를 의지하여 남쪽으로 구법하여 감에 원인이 원만[521]한 것이

516 일생에서도 광겁의 과보를 원만케 했다고 한 것은 화엄의 선재동자와 p.98에 나오는 대위광태자 같은 사람이다.

517 원문에 중해돈증衆海頓證은 p.176에 보면 보살돈증菩薩頓證 운운이라 했다. 그래서 중해는 보살이라 하겠다.

518 상왕象王이란 여기서는 문수보살이다. 초문에 그 연유가 있다.

519 선재가 복성 이하는 선재가 복성동 대탑묘처에서 문수보살을 처음 만나고 발심하여 남쪽으로 53선지식을 향하여 구법행각을 펼치는 모습을 현시하고 있다.

보현의 털구멍을 넘지 않으며,
미진 속에 경전[522]을 쪼개어 냄에 곧 생각생각마다 과보[523]를 이루고,
중생의 서원을 다함에 곧 미진미진마다 행을 원만케 하는 것이다.

鈔

見聞爲種하야 八難에 超十地之階下는 文有八段하니 正顯成益圓遍之相이라 此第一段은 明見聞益이며 亦名爲種益이니 卽隨好品에 地獄天子의 三重頓圓이라 及初地에 云호대 雖住海水劫火中이나 堪受此法必得聞이어니와 其有生疑不信者면 永不得聞如是義라하니 不信不聞은 翻顯信聞에 則成利益이라

"보고 들은 것이 종자가 되어 팔난처에서도 십지의 단계를 초월하였다"고 한 아래는 소문에 여덟 단이 있나니,
이익을 이루어 원만하게 두루한 모습을 바로 나타낸 것이다.
이 제일단은 보고 들은 이익을 밝힌 것이며,
또한 종자가 되는 이익이라고도 이름하는 것이니,
곧 여래수호품에 지옥천자가 삼중三重에 한꺼번에 원만케 한[524] 것

520 지위는 육위六位이다.

521 원인이 원만한 것은 선재이고, 털구멍은 보현의 털구멍이다.

522 미진 속에 경전은 마음의 경전이다.

523 과보는 불과佛果이다.

524 지옥천자가 삼중돈원三重頓圓이란, 一은 모든 천자가 법고에서 나오는 설법의 소리를 듣고 십지를 얻은 것이고, 二는 이 천자가 털구멍에 꽃으로 장식한

이다.

그리고 초지 게송에[525] 말하기를

"비록 해수海水와 겁화劫火 가운데 머물지만,

이 법을 감당하여 받는다면 반드시 들음을 얻거니와,

그것에 의심을 내어 믿지 않는 사람이 있다면

영원히 이와 같은 뜻을 들음을 얻을 수 없다" 하였으니,

믿지 않는다면 들을 수 없다고 한 것은 믿고 들으면 곧 이익을 이룬다는 것을 반대로 나타낸 것이다.

海水는 是龍이니 畜生趣攝이요 劫火는 是天이니 火災가 及初禪에

일산 구름이 나옴에 보는 사람이 다 전왕위를 얻었으니 곧 이는 십지이고, 三은 전륜왕이 광명을 놓음에 그 광명을 만나는 사람이 다시 다 십지를 얻었으니, 이 삼위三位가 다 같이 동시에 한꺼번에 이루어진 것이다. 지옥천자라고 한 것은, 지옥에서 광명을 받아 도솔천에 태어난 까닭으로 지옥천자라 한 것이다. 바로 아래 p.96, 8행을 참고하여 살펴보라.

525 초지 운운은 불설십지경의 시라달마尸羅達磨 역에도 나온다. 비록 해수와 겁화 가운데 머물지만 의심이 없다면 이 법문을 감당하여 들을 것이어니와, 그것에 의심이 있어 믿지 않는 사람이 있다면 영원히 다시 이와 같은 뜻을 들을 수 없다 하였다. 원문은 첫 구절은 같고, 제이구는 무의감문차법문無疑堪聞此法門, 제삼구는 기유의혹불신자其有疑惑不信者, 제사구는 영부불문여시의永復不聞如是義라 하니 글자는 조금 다르지만 뜻은 같다 하겠다. 이 게송은 초지의 광명운대光明雲臺 가운데서 설출된 다섯 게송 가운데 제 네 번째 게송이다. 이 다섯 게송이 끝나자 금강장보살이 대중에게 여래대선도如來大仙道는 미묘난가지微妙難可知 운운의 게송을 설한다. 교림출판사, 화엄 3책, p.20, 1행에 있다.

生在二禪의 光音等天과 長壽天難이라도 於此得聞이라 兼上地獄天子하면 已有三難이라 佛會神鬼도 亦聞하니 三塗足矣요 火災之時엔 兼佛前佛後며 人天道異에 已兼辨聽하고 亦不揀北州며 聾者目視하고 盲者耳聞하니 八難이 具矣로 皆容聞經爲種之義니라 超十地之階는 正在地獄天子니 擧重攝輕이라 阿鼻地獄도 尙得頓圓이어든 忝在人流하야豈不留聽가

해수海水라고 한 것은 이 용이니
축생취에 섭속하는 것이요,
겁화[526]라고 한 것은 이 하늘이니
화재가 초선천에 미침에 제이선천의 광음천 등[527] 하늘과 장수천[528]난처에 태어나 있을지라도 이곳에서 들을 수 있는 것이다.
위의 지옥천자를 겸하면 이미 삼난三難이 있다 할 것이다.
부처님의 회상에 귀신[529]도 또한 듣나니 삼도가 구족되었고,
수재가 닥쳐올 때는 불전불후난처도 겸하며,
인천의 도가 다름에 이미 세지변총난처도 겸하였고,

---

526 겁화란, 화재는 초선천까지 미치고, 수재는 이선천까지 미치고, 풍재는 삼선천까지 미치고, 사선천은 아란의 세계라서 삼재가 미치지 못한다. 혹은 진심은 화재이고, 희비심喜悲心은 수재이고, 동심動心은 풍재라 한다.

527 광음천 등이란 소광천·무량천을 등취한다. 『지도론』엔 이선천을 모두 광음천이라 한다.

528 장수천은 제사선천이다.

529 귀신이란, 아수라는 하늘·귀신·축생에 통하지만, 바다 가운데 있는 것이 귀신(鬼趣)에 속하는 것이다.

또한 북구로주난처도 가리지 않으며,
귀가 먹은 사람은 눈으로 보고, 눈이 먼 사람은 귀로 듣나니,
팔난처가 구족된 것으로 모두 다 경을 보고 듣는 것이 종자가 된다는 뜻을 용납하는 것이다.
"십지의 단계를 초월한다"고 한 것은 바로 지옥천자에 그 뜻이 있나니,
무거운 것을 들어 가벼운 것을 섭수[530]하는 것이다.
아비지옥에서도 오히려 한꺼번에 원만함을 얻거든, 하물며 인류人流에 있으면서 어찌 듣지 못하겠는가.

故로 隨好光明功德品에 佛이 告寶手菩薩言하사대 佛子야 菩薩足下에 有千輻輪相하니 名光明普照王이요 此有隨好하니 名圓滿王이라 常放四十種光明호대 中有一光하니 名清淨功德이라 能照億那由他佛刹微塵數世界하야 隨諸衆生의 種種業行과 種種欲樂하야 皆令成熟하나니 阿鼻地獄極苦衆生이라도 遇斯光者는 皆悉命終에 生兜率天하고 旣生天已에 天鼓發聲하야 廣爲說法이라하며 乃至云호대 爾時諸天子가 聞說普賢廣大迴向하고 得十地故며 獲諸力莊嚴三昧故며 以衆生數等清淨三業으로 悔除一切諸重障故로 卽見百千億那由他佛刹微塵數七寶蓮華의 一一花上에 皆有菩薩이 結跏趺坐하야 放大光明等이라하며 乃至以華로 散菩薩上이라하며 又云호대 其諸

530 무거운 것을 들어 가벼운 것을 섭수한다고 한 것은, 무거운 것은 삼악도 가운데 가장 무거운 지옥의 천자이고, 가벼운 것은 아귀·축생을 말한다.

香雲이 普雨無量佛刹微塵數世界어든 若有衆生이라도 身蒙香者는 其身安樂이라하며 乃至云호대 滅八萬四千諸煩惱라하며 結云호대 如是知已에 成就香幢雲自在光明인 淸淨善根이라하니 釋曰此卽一重에 得十地라 次云호대 若有衆生이라도 見其蓋者는 種淸淨金網轉輪王의 一恒河沙善根이라하니 釋曰此卽第二重에 得十地也라 後文에 云호대 是菩薩摩訶薩이 住淸淨金網轉輪王位하야 放摩尼髻淸淨光明이어든 若有衆生이 遇斯光者는 皆得菩薩第十地位하야 成就無量智慧光明하며 得十種淸淨眼과 乃至十種淸淨意하야 具足無量甚深三昧라하니 釋曰此卽第三重에 得十地也라

그런 까닭으로 여래수호광명공덕품에 부처님이 보수보살[531]에게 고하여 말하기를 "불자야, 보살의 발아래[532] 일천 개의 복륜상이 있나니
광명이 널리 비추는 왕(光明普照王)이라 이름하고,
여기에 수호광명(隨好)이 있나니
원만한 왕(圓滿王)이라 이름하는 것이다.
항상 사십 가지 광명을 놓는데 그 가운데 한 광명이 있나니,
청정한 공덕(淸淨功德)이라 이름하는 것이다.
능히 일억나유타 부처님 국토의 작은 티끌 수만치 많은 세계를

531 보수보살은 부처님 당시 보살이다.

532 보살의 발아래 보살은 과거 비로자나보살이니, 이 수호품 가운데 비로자나불이 왕석에 보살이 되었을 때에 좋아하는 바를 따라 광명을 놓아 교화하는 일을 밝힌 까닭으로 이 품의 이름을 수호광명공덕품이라 말한 것이다.

비추어 모든 중생의 가지가지 업행과 가지가지 욕망과 좋아함을 따라 다 하여금 성숙케 하나니,
아비지옥에서 지극한 고통을 받는 중생이라도 이 광명을 만나는 사람은 모두 다 목숨이 마침에 도솔천에 태어나고, 이미 도솔천에 태어난 이후에 하늘의 북이 소리를 일으켜[533] 널리 법을 설한다" 하였으며,
내지 말하기를 "그때에 모든 천자가 보현보살의 광대한 회향을 말하는 것을 듣고 십지를 얻은 까닭이며,
모든 힘으로 장엄한 삼매를 얻은 까닭이며,
중생의 숫자와 같은 청정한 삼업으로써 일체 모든 무거운 업장을 참회하여 제멸한 까닭으로 곧 백천억나유타 국토의 작은 티끌 수만치 많은 칠보로 된 연꽃의 낱낱 꽃 위에 다 보살이 결가부좌하고 큰 광명을 놓고 있는 등을 본다" 하였으며,
내지 "꽃으로써 보살 위에 흩는다" 하였으며,
또 말하기를 그" 모든 향의 구름이 널리 한량없는 부처님 국토의

---

533 하늘의 북이 소리를 일으킨다고 한 것(天鼓發聲)은, 이 하늘 북은 도리천 선법당에 걸려 있어 두드리지 않아도 항상 북소리와 함께 법문이 흘러나오는데, 즉 그 법문은 일체 오욕은 다 무상한 것이 마치 물이 물거품을 모음에 그 자성이 허위인 것과 같으며, 삼유는 꿈 같고 아지랑이 같으며 또한 뜬구름 같고 물 가운데 달과 같다 하였다. 원문으로는 일체오욕실무상一切五欲悉無常이 여수취말성허위如水聚沫性虛僞하며, 제유여몽여양염諸有如夢如陽焰하며 역여부운수중월亦如浮雲水中月이라 하였으니, 이 법문은 과거 화엄에 십선근十善根이 있는 사람에게만 들린다고 하였다. 단 여기서는 도솔천이라 하였으니 도리천과 같이 그랬다는 것이다.

작은 티끌 수만치 많은 세계에 비 내리거든 만약 어떤 중생이라도 몸에 이 향의 구름을 입는 사람은 그 몸이 안락할 것이다" 하였으며, 내지 말하기를 "팔만사천 모든 번뇌를 제멸[534]할 것이다" 하였으며, 맺어 말하기를 "이와 같이 안 이후에 향당香幢의 구름 자재한 광명인 청정한 선근을 성취한다" 하였으니,

해석하여 말하면 이것은 곧 일중一重에 십지를 얻은 것이다.

다음에 말하기를 "만약 어떤 중생이라도 그 광명 속에 일산을 보는 사람은 청정한 황금 그물로 장엄한 전륜왕의 한 항하사의 선근을 심은 것이다" 하였으니,

해석하여 말하면 이것은 곧 제 이중二重에 십지를 얻은 것이다.

뒤의 문장에 말하기를 "이 보살마하살이 청정한 황금 그물로 장엄한 전륜왕 위에 머물러 마니로 장엄한 육계에서 청정한 광명을 놓거든, 만약 어떤 중생이라도 이 광명을 만나는 사람은 다 보살의 제십지의 지위를 얻어 한량없는 지혜의 광명을 성취하며,

열 가지 청정한 눈과 내지 열 가지 청정한 뜻을 얻어 한량없는 깊고도 깊은 삼매를 구족할 것이다" 하였으니,

해석하여 말하면 이것은 제삼중三重에 십지를 얻는 것이다.

解行在躬하야 一生에 圓曠劫之果者는 第二에 解行益이니 七十八經에 慈氏가 讚善財云호대 餘諸菩薩은 經於無量百千萬億那由他劫하

534 번뇌라는 말 아래 경문엔 요지여시실시허망了知如是悉是虛妄이라는 말이 있다.

야사 乃能滿足菩薩願行하며 乃能親近諸佛菩提어늘 此長者子는 於一生內에 則能淨佛刹하며 能化衆生하야 則以智慧로 深入法界하며 則能成就諸波羅蜜하며 則能增廣諸菩薩行하며 則能圓滿一切大願하며 則能超出一切魔業하며 則能承事 一切善友하며 則能淸淨諸菩薩道하며 則能具足普賢諸行이라하시며 及大威光太子도 亦是一生에 圓多劫之果하니 上二는 皆明證速이니라 又此經宗에 明三生圓滿하니 一은 見聞生이요 二는 解行生이니 卽上二句요 三은 證入生이니 卽下二句니라

"지해와 행이 몸에 있어 일생에서도 광겁의 과보를 원만케 한다"고 한 것은 제 두 번째 지해와 행의 이익을 밝힌 것이니,
칠십팔경[535]에 미륵이 선재동자를 찬탄하여 말하기를 "나머지 모든 보살은 한량없는 백천억 나유타겁을 지나야 이에 능히 보살의 행원을 만족하며,
이에 능히 모든 부처님의 보리를 친근하거늘
이 장자의 아들[536]은 일생一生 안에 능히 부처님의 국토를 청정히 하며,
능히 중생을 교화하여 곧 지혜로써 법계에 깊이 들어가며,
곧 능히 모든 바라밀을 성취하며,
곧 능히 모든 보살의 행을 증장하여 넓히며,

535 칠십팔경은 입법계품이니, 고본으로는 관자권官字卷 8장 상9행에 있다.
536 장자의 아들이란 선재동자이다. 장자는 선재의 아버지이고, 자子는 선재이다.

곧 능히 일체 큰 서원을 원만히 하며,

곧 능히 일체 마군의 업을 초월하여 벗어나며,

곧 능히 일체 선지식을 받들어 섬기며,

곧 능히 모든 보살의 도를 청정히 하며,

곧 능히 보현의 모든 행을 구족한다" 하였으며,

그리고 대위광태자[537]도 역시 일생에 다겁의 과보를 원만히 하였으니,

이상의 두 가지[538]는 다 증득함이 빠름을 밝힌 것이다.

또 이 『화엄경』의 종취에 삼생의 원만을 밝혔으니,

첫 번째는 보고 들은 것으로 태어나는 것이요,

두 번째는 지해와 행으로 태어나는 것이니

곧 위에 두 구절[539]이고,

---

537 대위광태자는 일생에 세 부처님을 지나 섬기고 죽어서 천상에 태어나 제네 번째 부처님을 친견하였다. 그러나 통칭 일생에 네 부처님을 지나 섬겼다(一生歷事四佛)고 말한다.

그 첫 번째 부처님은 일체공덕산수미승운불이고, 두 번째는 바라밀선안장엄왕불이고, 세 번째는 최승공덕해불이고, 네 번째는 보문연화안당불이다. 첫 번째 부처님을 친견하고 지난 세상의 열 가지 법해광명을 얻었고, 두 번째 부처님을 친견하고 염불삼매·다라니·대자비 등 만 가지 법문을 통달하였고, 세 번째 부처님을 친견하고 대복덕 보배광명을 얻었고, 네 번째 부처님은 죽어서 천상에 태어나 이구복덕당이라는 천왕으로서 친견하고 천왕과 천왕의 대중이 보문환희장삼매를 얻었다 하였다. 대위광태자는 과거 비로자나불이니, 내자권來字卷 하권 전편을 참고하라. 이 내용은 비로자나품, 즉 내자권에 있다.

538 두 가지란 선재동자(장자의 아들)와 대위광태자이다.

세 번째는 증득하여 들어감으로 태어나는 것이니 곧 아래 두 구절[540]이다.

師子奮迅에 衆海가 頓證於林中者는 第三에 頓證益也라 第六十經初에 云호대 爾時世尊이 知諸菩薩心之所念하사 大悲爲首하고 以大悲法으로 而爲方便하사 充遍虛空하야 入師子頻申三昧라하며 舊經엔 云호대 奮迅이라하니 奮迅之義는 就師子說이니 其義便故라 至第六十一經初하야 普賢이 開發後에 如來眉間에 放光照故로 時에 逝多林菩薩大衆이 悉見一切盡法界虛空界一切佛刹의 一一微塵中에 各有一切佛刹微塵數諸佛國土의 種種名과 種種色과 種種清淨과 種種住處와 種種形相하며 如是一切諸國土中에 皆有大菩薩이 坐於道場하사 師子座上에 成等正覺이어든 菩薩大衆이 前後圍繞하고 諸世間主가 而爲供養等이라하며 乃至云호대 是故皆得入於如來의 不可思議甚深三昧와 盡法界虛空界의 大神通力하며 或入法身하며 或入色身하며 或入往昔所成就行하며 或入圓滿諸波羅蜜하며 或入莊嚴清淨行輪하며 或入菩薩諸地하며 或入成正覺力하며 或入佛所住三昧와 無差別大神變하며 或入如來力과 無畏智하며 或入佛無礙辯才海라하니 卽頓證林中이니 廣說以十能入으로 入此所入이니라

"사자가 분신함에 수많은 대중이 서다림 가운데서 한꺼번에 도를

539 위에 두 구절이란, 원문에 견문위종見聞爲種 다음과 해행재궁解行在躬 다음이다.

540 아래 두 구절이란, 사자분신師子奮迅 다음과 상왕회선象王回旋 다음이다.

증득한다"고 한 것은 제 세 번째 한꺼번에 증득한 이익을 밝힌 것이다.
제육십경 초두[541]에 말하기를 "그때에 세존이 모든 보살의 마음에 생각하는 바를 알아 대비로 머리를 삼고 대비의 법으로 방편을 삼아 허공에 두루 충만케 하여 사자빈신삼매師子頻申三昧에 들어가셨다" 하였으며,

구경에는[542] 말하기를 "분신이라 하였으니
분신이라는 뜻은 사자에 나아가 말하는 것이니
그 뜻이 편리한 까닭이다.

제육십일경 초두[543]에 이르러 보현보살이 선재를 개발開發한 뒤에 여래가 미간에 광명을 놓아 비춘 까닭으로 이때에 서다림의 보살대중이 다 일체 모든 법계와 허공계에 일체 부처님 국토의 낱낱이 작은 티끌 가운데 각각 일체 부처님 국토에 작은 티끌 수만치 많은 국토의 가지가지 이름과 가지가지 색과 가지가지 청정과 가지가지 머무는 곳과 가지가지 형상이 있으며,

이와 같이 일체 모든 국토 가운데 다 큰 보살이 도량에 앉아 사자의 자리 위에서 등정각을 성취함이 있거든, 보살의 대중이 앞과 뒤로 둘러싸고 모든 세간의 군주[544]가 공양하는 등을 본다" 하였으며,
내지 말하기를 "이런 까닭으로 다 여래의 가히 사의할 수 없는 깊고도

---

541 육십경 초두란 입법계품 초두이다.

542 구경에는 운운은 신경인 80권 『화엄경』에는 사자빈신삼매라 하고, 60권 『화엄경』에는 사자분신삼매라 했다는 것이다.

543 육십일경 초두란 입법계품으로 우자권羽字卷 2장, 상1행에 있다.

544 세간의 군주란 임금·천왕·용왕 등이다.

깊은 삼매와 모든 법계와 허공계의 큰 신통의 힘에 들어가며,
혹 법신에 들어가며,
혹 색신에 들어가며,
혹 지난 세상에 성취한 바 행에 들어가며,
혹 원만한 모든 바라밀에 들어가며,
혹 장엄된 청정한 행륜行輪에 들어가며,
혹 보살의 모든 지위에 들어가며,
혹 정각을 성취하는 힘에 들어가며,
혹 부처님이 머문 바 삼매와 차별이 없는 큰 신통변화에 들어가며,
혹 여래의 힘과 두려움이 없는 지혜에 들어가며,
혹 부처님의 걸림이 없는 변재의 바다에 들어감을 얻는다" 하였으니,
곧 서다림 가운데서 한꺼번에 증득함을 밝힌 것이니,
열 가지 능히 들어가는 것(十能入)[545]으로써 여기 열 가지 들어갈 바(十所入)에 들어감을 널리 말한 것이다.

象王迴旋에 六千이 道成於言下는 卽第四에 超權益이니 卽六十一卷末會之初六千比丘會에 身子가 令六千比丘로 觀文殊十德하니 六千이 請往하야 欲見文殊어늘 身子令見케하니라 爾時에 文殊師利童

545 열 가지 능히 들어가는 것이란, 열 가지 능히 들어갈 바(十所入)는 위에 말한 바와 같고, 열 가지 능히 들어가는 것(十能入)은 종종해種種解와 종종도種種道와 종종문種種門과 종종입種種入과 종종취種種趣와 종종수순種種隨順과 종종지혜種種智慧와 종종조도種種助道와 종종방편種種方便과 종종삼매種種三昧라고 육십일경 초두에 말하고 있다.

子가 無量自在菩薩圍繞하사 幷其大衆으로 如象王迴하사 觀諸比丘하시니 故云象王迴旋이라하니라 言六千이 道成於言下者는 比丘興願커늘 文殊가 令發十種無疲厭心한대 時諸比丘가 聞此法已에 則得三昧하니 名無礙眼見一切佛境界니라

"상왕象王이 고개를 돌림에[546] 육천비구가 언하에 도를 성취한다"고 한 아래는 곧 제 네 번째 방편을 초월한 이익을 밝힌 것이니,
곧 육십일권 말회의[547] 초두 육천 비구회에 사리불이 육천 비구로 하여금 문수보살의 열 가지 덕을 관찰하게 하니,
육천 비구가 문수에게 가서 문수보살을 친견하고자 간청하거늘,
사리불이 하여금 가서 친견케 하였다.
그때에 문수사리동자가 한량없는 자재한 보살에게 둘러싸여 그 대중과 함께 상왕이 고개를 돌리는 것과 같이 하여 모든 비구를 관찰하였으니,
그런 까닭으로 말하기를 "상왕이 고개를 돌린다" 하였다.
"육천 비구가 언하에 도를 성취한다"고 말한 것은, 비구들이 서원을

546 상왕象王이 고개를 돌렸다고 한 등은 입법계품이니, 영인본 화엄 16책 가운데 제14책, p.412, 5행에 있다.

547 말회 등이란, 입법계품이 칠처구회 가운데 말회이다. 이 내용은 고본 우자권羽字卷 상권 37장, 상8행과 39장, 하1행에 있다. 구체적으로 말하면, 말회는 불본회에 대하여 말한 것이니 말회에 삼회가 있다. 一은 육천비구회이니 소승의 마음을 돌려 대승에 들어가는 것이고, 二는 제중인회諸衆人會이니 방편을 거두어 진실에 들어가는 것이고, 三은 선재회이니 일승의 근기가 일생에 이루는 것을 나타낸 것이다.

일으키거늘 문수보살이 하여금 열 가지 피곤함도 싫어함도 없는 마음[548]을 일으키게 한대, 그때 모든 비구가 이 열 가지 법문을 들은 이후에 곧 삼매를 얻었으니,
이름이 걸림이 없는 눈으로 일체 부처님의 경계를 보는 삼매이다.

得此三昧故로 悉見十方無量無邊한 一切世界의 諸佛如來와 及其所有道場衆會하며 亦悉見彼十方世界의 一切諸趣에 所有衆生하며 亦悉見彼十方世界의 種種差別하며 亦悉見彼一切世界의 所有微

548 열 가지 피곤함도 싫어함도 없는 마음이란 문수보살이 육천 비구에게 말한 것이다.
一은 일체 선근 쌓아 모으지만 마음에 피곤함도 싫어함도 없는 것이고, 二는 일체 부처님을 친견하고 받들어 섬기고 공양하지만 마음에 피곤함도 싫어함도 없는 것이고, 三은 일체 부처님의 법을 구하지만 마음에 피곤함도 싫어함도 없는 것이고, 四는 일체 바라밀을 행하지만 마음에 피곤함도 싫어함도 없는 것이고, 五는 일체 보살의 삼매를 성취하지만 마음에 피곤함도 싫어함도 없는 것이고, 六은 일체 삼세에 차례로 들어가지만 마음에 피곤함도 싫어함도 없는 것이고, 七은 널리 시방의 불찰을 장엄하여 청정케 하지만 마음에 피곤함도 싫어함도 없는 것이고, 八은 일체 중생을 교화하여 조복하지만 마음에 피곤함도 싫어함도 없는 것이고, 九는 일체 세계의 일체 겁 가운데 보살행을 성취하지만 마음에 피곤함도 싫어함도 없는 것이고, 十은 한 중생을 성취케 하기 위한 까닭으로 일체 불찰 미진수 바라밀을 수행하여 여래의 일체 힘을 성취하지만 마음에 피곤함도 싫어함도 없는 것이다.
만약 선남자 선여인이 깊은 믿음을 성취하여 이 열 가지 피곤함도 싫어함도 없는 마음을 성취하면 능히 일체 선근을 장양하며 일체 모든 생사의 갈래를 버리고 떠날 것이다 운운하였다.

塵하며 亦悉見彼諸世界中에 一切衆生의 所住宮殿이 以種種寶로 而爲莊嚴하며 及亦聞彼諸佛如來의 種種言音으로 演說諸法하고 文詞訓釋을 悉皆解了하며 亦能觀察彼世界中에 一切衆生의 諸根心欲하며 亦能憶念彼世界中에 一切衆生의 前後十生하며 亦能憶念彼世界中에 過去未來의 各十劫事하며 亦悉見彼諸佛如來의 十本生事와 十成正覺과 十轉法輪과 十種神通과 十種說法과 十種敎誡와 十種辯才하며 又卽成就十千菩提心과 十千三昧와 十千波羅蜜하야 悉皆淸淨하고 得大智慧圓滿光明하며 得菩薩十種神通하야 柔軟微妙하며 住菩薩心하야 堅固不動이니라

이 삼매를 얻은 까닭으로 시방의 한량없고 끝없는 일체 세계의 모든 부처님 여래와 그리고 그 세계에 있는 바 도량에 모인 대중을 모두 다 보며,
또한 시방세계의 일체 육취에 있는 바 중생을 모두 다 보며,
또한 시방세계의 가지가지 차별을 모두 다 보며,
또한 저 일체 세계에 있는 바 작은 티끌을 모두 다 보며,
또한 저 모든 세계 가운데 일체 중생의 머무는 바 궁전이 가지가지 보배로써 장엄된 것을 모두 다 보며,
그리고 또한 저 모든 부처님 여래의 가지가지 말소리로 모든 법을 연설함을 듣고, 문사文詞와 훈석訓釋을 모두 다 알며,
또한 능히 저 세계 가운데 일체 중생의 모든 근기와 마음과 욕망을 관찰하며,
또한 능히 저 세계 가운데 일체 중생의 앞과 뒤에 십생十生을 기억하여

생각하며,
또한 능히 저 세계 가운데 과거와 미래의 각각 십겁十劫의 일을 기억하여 생각하며,
또한 저 모든 부처님 여래의 열 가지 본생本生[549]의 일과 열 가지 정각[550]을 이룬 것과 열 가지 법륜을 전한 것[551]과 열 가지 신통[552]과

---

549 열 가지 본생: 이세간품이니 대만본 7권 말미에 장차 하생할 때 열 가지 일을 현시하나니, 一은 주천住天, 二는 시몰示沒, 三은 입태入胎, 四는 주태住胎, 五는 초생初生, 六은 재가在家, 七은 출가出家, 八은 성도成道, 九는 전법륜轉法輪, 十은 입열반入涅槃이다. 십지품 일권의 일권엔 일생, 이생~십생 내지 무량백천생이라 하였다.

550 열 가지 정각: 여래출현품이니, 이세간품의 열 가지 성도와 동일하다. 一은 과거에 한량없이 일체 중생을 섭수한 보리심으로 이룬 바인 까닭이고, 二는 과거에 한량없이 청정하고 수승한 뜻에 즐거움으로 이룬 바인 까닭이고, 三은 과거에 한량없이 일체 중생을 구호한 대자대비로 이룬 바인 까닭이고, 四는 행원으로 이룬 바인 까닭이고, 五는 마음에 염족함이 없음으로 이룬 바인 까닭이고, 六은 중생을 교화함으로 이룬 바인 까닭이고, 七은 지혜 방편과 청정도로 이룬 바인 까닭이고, 八은 청정공덕장으로 이룬 바이고, 九는 장엄한 도의 지혜로 이룬 바이고, 十은 동일한 법의法義로 이룬 바라 하였다. 四 이후는 간략하게 기술하였다.

551 열 가지 법륜을 전한 것: 여래출현품이니, 이세간품의 전법륜 십사十事와 같다. 편리상 이름만 열거하겠다. 一은 생기함도 없고 전함도 없이 법륜을 전하고, 二는 응당 끊을 바를 끊고 법륜을 전하고, 三은 욕망을 떠난 경계는 경계가 아니므로 법륜을 전하고, 四는 언설이 없이 법륜을 전하고, 五는 구경에 적멸하여 법륜을 전하고, 六은 문자와 언어로 법륜을 전하고, 七은 소리를 메아리같이 알아 법륜을 전하고, 八은 한 음성에 일체 음성을 내어 법륜을 전하고, 九는 남김도 없고 다함도 없이 법륜을 전하고, 十은 언어

열 가지 설법[553]과 열 가지 가르쳐 경계하는 것(教誡)[554]과 열 가지 변재[555]를 다 보며,

문자를 설하여도 다할 수 없음으로 법륜을 전하는 것이다.

552 열 가지 신통: 이세간품이니 십통품과 조금 다르다. 一은 숙명통, 二는 천이통, 三은 타심통, 四는 천안통, 五는 신족통, 六은 누진통, 七은 화신방편통, 八은 장엄일체세계통, 九는 불가설세계통, 十은 불가설세계방편지통이다.

553 열 가지 설법: 이세간품이다. 一은 일체법이 인연으로 좇아 일어난다고 설하고, 二는 다 환상과 같다고 설하고, 三은 어기어 다툼이 없다고 설하고, 四는 끝이 없다고 설하고, 五는 의지하는 바가 없다고 설하고, 六은 마치 금강과 같다고 설하고, 七은 다 여여하다고 설하고, 八은 다 고요하다고 설하고, 九는 다 벗어나 떠난다고 설하고, 十은 일체법이 다 일의一義에 머문다고 설하는 것이다. 二부터 九까지 다 일체법이란 말이 있으나 생략하였다.

554 열 가지 가르쳐 경계하는 것: 이세간품이니 계誡는 계戒와 통한다. 一은 이승을 멀리 떠나기를 경계하고, 二는 보리심 버리지 않기를 경계하고, 三은 일체 중생을 관찰하여 이익케 하기를 경계하고, 四는 중생으로 하여금 불법에 머물게 하기를 경계하고, 五는 일체 보살을 수습케 하기를 경계하고, 六은 일체법에 걸림이 없기를 경계하고, 七은 일체 선근이 보리에 회향하기를 경계하고, 八은 여래의 몸에 집착하지 않기를 경계하고, 九는 일체법에 집착이 없기를 경계하고, 十은 육근이 율의에 맞기를 경계하는 것이다.

555 열 가지 변재: 동진주 보살이 얻은 변재이니, 一은 일체법에 허망하게 취착하지 않는 변재, 二는 행하는 바가 없는 변재, 三은 집착하는 바가 없는 변재, 四는 다 공하여 없는 변재, 五는 어둠의 장애가 없는 변재, 六은 부처님이 호지하지 않는 변재, 七은 다른 사람의 깨달음을 인유하지 않는 변재, 八은 선교방편으로 설하는 변재, 九는 중생을 설하는 변재, 十은 마음으로 관찰하여 환희케 하는 변재이다. 二부터 九까지 일체법이라는 말이 있고, 十은

또 곧 십천 가지 보리심과 십천 가지 삼매와 십천 가지 바라밀을 성취하여 다 청정케 하고 큰 지혜의 원만한 광명을 얻으며,
보살의 열 가지 신통을 얻어 부드럽고 미묘하며,
보살의 마음에 머물러 견고하고 움직이지 않는 것이다.

爾時에 文殊師利菩薩이 勸諸比丘하사 住普賢行하며 住普賢行已에 入大願海하며 入大願海已에 成就大願海하며 以成就大願海故로 心淸淨하며 心淸淨故로 身淸淨하며 身淸淨故로 身輕利하며 身輕利故로 得大神通하야 無有退轉하며 得此神通故로 不離文殊師利足下하고 普於十方一切佛所에 悉現其身하야 具足成就一切佛法이라하니 釋曰此即道成也요 一三昧中에 有十通用은 皆圓益也니라

그때 문수사리보살이 모든 비구에게 권하여 보현의 행에 머물게 하며,
보현의 행에 머문 이후에 큰 서원의 바다에 들어가게 하며,
큰 서원의 바다에 들어간 이후에 큰 서원의 바다를 성취케 하며,
큰 서원의 바다를 성취한 까닭으로 마음이 청정케 하며,
마음이 청정한 까닭으로 몸이 청정케 하며,
몸이 청정한 까닭으로 몸이 가볍고 편리케 하며,
몸이 가볍고 편리한 까닭으로 큰 신통을 얻어 물러감이 없게 하며,
이 신통을 얻은 까닭으로 문수사리보살의 발아래를 떠나지 않고

일체 중생 등이라 했다.

널리 시방의 일체 부처님의 처소에 그 몸을 다 나타내어 일체 불법을 갖추어 성취케 함이라 하였으니,
해석하여 말하면 이것은 곧 도를 이룬 것이요,
한 삼매 가운데 열 가지 신통의 작용이 있는 것은 다 원만한 이익이다.

啓明東廟에 智滿이 不異於初心者는 第五에 成智益이니 啓明東廟者는 卽第六十二經에 云호대 爾時에 文殊師利菩薩이 勸諸比丘하사 發阿耨多羅三藐三菩提心已에 漸次南行하사 經歷人間하야 至福城東하사 住莊嚴幢娑羅林中에 往昔諸佛이 教化衆生한 大塔廟處하니 時에 福城人이 聞文殊師利童子가 在莊嚴幢娑羅林中에 大塔廟處하고 無量大衆이 從其城出하야 來詣其所라하니라 下別列中에 有五百優婆塞와 五百優婆夷와 五百童男과 五百童女하니 善財가 是一이라 下文殊師利가 獨觀善財하고 旣觀察已에 安慰開喩하사 而爲演說一切佛法하며 乃至說此法已에 殷勤勸喩하사 增長勢力하며 令其歡喜하야 發阿耨多羅三藐三菩提心하며 又令憶念過去善根케하니라 作是事已에 復於其處에 爲諸衆生하사 隨宜說法하고 然後而去하시니라 爾時에 善財童子가 從文殊師利所하야 聞佛如是種種功德하고 一心勤求阿耨多羅三藐三菩提하며 隨文殊師利하야 而說偈言等이라하니 卽啓明東廟也라

"선재가 복성의 동쪽 대탑묘처에서 지혜를 열어 밝힘에 지혜가 원만한 것이 처음 발심할 때와 다르지 않다"고 한 것은 제 다섯 번째 지혜를 성취한 이익을 밝힌 것이니,

선재가 복성의 동쪽 대탑묘처에서 지혜를 열어 밝혔다고 한 것은 곧 제육십이경[556]에 말하기를 "그때에 문수사리보살이 모든 비구에게 권하여 아뇩다라삼막삼보리의 마음을 일으키게 한 이후에 점차 남쪽으로 가서 인간을 지나 복성의 동쪽에 이르러 장엄 당기(莊嚴幢) 사라림[557] 가운데 지난 옛날 중생을 교화하였던 대탑묘처에 머무니, 그때 복성福城의 사람들이 문수사리동자가 장엄당기 사라림 가운데 대탑묘처에 계신다는 말을 듣고 한량없는 대중이 그 성을 쫓아 나와 그 처소에 와서 이르렀다" 하였다.

아래 따로 열거한 가운데 오백의 우바새와 오백의 우바이와 오백의 동남과 오백의 동녀가 있나니,

선재동자가 이 가운데 하나이다.

그 아래 문수사리가 오직 선재동자만 관찰하고 이미 관찰한 이후에 편안히 위로하고 깨우쳐[558] 일체 불법을 연설하며,

내지 이 법을 설한 이후에 은근히 가르치고[559] 깨우쳐 세력을 증장케 하며,

그 선재로 하여금 환희하여 아뇩다라삼막삼보리의 마음을 일으키게 하며,

또 하여금 과거의 선근을 기억하여 생각케 하였다.

---

556 육십이경은 입법계품이니 앞에 상왕이 고개를 돌린다고 한 곳에서는 육십일경을, 그 앞에서는 육십경을 인용하였다.

557 사라림은 견고한 숲이라는 뜻이다.

558 원문에 개유開諭는 다 깨우칠 개, 깨우칠 유이다.

559 원문에 권勸 자는 가르칠 권이다.

이와 같은 일을 지은 이후에 다시 그곳에서 모든 중생을 위하여 마땅함을 따라 법을 설하고, 그러한 뒤에 떠나갔다.
그때에 선재동자가 문수사리보살의 처소를 좇아 부처님의 이와 같은 가지가지 공덕을 듣고 일심으로 부지런히 아뇩다라삼먁삼보리를 구하며,
문수사리를 따라 게송을 설하여 말하였다 한 등이라 하였으니, 곧 복성의 동쪽 대탑묘처에서 지혜를 열어 밝혔다는 뜻이다.

言智滿이 不異於初心者는 卽第八十經初에 智照無二相이라 經에 云호대 是時에 文殊師利가 遙申右手하사 過一百一十由旬하야 按善財頂하시고 作如是言하사대 善哉善哉라 善男子여 若離信根인댄 心劣憂悔하야 功行不具하며 退失精勤하야 於一善根에 心生住著하며 於少功德에 便已爲足하야 不能善巧로 發起行願하며 不爲善知識之所攝護하며 不爲如來之所憶念하며 不能了知如是法性과 如是理趣와 如是法門과 如是所行과 如是境界하며 若周遍知와 若種種知와 若盡源底와 若解了와 若趣入과 若解說과 若分別과 若證知와 若獲得을 皆悉不能이라하니 釋曰了知法性은 卽是智滿이요 若離信心이면 則不能得은 反顯由信心故로 則得이니 不離初發之心인댄 則信智無二요 若約不動智爲初인댄 卽前後二智無二也니라

지혜가 원만한 것이 처음 발심할 때와 다르지 않다고 한 것은 곧 팔십경 초두에 지혜와 비춤이 둘이 없는 모습을 밝힌 것이다. 경문에 말하기를 "이때에 문수사리보살이 멀리서 오른손을 펴서

일백일십 유순을 지나 선재동자의 머리를 만지고 이와 같은 말을 하되, '착하고 착하다, 선남자여. 만약 믿음의 뿌리가 떠나고 없었다면 마음이 하열하여 근심하고 후회하여 공덕의 행을 갖추지 못하였을 것이며,

지극정성으로 부지런히 수행함에서 물러나 하나의 선근에 마음이 머물러 집착함을 내었을 것이며,

작은 공덕에 곧 만족하여 능히 선교방편으로 행과 서원을 일으키지 못하였을 것이며,

선지식에게 섭수하여 호지하는 바가 되지 못하였을 것이며,

여래에게 기억하여 생각하는 바가 되지 못하였을 것이며,

능히 이와 같은 법성과 이와 같은 이취와 이와 같은 법문과 이와 같은 소행所行과 이와 같은 경계를 알지 못하였을 것이며,

혹 두루 아는 것과, 혹 가지가지 아는 것과, 혹 근원의 속을 다 아는 것과, 혹 이해하여 아는 것과, 혹 나아가 들어가는 것과, 혹 해설하는 것과, 혹 분별하는 것과, 혹 증득하여 아는 것과 혹 획득하는 것을 다 능히 얻을 수 없었을 것이다'" 하였으니,

해석하여 말하면 법성을 안다고 한 것은 곧 이 지혜가 원만한 것이요, 만약 믿는 마음이 떠나고[560] 없었다면 곧 능히 얻을 수 없었을 것이라고 한 것은 믿는 마음을 인유한 까닭으로 곧 얻음을 반대로 나타낸 것이니,

---

560 원문에 약리신근若離信根 운운으로 시작하여 마지막에 약획득개실불능若獲得皆悉不能을 여기서는 불능득不能得이라고만 인용하였다. 또 앞에서는 신근이라 하고, 여기서는 신심이라 한 것만 다르다.

초발심을 떠나지 않는다면 곧 믿음과 지혜[561]가 둘이 없는 것이요, 만약 부동지부처님[562]을 잡아 초발심을 삼는다면 곧 앞과 뒤의 두 가지 지혜[563]가 둘이 없는 것이다.

寄位南求에 因圓이 不踰於毛孔者는 第六에 成位益이니 謂善財가 初見文殊는 寄十信位요 德雲至瞿波는 寄三賢十聖이요 摩耶已下는 兼寄等覺이요 後見普賢은 便得因圓이 不踰毛孔이라 文에 云호대 時에 善財童子가 又見自身이 在普賢身內하야 十方一切諸世界中에 教化衆生이라하며 又云호대 是善財童子가 從初發心으로 乃至得見普賢菩薩히 於其中間에 所入一切諸佛刹海는 今於普賢一毛孔中에 一念에 所入諸佛刹海가 過前不可說不可說佛刹微塵數倍니 如一毛孔하야 一一毛孔도 悉亦如是라하며 又云호대 善財童子가 於普賢菩薩毛孔刹中에 或於一刹에 經於一劫토록 如是而行하며 乃至或有經不可說不可說佛刹微塵數劫토록 如是而行호대 亦不於此刹沒하고 於彼刹見하야 念念周遍無邊刹海하야 教化衆生하고 令向阿耨多羅三藐三菩提케하니라 當是之時하야 善財童子가 則次第로 得普賢菩薩諸行願海하야 與普賢等하며 與諸佛等하야 一身이 充滿一切世界하며 刹等하며 行等하며 正覺等하며 神通等하며 法輪等하며 言詞等하며 音聲等하며 力無畏等하며 佛所住等하며 大慈悲等하며 不可思議解脫自在가 悉皆同等이라하니 釋曰此卽毛孔中因圓也

---

561 믿음이란 닦아서 나는 신심이고, 지혜란 원만한 마지막 지혜이다.

562 부동지불은 문수가 섬기는 부처이다.

563 두 가지 지혜란 근본지·후득지, 본각지·시각지이다.

니라

"지위를 의지하여 남쪽으로 구법하여 감에 원인이 원만한 것이 보현의 털구멍을 넘지 않는다"고 한 것은 제 여섯 번째 지위를 성취한 이익을 밝힌 것이니,

말하자면 선재동자가 처음 문수를 친견한 것은 십신의 지위를 의지한 것이요,

덕운비구로부터 구파녀에게 이르기까지는 삼현과 십성의 지위를 의지한 것이요,

마야부인 이하는 등각을 겸하여 의지한 것이요,

뒤에 보현보살을 친견한 것은 곧 원인이 원만한 것이 보현의 털구멍을 넘지 않음을 얻은 것이다.

경문에 말하기를[564] "그때에 선재동자가 또 자신이 보현보살의 몸 안에 있어, 시방의 일체 모든 세계 가운데 중생을 교화하는 것을 본다" 하였으며, 또 말하기를[565]

"이 선재동자가 처음 발심함으로 좇아 이에 보현보살을 친견함을 얻음에 이르기까지 그 중간에 들어간 바, 일체 모든 부처님 국토의 바다보다 지금 보현보살의 한 털구멍 가운데서 한 생각에 들어간 바, 모든 부처님 국토의 바다가 앞의 가히 말할 수 없고, 가히 말할 수 없는 부처님 국토의 작은 티끌 수보다 배로 지나가나니,

---

564 원문에 문운文云이란 입법계품으로서 제80경이다.

565 원문에 우운又云 역시 제80경이다.

보현보살의 한 털구멍과 같아서 낱낱 털구멍에도 다 또한 이와 같다" 하였으며,

또 말하기를 "선재동자가 저 보현보살의 털구멍 국토 가운데 혹 한 국토에서 한 겁을 지나도록 이와 같이 행하며,

내지 혹 어떤 때는 가히 말할 수 없고 가히 말할 수 없는 부처님 국토의 작은 티끌 수만치 많은 겁을 지나도록 이와 같이 행하되,

또한 이 국토에서 죽지 않고 저 국토에 나타나 생각생각에 끝없는 국토의 바다에 두루하여 중생을 교화하고 하여금 아뇩다라삼먁삼보리에 향하게 하였다.

이때에 당하여 선재동자가 곧 차례대로 보현보살의 모든 행과 서원의 바다를 얻어 보현보살로 더불어 같으며

모든 부처님으로 더불어 같아서, 한 몸이 일체 세계에 충만하며,

국토가 같으며,

행이 같으며,

정각이 같으며,

신통이 같으며,

법륜이 같으며,

말이 같으며,

음성이 같으며,

힘과 두려움[566]이 없는 것이 같으며,

부처님이 머무는 바가 같으며,

---

566 힘과 두려움이란 기본적으로 십력과 사무소외이다.

대자대비가 같으며,
가히 사의할 수 없는 해탈의 자재가 다 같다" 하였으니,
해석하여 말하면 이것은 곧 보현의 털구멍 가운데 원인이 원만한 것이다.

剖微塵之經卷에 則念念果成者는 第七에 顯因成果益이니 卽出現品大經潛塵喩라 偈에 云호대 如有大經卷이 量等三千界호대 在於一塵內하며 一切塵亦然커늘 有一聰慧人이 淨眼悉明見하고 破塵出經卷하야 普饒益衆生인달하야 佛智亦如是하야 遍在衆生心호대 妄想之所纏으로 不覺亦不知어늘 諸佛大慈悲로 令其除妄想코자 如是乃出現하사 饒益諸菩薩이라하며 又經에 云호대 菩薩이 應知自心에 念念常有佛成正覺이니 何以故오 諸佛如來가 不離此心코 成正覺故라하니 故로 念念相應하면 則念念成矣니라

"미진 속에 경전을 쪼개어 냄에 곧 생각생각마다 과보를 이룬다"고 한 것은 제 일곱 번째 원인이 과보를 이루는 이익을 나타낸 것이니, 곧 출현품의 대경大徑이 미진 속에 잠겨 있다는 비유이다.
출현품 게송에 말하기를
"마치 어떤 큰 경전[567]의
양이 삼천대천세계와 같지만

567 원문에 경권經卷이라 한 권卷 자는 출현품에는 없고, 대신 유有 자 밑에 일一 자를 넣어 여유일대경如有一大經이라 했다.

하나의 작은 티끌 안에도 있으며,
일체 티끌 속에도 또한 그렇게 있거늘,

어떤 한 총명한 사람이
맑은 눈으로 다 밝게 보고,
그 티끌을 깨뜨려 경전을 꺼내어
널리 중생을 요익케 하는 것과 같아서,

부처님의 지혜도 또한 이와 같이
중생의 마음에 두루하여 있지만,
망상에 얽힌 바로
깨닫지 못하고 또한 알지 못하거늘,

모든 부처님이 큰 자비로써
그 중생으로 하여금 망상을 제멸케 하려고
이와 같이 이에 출현하여
모든 보살을 요익케 한다" 하였으며,
또 출현품[568]에 말하기를 "보살이 응당 자기 마음에 생각생각마다
부처님이 정각을 이루고 있다는 것을 알아야 하나니
무슨 까닭인가.
모든 부처님 여래가 이 마음을 떠나지 않고 정각을 성취한 까닭이다"

568 원문에 우경又經이란 역시 출현품이나 장행문이다.

하였으니,
그런 까닭으로 생각생각이 상응하면 곧 생각생각마다 이루는 것이다.

盡衆生之願門에 則塵塵行滿者는 第八에 成就行願益이니 謂菩薩發心은 化盡生界니 生界若盡하면 大願方終이어니와 生界無窮일새 大願無盡이니라 十地品에 云호대 若衆生界盡하면 我願乃盡이어니와 而衆生界가 不可盡故로 我此大願善根도 無有窮盡이라하니 今衆生界가 雖無有盡이나 而等有經卷일새 故普開之하야 要令盡無盡之衆生으로 爲大願矣니라 言塵塵行滿者는 菩薩大悲는 不可盡故로 心量難思니 爲一衆生하야 於一塵中에 經無量劫토록 修行萬行호대 心不疲倦하야 塵塵皆爾하며 生生盡然하야 方顯願行이 無窮盡也니라 文殊菩薩이 讚善財云호대 汝遍一切刹하야 微塵等諸劫에 修行普賢行하야 成就菩提道라하니라

"중생의 서원을 다함에 곧 미진미진마다 행을 원만케 하는 것이다"고 한 것은 제 여덟 번째 행과 서원을 성취한 이익을 나타낸 것이니,
말하자면 보살이 발심한 것은 모든 중생의 세계를 교화하기 위한 것이니,
중생의 세계가 만약 다한다면 큰 서원도 바야흐로 끝나거니와 중생의 세계가 다함이 없기에 큰 서원도 다함이 없는 것이다.
십지품에 말하기를 "만약 중생의 세계가 다하면 나의 서원도 이에 다하거니와, 그러나 중생의 세계가 가히 다할 수 없는 까닭으로

나의 이 큰 서원의 선근도 다할 수 없다" 하였으니,
지금 중생의 세계가 비록 다함이 없지만 다 같이 경전이 있기에,
그런 까닭으로 널리 열어 반드시 다함이 없는 중생을 다하게 하는 것으로 하여금 큰 서원을 삼는 것이다.
미진미진마다 행을 원만케 한다고 말한 것은 보살의 대비는 가히 다할 수 없는 까닭으로 마음의 양[569]을 사의하기 어렵나니,
한 중생을 위하여 한 티끌 가운데 한량없는 겁을 지나도록 육도만행을 닦지만 마음은 피곤하거나 게으르지 않아서, 미진미진마다 다 그러하며 중생중생마다 다 그러하여 바야흐로 서원과 행이 다함이 없음을 나타낸 것이다.
문수사리보살[570]이 선재동자를 찬탄하여 말하기를
"그대는 일체 국토에 두루하여
작은 티끌 수와 같은 모든 겁에
보현의 행을 수행하여
보리의 도를 성취할 것이다" 하였다.

---

569 마음의 양이라고 하면 보살의 대비심 양이고, 마음으로 헤아린다고 해석하면 중생이 마음으로 그 보살의 대비심을 헤아리는 것이라 하겠다.

570 문수사리보살 운운은 입법계품 보현장의 게송이다.

疏

眞可謂常恒之妙說이며 通方之洪規며 稱性之極談이며 一乘之要軌也로다

진실로 가히 말하자면 이 경은 항상한 미묘한 말씀이며,
시방에 관통하는 넓은 법규이며,
자성에 칭합한 지극한 말씀이며,
일승의 중요한 궤칙이다.

鈔

第八에 眞可謂常恒之妙說下는 結歎宏遠이라 於中에 二니 先은 當相顯勝이라 文有四句하니 初句는 明常이니 常恒之說은 前後際而無涯故라 二에 通方之洪規者는 明遍이니 無有一國도 不說此法故라 明是通方은 不同隨宜之敎에 有說不說이라 三에 稱性之極談者는 顯深이니 一一稱理故로 一文一句라도 不可盡이라 故로 普賢이 語善財云호대我法海中엔 未有一文一句도 非是捨施無量轉輪王位하야 而求得者라하니라 四에 一乘之要軌者는 明要니 謂於一乘之中에 是別敎一乘이니 不共之旨며 圓因之門이며 成佛之妙故니라

제 여덟 번째 "진실로 가히 말하자면 이 경은 항상한 미묘한 말씀"이라고 한 아래는 넓고 먼 것을 맺어 찬탄한 것이다.
그 가운데 두 가지가 있나니,

먼저는 그 당상當相이 수승함을 나타낸 것이다.
소문에 네 구절이 있나니,
처음 구절은 항상함을 밝힌 것이니,
"항상한 미묘한 말씀"이라고 한 것은 전제와 후제에 끝이 없는 까닭이다.
두 번째 "시방에 관통하는 넓은 법규"라고 한 것은 두루함을 밝힌 것이니,
어떤 한 국토에도 이 법을 설하지 않는 곳이 없는 까닭이다.
시방에 관통한다고 한 것은 마땅함을 따르는 가르침[571]에 설하고 설하지 아니함이 있는 것과는 같지 아니함을 밝힌 것이다.
세 번째 "자성에 칭합한 지극한 말씀"이라고 한 것은 깊음을 나타낸 것이니,
낱낱이 진리에 칭합한 까닭으로 한 문장 한 구절이라도 가히 다할 수 없는 것이다.
그런 까닭으로 보현보살이[572] 선재에게 말하기를 "나의 법해法海 가운데 한 문장 한 구절도 한량없는 전륜왕위를 버리고 구하여 얻지 아니한 것이 없다" 하였다.
네 번째 "일승의 중요한 궤칙"이라고 한 것은 중요함을 밝힌 것이니,
말하자면 일승 가운데 이것은 별교別教 일승[573]이니,

---

571 마땅함을 따르는 가르침이란 삼승교이다.

572 보현보살 운운은 입법계품이니 제80권이다.

573 별교 일승은 화엄 일승이고, 통교는 제교의 삼승이고, 불공교不共教는 『화엄경』이고, 공교共教는 모든 경이다.

삼승과는 같지 않은 뜻이며,
원인을 원만하게 하는 법문이며,
부처를 이루는 묘한 궤칙인 까닭이다.

疏

尋斯玄旨하고 却覽餘經하면 其猶杲日麗天에 奪衆景之耀하고 須彌橫海에 落群峯之高니라

이 화엄의 현묘한 뜻을 찾아보고 도리어 다른 경전을 본다면, 그것은 마치 밝은 태양이 하늘에 빛남에 수많은 빛의 비춤을 빼앗아버리고, 수미산이[574] 향수해(海)에 가로질러 있음에 수많은 산봉우리의 높음이 떨어지는 것과 같다.

鈔

尋斯玄旨하고 却覽餘經下는 二에 對他顯勝이라 先法이요 後喩니 初法은 可知라 後喩之中에 文有二喩하니 初에 其猶之日麗天에 奪衆景之曜者는 卽智明映奪喩니 初昇之日을 謂之杲日이라 麗者는 著明也니 此經이 猶如杲日하야 杲日旣昇에 衆景이 奪曜니라 景은 猶明也니 卽大明流空에 繁星奪曜하고 斯經大闡에 衆典無輝니라

"이 화엄의 현묘한 뜻을 찾아보고 도리어 다른 경전을 본다"고 한

574 수미산 운운은, 수미산은 향수해에 반은 잠겨 있고 반은 나타나 있다. 바다에 가로질러 있다는 것은 바다에 떠 있다는 것이다. 수많은 산봉우리의 높음이 떨어진다는 것은, 수많은 산봉우리는 수미산에 비하면 높음이 될 수 없다는 뜻으로서 화엄의 빛살에는 그 어떤 사상·경전도 미칠 수 없다는 것이다.

아래는 두 번째 다른 경전을 상대하여 수승함을 나타낸 것이다.
먼저는 법으로 나타내고, 뒤에는 비유로 나타낸 것이니,
처음에 법으로 나타낸 것은 가히 알 수 있을 것이다.
뒤에 비유로 나타낸 가운데 소문이 두 가지 비유가 있나니,
처음에 "그것은 마치 밝은 태양이 하늘에 빛남에 수많은 빛의 비춤을 빼앗는다"고 한 것은 곧 지혜가 밝아 다른 비춤을 빼앗는 비유이니,
아침에 처음 떠오르는 해를 밝은 태양이라(杲日) 말하는 것이다.
여麗라고 한 것은 환희가 나타난다[575]는 뜻이니,
이 『화엄경』이 비유하자면 밝은 태양과 같아서 밝은 태양이 이미 떠오름에 수많은 빛이 비춤을 빼앗기는 것이다.
경景이라고 한 것은 밝음에 비유한 것이니,
태양(大明)이 허공에 유행함에 수많은 별들이 비춤을 빼앗기고,
이 『화엄경』이 크게 펼쳐짐에 수많은 경전들이 빛남이 사라지는 것이다.

後에 須彌橫海에 落群峯之高者는 即高勝難齊喻니 須彌는 即是此經이요 群峯은 即是餘教니라 設七金鐵圍를 方餘高廣이나 比妙高之出海컨댄 並落其高니 以俯望群峯에 如培塿故니라

뒤에 "수미산이 향수해에 가로질러 있음에 수많은 산봉우리의 높음이 떨어지는 것과 같다"고 한 것은 곧 높고 수승하여 같기가 어려움에

575 원문에 저명著明이란 환히 밝게 나타난다는 뜻이다.

비유한 것이니,

수미산은 곧 이 『화엄경』에 비유하고,

수많은 산봉우리는 곧 이 다른 교에 비유한 것이다.

설사 칠금산과 철위산을 다른 산에 견주어 본다면 높고도 넓지만 묘고산[576]이 향수해에서 솟아나온 것에 비교한다면 모두[577] 그 높음이 떨어지나니,

고개 숙여 수많은 산봉우리를 바라봄에 마치 작은 언덕과 같은 까닭이다.

---

576 묘고산은 수미산의 다른 이름이다.

577 모두(並)란 칠금산과 철위산이다.

疏

是以菩薩이 捜祕於龍宮하고 大賢이 闡揚於東夏하니 顧惟正法之代에도 尙匿淸輝러니 幸哉像季之時에 偶斯玄化하고 況逢聖主하야 得在靈山하야 竭思幽宗커니 豈無慶躍이리오

이런 까닭으로 용수보살이 비전의『화엄경』을 용궁에서 찾아오고,
대현大賢[578]이 중국(東夏)에 열어 드날리니,
돌아보건대 오직 정법의 시대에도 오히려 화엄의 맑은 빛이 숨었더니, 다행히 상계像季[579]의 시대에 이 화엄의 현미玄微한 교화[580]를 만났고,
하물며 성주聖主인 덕종을 만나 영산靈山[581]에 있음을 얻어 화엄의 깊은 종지까지 사고하여[582] 다하였거니,
어찌 경사하여 뛰지 않겠는가.

---

578 대현은 각현 등 화엄을 중국에 전래 번역한 스님, 화엄의 종장들을 말한다.

579 상계像季란 두 가지 뜻이 있다. 一은 상법像法과 계법季法이니, 이때 계법은 말법이다. 二는 상법의 말(季)을 말하는 것이니, 지금은 제 두 번째 뜻을 말하고 있다 하겠다.

580 현미玄微한 교화란 화엄의 가르침이다.

581 영산이란 여기서는 청량산을 말한다. 즉 오대산이다.

582 원문에 갈사竭思란 사유하고 관찰하여 연구를 끝낸 것을 말한다. 즉 청량산에서『화엄경소초』를 완성한 것을 말한다. 깊은 종지란 화엄의 깊은 종지, 도리를 말한다.

鈔

第九에 是以菩薩搜祕於龍宮下는 感慶逢遇라 於中에 二니 一은 明弘闡源由라 謂龍樹菩薩이 五百年外에 方入龍宮搜求하야 得斯玄奧之典이니 事如別傳과 及纂靈記하니라 言大賢이 闡揚於東夏者는 正取覺賢이요 兼餘大德이니 謂智嚴法業과 日照實叉等이 闡揚斯典하니라 言於東夏者는 謂葱嶺之東에 地方數千里를 謂之神州大夏라 而上云是以者는 由上深妙故로 搜以闡之라 故로 龍樹가 入於龍宮하사 廣見無數하고도 偏誦此經者는 以玄妙故니 故로 智論에 名爲大不思議經이니라 而諸大德이 皆見此經의 一文一句를 竭海墨而莫盡이며 一偈一光도 破地獄之劇苦일새 是以諸師가 盡命弘傳耳니라

제 아홉 번째 "이런 까닭으로 용수보살이 비전의 『화엄경』을 용궁에서 찾아왔다"고 한 아래는 『화엄경』을 만난 것을 감사하게 여기고 기뻐하는 것이다.
그 가운데 두 가지가 있나니,
첫 번째는 널리 연 근본 이유를 밝힌 것이다.
말하자면 용수보살이 부처님이 열반하신 오백년 뒤에 바야흐로 용궁에 들어가 찾고 구하여 이 『화엄경』의 현묘하고 오묘한 경전을 얻어 왔으니,
그 사실은 용수의 『별전別傳』[583]과 그리고 『화엄경 찬영기纂靈記』에

583 『별전』이란 용수보살의 『별전』이니, 이 『별전』엔 용수보살이 용궁에 들어간 연기만 말하고 『화엄경』을 가져왔다고는 말하지 않았다. 단 여러 경이 들어

서 말한 것과 같다.

"대현이 중국에 열어 드날렸다"고 말한 것은 바로는 각현覺賢[584]을 취하고 나머지 대덕스님도 겸하여 취하였으니,

말하자면 지엄과 법업法業과 일조日照와 실차난타 등[585]이 이 『화엄경』을 열어 드날린 것이다.

동하東夏라고 말한 것은 말하자면 총령산의 동쪽 지방의 수천 리를 일러 신주神州인 대하大夏[586]라고 하는 것이다.

위에서 "이런 까닭(是以)"이라고 말한 것은 위에 깊고 미묘하다는 뜻[587]을 인유한 까닭으로 그 『화엄경』을 찾고 열어 드날린 것이다.

있는 상자 하나를 가져왔다고 말하고 있다. 『별전』에 『화엄경』의 이름이 보이지 않는 것은 진제스님의 『서역기』에서는 전래하면서 빠진 것이라 했다.

『찬영기』에는 『화엄경』이라 말하고, 『화엄경』을 가져온 연기를 자세히 기록하고 있다.

584 각현은 인도 가비라국 사람이니 출생국이 부처님과 같다. 본명은 불타발타라. 인도에 구법을 갔던 지엄스님의 청으로 중국에 왔다. 그의 총명함은 30명이 할 것을 한꺼번에 다 외운다고 하였다. 『화엄경』 번역 등 15부 117권을 번역하였다고 전한다.

585 등이란 현수, 반야삼장 등 화엄의 종장 등이다.

586 신주란, 중국 사람들이 자국을 신주라 한다. 즉 신神의 나라, 신이 사는 곳, 신선의 동래로 해석할 수 있다. 신주를 적현赤縣, 진단眞丹, 진단震丹이라고도 한다.

대하는 하夏나라·은殷나라·주周나라 삼대三代의 국호이다.

587 위에 깊고 미묘하다는 뜻이란 p.106, 7행 원문에 진가위상항지묘설眞可謂常恒之妙說이라 한 이하이다. 이 책은 p.324, 1행이다.

그런 까닭으로 용수보살이 용궁에 들어가 수많은 경전을 널리 보고도 이『화엄경』을 치우쳐 외워온 것은 그 뜻이 현묘한 까닭이니, 그런 까닭으로『지도론』에 대부사의경이라 이름하였다.
그러나 모든 대덕스님들이 이『화엄경』의 한 문장과 한 구절을 바다로 먹을 삼아 다 쓸지라도 다 쓸 수 없으며,
한 게송[588]과 한 광명으로도 지옥의 극심한 고통을 깨뜨리는 것을 다 보았기에 이런 까닭으로 모든 스님들이 목숨을 다하여 널리 전한 것이다.

顧唯正法之代에도 尙匿淸輝러니 幸哉像季之時에 偶斯玄化等者는 二에 正明感遇라 於中에 亦二니 先은 對昔自慶이라 謂五百年前은 卽當正法이로대 斯經淸輝가 隱匿龍宮之內하야 時人不聞이러니 何幸像法垂末之年에 遇斯玄微之化오 生居像末을 應合悲傷이어늘 反顧前不聞經에 未慚正法之代일새 故로 自慶也니라 此依不滅正法一千年일새 故로 今爲像末이니 以今去大師涅槃이 一千八百六十年故니라 又按大集月藏分에 第一五百年은 解脫牢固요 第二五百年은 禪定牢固요 第三五百年은 多聞牢固요 第四五百年은 塔寺牢固요 第五五百年은 鬪諍牢固니 今居塔寺之末하야 將隣鬪諍之時어늘 翻聞難思之經하니 碎身莫酬其慶이니라

588 한 게송은, 지옥의 고통을 깨뜨린 것은『화엄경 찬영기』에 왕명간이 지옥에 가서 지장보살로부터 받은 약인욕요지若人欲了知 삼세일체불三世一切佛 응관법계성應觀法界性 일체유심조一切唯心造이다. 이것으로 삼일 만에 환생하고 그 당시 지옥의 고통을 받는 이도 모두 고통을 면하였다고 하는 등이다.

"돌이켜 보건대 오직 정법의 시대에도 오히려 화엄의 맑은 빛이 숨었더니, 다행히 상계의 시대에 이 현미한 교화를 만났다"고 한 것은 두 번째 만난 것을 감사하게 여김을 바로 밝힌 것이다.

그 가운데 또한 두 가지가 있나니,

먼저는 옛날을 상대하여 스스로 경사한[589] 것이다.

말하자면 부처님이 열반하신 뒤 오백년 이전까지는 곧 정법시대에 해당하지만, 이 『화엄경』의 맑은 빛이 용궁 안에 숨어 있어 그때에 사람들이 듣지 못하더니,

내 어찌 다행히도 상법의 끝자락[590] 말년에 이 화엄의 현미한 교화를 만났는지,

상법시대 말년에 살고 있음을 응당 슬퍼해야 합당하거늘, 도리어 앞[591]에 이 경을 듣지 못한 것을 돌아봄에 정법의 시대에 듣지 못한 것이 부끄럽지 않기에 그런 까닭으로 스스로 경사하는 것이다.

이것은 정법이 감소하지 아니한 일천년[592]에 의거한 것이기에 그런 까닭으로 지금을 상법시대 말이라 한 것이니,

지금은 부처님(大師)이 열반하신 지 일천팔백육십년이 지난 까닭

---

589 먼저는 옛날을 상대하여 스스로 경사하고, 제 두 번째는 지금을 상대하여 경사한 것이다. p.110, 1행에 있다.

590 끝자락이란 원문의 수말垂末을 해석한 것이니, 수垂는 '가변 수', 따라서 가·끝이라는 것이다. 그러나 끝을 내린다고 해석해도 된다. 즉 상법이 끝을 내리는 해라는 의미이다.

591 앞이란 정법시대이다.

592 정법이 감소하지 아니한 일천년이란, 정법 일천년 설에 의거하여 상법의 말을 말하고 있다. 정법 오백년으로 보고 말한 것이 아니다.

이다.

또 『대집경』[593]의 월장분月藏分을 안찰함에 첫 번째 오백년은 해탈이 견고한 시대요,

제 두 번째 오백년은 선정이 견고한 시대요,

제 세 번째 오백년은 다문이 견고한 시대요,

제 네 번째 오백년은 탑사가 견고한 시대요,

제 다섯 번째 오백년은 투쟁이 견고한 시대이니,

지금은 탑사가 견고한 시대 말에 살고 있어 장차 투쟁이 견고한 시대에 인접하였거늘 도리어 사의하기 어려운 『화엄경』을 들으니, 몸을 부수어 가루를 만들지라도 그 경사함을 갚을 수 없는 것이다.

況逢聖主하야 得在靈山하야 竭思幽宗커니 豈無慶躍者는 第二에 對今自慶이라 此慶有三하니 一은 慶時요 二는 慶處요 三은 慶修라 初에 卽況逢聖主는 謂明時難遇이니 今値聖明天子하야 敷陳五教하고 高闡一乘하며 列刹相望하고 鍾梵交響하며 使得閑居學肆하야 探賾玄門하니 斯一幸也라 二에 得在靈山者는 慶處也니 淸涼靈山은 三千之最요 文殊大聖은 諸佛祖師라 金色이 雖在東方이나 住處는 卽爲金色이요 大聖이 雖周法界나 攝機는 長在此山이니 感應普周는 若百川影落이요 淸涼長在는 猶素月澄空이라 萬聖이 幽贊於五峯하고 百祇가 傳慶於千古로다 況大孚靈鷲을 標乎聖寺之名하고 一介微僧이 得在居人之數아 此之慶幸은 叐媿多生이니 斯再幸也라 三에 竭思幽宗者

593 『대집경』은 『대방등대집경』이다.

는 慶所修也니 大方廣佛華嚴經은 卽毘盧遮那之淵府이며 普賢菩薩之心骨이며 一切諸佛之所證이며 一切菩薩之所持라 包性相之無遺하고 圓理智而特出하야 不入餘人之手어늘 何幸捧而持之며 積行菩薩도 猶迷어늘 何幸探乎幽邃아 亡軀에 得其死所하고 竭思에 有其所歸하니 幸之三也라 豈無慶躍은 結上三也니 其猶溺巨海로대 而遇芳舟하며 墜長空이로대 而乘靈鶴이라 慶躍之至를 手舞何階아 故로 感之慶之하노니 唯聖賢之知我也니라

"하물며 성주인 덕종을 만나 영산에 있음을 얻어 화엄의 깊은 종지까지 사고하여 다하였거니, 어찌 경사하여 뛰지 않겠는가" 한 것은 제 두 번째 지금을 상대하여 스스로 경사한 것이다.

이 경사함에 세 가지 뜻이 있나니,

첫 번째는 시대를 경사하는 것이요,

두 번째는 처소를 경사하는 것이요,

세 번째는 수행을 경사하는 것이다.

처음에 곧 "하물며 성주인 덕종을 만났다고" 한 것은 말하자면 시대를 만나기 어려움을 밝힌 것이니,

지금에 성스럽고 현명한 천자[594]를 만나 오교五教[595]를 펼쳐 진술하고

594 원문에 성명천자聖明天子는 당나라 덕종, 그리고 청량 시대 구조칠제九朝七帝를 다 말한다. 그러나 위의 성주를 덕종으로 보면 성명천자는 덕종이 우선이라 하겠다.

595 오교는 다양한 학설이 있으나, 현수는 소승교(『아함경』), 대승시교(『해심밀경』), 대승종교(『능가경』·『승만경』), 돈교(『유마경』), 일승원교(『화엄경』)라

일승一乘을 높이 열어 드날리며,
사찰이 행렬하여[596] 서로 바라보고, 종소리와 범패소리가 서로 울리며,
나로 하여금 학문하는 곳(學肆)[597]에 한가하게 거처하여 깊은 이치와 현묘한 학문을 탐구하게 함을 얻으니,
이것이 첫 번째 행복[598]한 것이다.
두 번째 "영산에 있음을 얻었다"고 한 것은 처소를 경사하는 것이니,
청량의 영산은 삼천세계에 으뜸이요,
문수의 대성大聖은 모든 부처님의 조사이다.
금색여래가 비록 동방에 있지만 머무는 곳은 곧 금색세계요,
문수의 대성이 비록 법계에 두루 있지만 중생의 근기를 섭수하는 것은 영원히 이 영산에 있나니,
감응이 널리 두루하는 것은 마치 백천 강에 그림자가 떨어지는 것과 같고,
청량산에 영원히 있는 것은 마치 밝은 달이 맑은 허공에 있는 것과 같다.

했다.

596 사찰이 행렬하여 운운은 청량스님 시대에 불법이 흥하여 이 절 저 절이 줄지어 서로 마주보고 이 절 저 절의 종소리와 범패가 끊이지 않았다는 것이다.

597 학문하는 곳(學肆)이란 청량산이고, 현묘한 학문(玄門)이란 화엄의 깊은 종취이다. 원문에 색賾 자는 깊은 이치 색 자이다.

598 행복이란, 행幸은 경사의 뜻이나 '복 경' 자도 되나니, 경행慶幸이라는 단어는 자전에 경사·행복이라 하였으니, 경사와 행복이 복합된 단어이다.

일만의 문수 대성이 오대산 산봉을 깊이 찬탄하고,
일백의 신령한 신들[599]이 경사함을 천고에 전하였다.
하물며 대화엄사[600]가 있는 영축산을 성스러운 절이라 이름을 표하고 한낱 미천한[601] 승려 청량이 그곳에 거처하는 사람의 수에 있음을 얻는 것이겠는가.
이렇게 경사하고 행복한 것은 이에 수많은 생[602]에 부끄러운 것이니,
이것이 두 번째 행복한 것이다.
세 번째 "화엄의 깊은 종지까지 사고하여 다하였다"고 한 것은 수행한 바를 경사한 것이니,
대방광불화엄경은 곧 비로자나의 깊은 영역[603]이며,
보현보살의 마음의 골수이며,
일체 모든 부처님의 증득한 바며,
일체 보살의 수지한 바이다.

---

599 원문에 백기百祇의 기祇는 본래 지신地神에 해당한다. 여기서는 옹호신장, 신령한 신을 말한다.

600 원문에 대부大孚는 원래 크게 믿음직하다는 뜻이다. 여기서는 대화엄사를 말하고, 영축산은 청량산, 즉 오대산을 말한다.

601 한낱 미천한 운운은 청량 자신이 그곳의 수많은 사람 속에 끼어 있는 것만으로도 경사스러움을 말하고 있는 것이다.

602 원문에 다생多生이란 수많은 생에 지은 선근의 힘을 말한다. 그 뜻은 청량스님 스스로 수많은 생에 선근을 지은 것이 있다 해도 그 힘으로 이렇게 경사스럽고 행복해도 되나 싶다며, 참으로 부끄럽다고 현시하고 있는 것이라 하겠다.

603 원문에 연부淵府는 수부水府이니, 못(물)의 깊은 영역·구역이라는 뜻이다. 부府는 구역·곳이라는 뜻이다.

자성과 모습을 포함하여 남김이 없고,
진리와 지혜를 원융하여 특별히 뛰어나 다른 사람의 손에 들어가지 않는다[604] 하였거늘 무슨 행복으로 받들어 가지며,
적행보살도 오히려 미혹하였거늘 무슨 행복으로 화엄의 깊은 종지를 탐구하는가.
몸이 죽음에[605] 그 몸이 죽을 곳을 얻고,
생각이 다함에 그 생각이 돌아갈 곳이 있나니,
이것이 세 번째 행복한 것이다.
"어찌 경사하여 뛰지 않겠는가" 한 것은 위의 세 가지 행복을 맺는 것이니,
그것은 마치 큰 바다에 빠졌지만 좋은 배를 만나며,
긴 하늘에 떨어졌지만 신령스러운 학을 탄 것과 같다.
경사하여 뛰는 지극함을 손으로 춤을 춘들 어찌 미치겠는가.
그런 까닭으로 감사하고 경사하나니,
오직 성현만이 나의 마음을 알 것이다.

---

604 다른 사람의 손에 들어가지 않는다고 한 것은, 여래출현품에 말하기를 "불입일체여중생수不入一切餘衆生手, 즉 일체 다른 중생의 손에 들어가지 않는다" 하였으니 중생과 중인衆人이라는 것만 다르다.

605 몸이 죽음에 운운은 죽는다 해도 여한이 없다, 죽을 자리를 정확하게 얻었다는 것이다.

疏

題稱大方廣佛華嚴經者는 卽無盡修多羅之總名이며 世主妙嚴品第一者는 卽衆篇義類之別目이니

경의 제목을 대방광불화엄경이라고 이름한 것은 곧 끝없는 수다라의 모든 이름이며,
세주묘엄품이 첫 번째라고 한 것은 곧 『화엄경』의 수많은 편篇[606]에 뜻의 품류를 따로 제목한 것이니

鈔

第十에 題稱大方廣佛華嚴經下는 略釋名題니 以下第九門廣釋일새 故此云略이라 於中有三하니 先은 雙標經品二目이라 先標經目이니 謂若從略至廣인댄 展演無窮이어니와 難思教海가 不離七字일새 故云無盡修多羅之總名이라하니 標經題也요 後에 世主妙嚴品第一은 卽衆篇義類之別目者는 標品目也라 衆篇은 卽三十九品이요 品者는 義類不同이니 今當其一일새 故云別目이라하니라

제 열 번째 "경의 제목을 대방광불화엄경이라고 이름한" 아래는 제목한 이름을 간략하게 해석한 것이니,
아래 제 아홉 번째 문門[607]에 널리 해석하였기에 그런 까닭으로 여기서

606 『화엄경』의 수많은 편이란, 80권 『화엄경』의 삼십구품을 말한다.
607 아래 제 아홉 번째 문이란, 총석경제總釋經題로서 『현담』 제8권, p.49에

는 제목한 이름을 간략하게 해석한다 말한 것이다.

그 가운데 세 가지가 있나니,

먼저는 경과 품의 두 가지 제목을 함께 표한 것이다.

먼저는 경의 제목을 표한 것이니,

말하자면 만약 간략하게 해석한 것으로 좇아 널리 해석함에 이른다면 펴서 연설하여도 다함이 없거니와[608], 사의하기 어려운 화엄교의 바다가 이 일곱 글자를 벗어나지 않기에 그런 까닭으로 수다라의 모든 이름이라 말하였으니

이것은 경의 제목을 표한 것이요,

뒤에 "세주묘엄품이 첫 번째(世主妙嚴品第一)"라고 한 것은 곧 『화엄경』의 수많은 편에 뜻의 품류를 따로 제목한 것이라고 한 것은 품의 제목을 표한 것이다.

"수많은 편"이라고 한 것은 곧 삼십구품이요,

품이라고 한 것은 뜻의 품류가 같지 않는 것이니,

지금은 그 일품에 해당하기에 그런 까닭으로 따로 제목한 것이라 하였다.

있다.

608 펴서 연설하여도 다함이 없다고 한 것은, 바로 아래 p.112, 7행의 아래 십문 가운데 제 아홉 번째 총석경제(『현담』 제8권, p.49) 가운데 제 다섯 번째 전연무궁殿演無窮이고, 제 여섯 번째는 권섭상진卷攝相盡이다. 이 두 가지는 서로 반대이다. 즉 펴서 연설하여도 다함이 없다는 것과 말아 섭수하여 서로 다한다는 것이다.

疏

大以曠兼無際요 方以正法自持요 廣則稱體而周요 佛謂覺斯玄妙요 華喩功德萬行이요 嚴謂飾法成人이요 經乃注無竭之涌泉하며 貫玄凝之妙義하며 攝無邊之海會하며 作終古之常規니라 佛及諸王을 並稱世主요 法門依正을 俱曰妙嚴이요 分義類以彰品名이요 冠群篇而稱第一이니라

대大라고 한 것은 넓은 것으로써 끝이 없음을 겸하고 있는 것이요,
방方이라고 한 것은 정법으로써 자성을 가지고 있는 것이요,
광廣이라고 한 것은 곧 자체에 칭합하여 두루한 것이요,
불佛이라고 한 것은 이 현묘한 도리를 깨달은 사람을 말한 것이요,
화華라고 한 것은 공덕과 만행에 비유한 것이요,
엄嚴이라고 한 것은 법을 엄식하여 사람을 이루는 것을 말한 것이요,
경經이라고 한 것은 이에 끝없이 솟아나는 샘물을 쏟아내는 것이며,
현묘하게 엉겨 있는 묘한 뜻을 관통하는 것이며,
끝없는 법회의 대중을 섭수하는 것이며,
영원(終古)토록 영원한 법규를 짓는 것이다.
부처님과 그리고 모든 왕을 아울러 세주世主라 이름하는 것이요,
법문과 의보와 정보를 함께 묘엄妙嚴이라 말하는 것이요,
뜻의 품류를 나누어 품의 이름을 밝히는 것이요,
수많은 편의 첫머리에 두어 제일第一이라 이름하는 것이다.

鈔

大以曠兼下는 二에 雙釋二目이니 先釋總題라 下有十門하야 釋其七字하니 字各十義로대 今但略擧當字釋之리라 然此七字에 略有六對하니 一에 經字는 是教요 上六은 是義니 卽教義一對요 二에 嚴字는 是總이요 上五는 是別이니 卽總別一對요 三에 華는 爲能嚴이요 上四는 皆所嚴이니 卽能所一對요 四에 佛은 是所嚴所成之人이요 上三은 皆所嚴之法이니 卽人法一對요 五에 廣者는 是用이요 上二는 皆體니 卽體用一對요 六에 方者는 是相이요 大者는 是性이니 卽性相一對니라 故此七字는 卽七大性이니 大者는 體大요 方者는 相大요 廣者는 用大요 佛者는 果大요 華者는 因大요 嚴者는 智大요 經者는 教大라 則七字皆大며 七字皆相等이니 今各以二義釋之리라 大以曠兼無際者는 曠兼은 明其包含이니 約廣遍釋大라 故로 涅槃에 云호대 所言大者는 其性廣博이 猶如虛空故라하며 下經에 云호대 法性遍在一切處하며 一切衆生及國土와 三世悉在無有餘나 亦無形相而可得이라하니라

"대大라고 한 것은 넓은 것으로써 끝이 없음을 겸한다"고 한 아래는 두 번째 두 가지 제목[609]을 함께 해석한 것이니,
먼저는 경의 모든 제목을 해석한 것이다.
이 아래 십문[610]을 두어 그 일곱 글자를 해석하였으니,

609 두 가지 제목이란 경의 제목과 품의 제목이다.
610 아래 십문이란, p.137, 11행에 경의 뜻을 해석함에 십문이 있다.

글자마다 각각 열 가지 뜻이 있지만 지금은 다만 그 일곱 글자에 해당하는 글자만 간략하게 들어 해석하겠다.

그러나 이 일곱 글자에 간략하게 여섯 가지 상대가 있나니,

첫 번째 경經 자는 이 교敎요,

위에 여섯 자는 이 뜻이니

곧 교와 뜻이 한 가지 상대요,

두 번째 엄嚴 자는 이 총이요,

위에 다섯 자는 이 별이니

곧 총와 별이 한 가지 상대요,

세 번째 화華 자는 능엄이요,

위에 네 자는 다 소엄이니

곧 능과 소가 한 가지 상대요,

네 번째 불佛 자는 이 소엄과 소성所成의 사람이요,

위에 세 자는 다 소엄의 법이니

곧 사람과 법의 한 가지 상대요,

다섯 번째 광廣 자[611]는 이 작용이요,

一은 교기인연 운운으로 제 아홉 번째는 총석경제이니 『현담』 제8권, p.49에 있다. 이 총석경제도 십문이 있나니, 여기에 십문을 나누어 대방광불화엄경이라는 7자를 설명하였다.

一은 통현득명通顯得名이고, 二는 대변개합對辨開合이고,

三은 구창의류具彰義類이고, 四는 별석득명別釋得名이고,

五는 전연무궁展演無窮이고, 六은 권섭상진卷攝相盡이고,

七은 전권무애展卷無礙이고, 八은 이의원수以義圓收이고,

九는 섭재일심攝在一心이고, 十은 민동평등泯同平等이다.

위에 두 자는 다 자체이니
곧 자체와 작용이 한 가지 상대요,
여섯 번째 방方 자는 이 모습이요,
위에 대大 자는 이 자성이니
곧 자성과 모습이 한 가지 상대이다.
그런 까닭으로 이 일곱 자는 곧 일곱 가지 큰 자성이니,
대라고 한 것은 자체가 큰 것이요,
방이라고 한 것은 모습이 큰 것이요,
광이라고 한 것은 작용이 큰 것이요,
불이라고 한 것은 과보가 큰 것이요,
화라고 한 것은 원인이 큰 것이요,
엄이라고 한 것은 지혜가 큰 것이요,
경이라고 한 것은 가르침이 큰 것이다.
곧 일곱 자가 다 큰 것이며,
일곱 자가 다 모습 등[612]이니,
지금에 각각 두 가지 뜻으로써 해석하겠다.
대大라고 한 것은 넓은 것으로써 끝이 없음을 겸한다고 한 것은,
넓은 것으로써 겸한다[613]고 한 것은 대大 자가 포함하고 있음을 밝힌

---

611 원문에 광자廣者라는 자者 자와 방자·대자라는 자者 자는 다 자字 자가 좋다. 위에는 다 자字 자이니, 경자經字·엄자嚴字가 그것이다.

612 모습 등(相等)이란 자체등體等이라 해야 하지만, 일곱 글자가 다 대라는(체대·상대·용대) 대大 자가 자체라는(體) 뜻이 있기에 모습 등이라 한 것이다.

613 원문에 광겸曠兼이라는 두 글자는 없어도 무방하나, 다시 거듭 해석하는

것이니,

넓음과 두루함[614]을 잡아 대 자를 해석한 것이다.

그런 까닭으로 『열반경』[615]에 말하기를 "크다고 말한 바는 그 자성이 넓은 것이 마치 허공과 같은 까닭이다" 하였으며,

아래 『화엄경』[616]에 말하기를

"법성은 일체 처소에 두루 있으며
일체 중생과 그리고 국토와
삼세에 다 남김없이 있지만
또한 그 형상을 가히 얻을 수 없다" 하였다.

二에 無際者는 約其竪論인댄 則常故로 名大니 涅槃에 云호대 所言大者는 名之爲常故라하며 下經에 云호대 法性無作無變易이 猶如虛空本淸淨하며 諸佛境界亦如是하야 體性非性離有無라하니라 然이나 淵府不可以擬其深妙일새 故로 寄大以目之어니와 實則言思斯絶이라 故로 下經에 云호대 法性不在於言論하고 無說離說恒寂滅하며 諸佛境界不可量어늘 爲悟衆生今略說이라하니라

두 번째 "끝이 없다"고 한 것은 그 수竪를 잡아 논한다면 곧 영원한

것으로서 앞뒤에 이와 같은 예는 많이 있다.

614 두루함이란 변徧자를 해석한 것으로, 소문에 무제無際를 말하는 것이다.

615 『열반경』은 대정신수대장경 12권, p.631 하下단이다.

616 원문에 하경下經이란 『화엄경』 십회향품 금강장보살의 게송으로, 『화엄경』 28권 말미에 있다. 대정신수대장경으로는 10권, p.16 하단이다.

까닭으로 크다 이름하는 것이니,
『열반경』[617]에 말하기를 "크다고 말한 바는 영원함을 이름한 까닭이라" 하였으며,
아래 『화엄경』[618]에 말하기를
"법성은 조작이 없고 변하여 바뀜이 없는 것이
마치 허공이 본래 청정한 것과 같으며,
모든 부처님의 경계도 또한 이와 같아서
체성은 자성이라 할 것이 없어서 있는 것과 없는 것을 떠났다" 하였다.
그러나 깊은 영역은 가히 깊고 묘함을 헤아릴 수 없기에 그런 까닭으로 대大 자를 의지하여 제목하였거니와 사실은 곧 말과 생각이 이에 끊어진 것이다.
그런 까닭으로 아래 『화엄경』[619]에 말하기를
"법성은 말과 논리에 있지 않고,
말과 말을 떠남에도 없어 항상 고요하며,
모든 부처님의 경계도 가히 헤아릴 수 없거늘
중생을 깨닫게 하기 위하여 지금 간략하게 말한다" 하였다.

方以正法自持는 亦二義者니 一은 方者는 正也요 二는 方者는 法也라

---

617 『열반경』은 대정신수대장경 12권, p.624, 2단에 있다.

618 아래 『화엄경』이란 여래출현품 게송이니, 대정신수대장경 10권, p.265 중中단에 있다.

619 아래 『화엄경』이란 여래출현품 게송이니, 대정신수대장경 10권, p.265 중단에 있다.

並持自性하야 通上二義니 謂恒沙性德으로 卽是相大라 並無偏僞일새 故稱爲正이요 皆可軌持일새 目之爲法이라 故로 下經에 云호대 凡夫無覺解하야 佛令住正法커니와 諸法無所住하야 悟此見自身이라 하니라

"방方이라고 한 것은 정법으로써 자성을 가지고 있다"고 한 것은 또한 두 가지 뜻이 있나니,
첫 번째 방이라고 한 것은 바르다는 뜻이요,
두 번째 방이라고 한 것은 법이라는 뜻이다.
아울러 자성을 가지고 있어 위에 두 가지 뜻에 통하나니,
말하자면 항하사 자성의 공덕으로 곧 이것은 모습이 큰 것이다.
아울러 치우치고 거짓됨이 없기에 그런 까닭으로 바르다(正) 이름하고,
다 가히 법으로 가질[620] 만하기에 법이라 제목하는 것이다.
그런 까닭으로 아래 『화엄경』[621]에 말하기를
"범부는 깨달은 지해(解)가 없어서
부처님이 하여금 정법에 머물게 하거니와
모든 법은 머무는 바가 없어서
이것을 깨닫는다면 자신을 본다" 하였다.

---

620 원문에 궤지軌持는 법을 설명한 것으로서 궤생물해軌生物解하고 임지자성任持自性이다. 궤軌는 법이다.

621 아래 『화엄경』이란 수미정상게찬품 무상혜無上慧보살 게송이다. 『화엄경』 16권에 해당하고, 대정신수대장경은 10권, p.83 하단에 있다.

廣則稱體而周者는 此卽用大니 用如體故로 無不周遍이라 然亦二義니 由體有二義故라 一者는 能包요 二者는 能遍이니 猶如虛空이 包含萬象하며 遍至一切色非色處라 今用稱體는 一은 稱體之包니 則一塵이 受世界之無邊이요 二는 稱體之遍이니 則刹那에 彌法界而無盡이니라 上之三字는 卽體相用이 無有障礙니 爲所證之法界也라

"광廣이라고 한 것은 곧 자체에 칭합하여 두루한다"고 한 것은 이것은 곧 작용이 큰 것이니,
작용이 자체와 같은 까닭으로 두루하지 아니함이 없는 것이다.
그러나 또한 두 가지 뜻이 있나니,
자체에 두 가지 뜻이 있음을 인유한 까닭이다.
첫 번째는 능히 포함하는 것[622]이요,
두 번째는 능히 두루하는 것[623]이니,
마치 허공이 삼라만상을 포함하며[624]
일체 색처와 비색처에 두루 이르는 것과 같다.
지금 작용이 자체에 칭합한다고 한 것은, 첫 번째는 자체에 칭합하여 포함하는 것이니,
곧 하나의 작은 티끌이 끝이 없는 모든 세계를 수용하는 것이요,
두 번째는 자체에 칭합하여 두루하는 것이니,

---

622 능히 포함한다는 것은 광廣의 뜻이다.

623 능히 두루한다는 것은 무제無際의 뜻이다.

624 삼라만상을 포함한다고 한 것은 능히 포함한다는 것이고, 색과 비색처에 두루 이른다고 한 것은 능히 두루한다는 것이다. 역시 여래출현품의 말이다.

곧 찰나간에 끝이 없는 법계에 두루하는 것이다.
이상의 세 자는 곧 자체와 모습과 작용(体·相·用)이 걸림이 없는 것이니,
증득한 바 법계가 되는 것이다.

佛謂覺斯玄妙者는 亦有二義하니 一者는 能覺이니 佛陀는 梵言으로 此云覺者故요 二者는 所覺이니 卽上大方廣이라 斯爲玄妙之境일새 故云覺斯玄妙라하니라 斯卽此也니 卽此上大方廣耳라 若別說者는 覺上用者는 覺世諦也요 覺上體者는 覺眞諦也요 覺上相者는 覺中道也니 三諦相融하며 三覺無礙가 爲妙覺也라

"불佛이라고 한 것은 이 현묘한 도리를 깨달은 사람을 말한다"고 한 것은 또한 두 가지 뜻이 있나니,
첫 번째는 능히 깨달은 사람이니
불타는 범어로써 여기서는 깨달은 사람이라 말하는 까닭이요,
두 번째는 깨달은 바 법이니
곧 위에서 말한 대大와 방方과 광廣이다.
이것이 현묘한 경계가 되기에 그런 까닭으로 이 현묘한 도리를 깨달은 사람이라 말한 것이다.
사斯 자는 곧 이것이라는 뜻이니,
곧 이 위에서 말한 대와 방과 광[625]이다.

---

625 대·방·광이란, 대는 자체이고 방은 모습이고 광은 작용이다.

만약 따로 말한다면 위에 작용(用)을 깨달은 사람은 세제를 깨달은 것이요,
위에 자체(体)를 깨달은 사람은 진제를 깨달은 것이요,
위에 모습(相)을 깨달은 사람은 중도를 깨달은 것이니,
삼제三諦가 서로 원융하며,
삼각三覺[626]이 걸림이 없는 것이 묘각이 되는 것이다.

華喻功德萬行者는 此亦二義니 一은 感果華니 喻於萬行으로 成佛果故라 或與果俱하며 或不與俱니 俱如蓮華하니 表因果交徹故요 不俱는 如姚李하니 不壞先因後果故라 二는 嚴身華니 喻諸位功德이 必與位果俱故라 故로 下經에 云호대 若見華開인댄 當願衆生의 神通等法이 如華開敷하며 若見樹華인댄 當願衆生의 衆相如華하야 具三十二라하니라

"화華라고 한 것은 공덕과 만행에 비유한 것이다"고 한 것은 이것은 또한 두 가지 뜻이 있나니,
첫 번째는 과보를 감득하는 꽃이니
만행의 원인으로 부처님의 과보를 이룬 것에 비유한 까닭이다.
혹은 과보로 더불어 함께 하며,
혹은 과보로 더불어 함께 하지 않나니,
함께 한다는 것은 연꽃과 같나니[627],

---

626 삼각이란 체·상·용 삼대를 깨달은 것을 말한다.

원인과 결과가 서로 사무치는 것을 표한 까닭이요,

함께 하지 않는다고 한 것은 복숭아꽃과 배꽃과 같나니,

원인이 먼저이고 과보가 뒤임을 무너뜨리지 않는 까닭이다.

두 번째는 몸을 장엄하는 꽃이니

모든 지위의 공덕이 반드시 모든 지위의 과보로 더불어 함께 함에 비유한 까닭이다.

아래 『화엄경』[628]에 말하기를

"만약 꽃이 피는 것을 본다면

마땅히 중생의

신통 등의 법이

꽃이 피는 것과 같기를 서원하며,

만약 나무의 꽃을 본다면

마땅히 중생의

수많은 모습이 꽃과 같이

서른두 가지 모습을 갖추기를[629] 서원한다" 하였다.

---

627 함께 한다는 것은 연꽃과 같다고 한 것은 연꽃의 화과花果동시를 말한다. 사실 호박꽃도 화과동시이고 석류꽃도 화과동시이다. 또 연꽃은 처렴상정處染常淨의 뜻이 있다.

628 아래 『화엄경』이란 정행품 중간 즈음에 나오는 게송이다.

629 서른두 가지 모습을 갖춘다고 한 아래 게송에 약견과실若見果實인댄 당원중생當願衆生이 획최승법獲最勝法하야 증보리법證菩提法이라 하였으니, 즉 만약 열매를 본다면/마땅히 중생이/가장 수승한 법을 얻어/보리의 법을 증득하기를 서원한다는 것이다.

嚴謂飾法成人者는 嚴亦二義니 一은 以萬行으로 飾其本體니 卽嚴上大方廣이 如瑩明鏡에 鏡雖本淨이나 非瑩不明이니라 二는 以萬行功德으로 成佛果之人이니 若琢玉成器니라 又飾本體는 如鑄金成像이요 以行成人은 如巧匠成像이니라

"엄嚴이라고 한 것은 법을 엄식하여 사람을 이루는 것을 말한다"고 한 것은 엄嚴에 또한 두 가지 뜻이 있나니,
첫 번째는 만행으로써 그 본체를 엄식하는 것이니
곧 위에 대와 방과 광을 엄식하는 것이 마치 밝은 거울을 맑게 함에 거울이 비록 본래 깨끗하지만 맑게 하지 아니하면 밝지 않는 것과 같다.
두 번째는 만행과 공덕으로써 불과佛果의 사람을 이루는 것이니,
마치 옥을 깎아 그릇을 만드는 것과 같다.
또 본체를 엄식하는 것은 마치 금을 부어 불상을 만드는[630] 것과 같고,
만행으로써 사람을 이루는 것은 마치 교묘한 장인이 불상을 만드는 것과 같다.

經乃注無竭之湧泉下는 唯經擧四義나 然亦唯二니 謂貫與攝이라 湧泉은 卽是所攝義味요 常은 乃通於上三하니 一에 注無竭之湧泉者

630 금을 부어 불상을 만든다고 한 것은, 금은 엄식하는 바 대·방·광에 비유하고, 불상은 능히 엄식하는 만행에 비유한 것이다.

는 此言은 猶通諸教요 二에 貫玄凝之妙義는 以總就別이니 別貫華嚴玄妙義故라 凝은 謂凝湛이니 嚴整之貌也라 三에 攝無邊之海會者는 卽是攝義니 無邊海會는 局在此經하니 主伴大衆이 揀餘衆故라 四에 作終古之常規者는 卽是常義니 餘處에 釋云호대 常乃道軌百王이라 하니라 今亦以通就別하야 別屬此經이니 法眼常全하야 無缺減故며 常恒之說은 非隨宜故며 終古無忒일새 可得稱常이니라

"경經이라고 한 것은 이에 끝없이 솟아나는 샘물을 쏟아내는 것이다"고 한 아래는 오직 경에만 네 가지 뜻[631]을 거론하였으나, 그러나 또한 오직 두 가지 뜻만 있을 뿐이니
말하자면 관천貫穿과 더불어 섭지攝持이다.
솟아나는 샘물이라고 한 것은 곧 이것은 섭지하는 바 의미요,
영원한 법규라고 한 것은 이에 위의 세 가지 뜻에 통하나니,
첫 번째 "끝없이 솟아나는 샘물을 쏟아낸다"고 한 것은 이 말은 오히려 모든 교에 통하는 것이요,
두 번째 "현묘하게 엉겨 있는 묘한 뜻을 관통한다"고 한 것은 총의 뜻으로써 별의 뜻[632]에 나아간 것이니,
화엄의 현묘한 뜻을 따로 관통한 까닭이다.
응凝이라고 한 것은 엉기어 잠잠함을 말한 것이니

631 경에 네 가지 뜻이란 바로 아래 열거되어 있다. 그러나 보편적으로는 법法·상常·관貫·섭攝이라 한다. 또 수다라의 일명一名에 사실四實이니 선線·석경席經·정색井索·성교聖教라 하고, 또 상常·법法·경로經路·전의典義라고도 한다.
632 총별總別이란, 총은 『화엄경』이고, 별은 『화엄경』 안의 현묘한 뜻이다.

엄정한 모습을 뜻하는 것이다.

세 번째 "끝없는 법회의 대중을 섭수한다"고 한 것은 곧 이것은 섭지한다는 뜻이니,

끝없는 법회의 대중이라고 한 것은 이 『화엄경』의 대중에 국한하여 있는 것이니,

주·반(主·伴)의 대중이 여타의 대중과 다름을 가리는 까닭이다.

네 번째 "영원토록 영원한 법규를 짓는다"고 한 것은 곧 이것은 영원한 법규라는 뜻이니,

다른 곳에 해석[633]하여 말하기를 "영원한 법규라고 한 것은 이에 백천 왕이 도로 삼고 궤칙을 삼는다" 하였다.

지금에 또한[634] 통通의 뜻으로써 별別의 뜻에 나아가 이 『화엄경』에 따로 배속한 것이니,

법안法眼[635]은 영원히 온전하여 모자람도 감소함도 없는 까닭이며,

영원한 말[636]은 편의를 따르지 않는 까닭이며,

633 다른 곳에 해석이란 자은慈恩스님이 지은 『법화현찬』 제일권에 말한 것으로, 경이라는 것은 영원한 것이 되고 법이 되며 이 섭지하는 것이 되고 관천하는 것이 되나니, 영원한 것(常)이 된다고 한 것은 곧 일백 왕을 궤도軌道하는 것이고, 법이 된다고 한 것은 이에 덕이 일천 잎에 모본이 되는 것이고, 섭지하는 것이 된다고 한 것은 곧 이 묘한 진리를 모으는 것이 되고, 관천하는 것이 된다고 한 것은 저 용렬한 중생을 제어하는 것이 된다 하였다.

634 지금에 또한 통별이라 한 또(亦) 자는 제 두 번째에 한 번 말한 까닭으로 또(亦)라 한 것이다.

635 법안은 부처님의 법안이다.

636 영원한 말은 부처님의 말이다.

영원토록 변함이 없기에[637] 가히 영원한 법규라 이름함을 얻은 것이다.

佛及諸王은 並稱世主下는 釋品名이니 此釋世主라 世謂世間이니 卽三世間이니 一은 衆生世間이요 二는 器世間 이요 三은 智正覺世間이라 主는 謂君主니 卽佛及諸王이니 地神水神과 林神山神은 卽器世間主요 天王龍王과 夜叉王等은 卽衆生世間主요 如來는 是智正覺世間主라 亦總化上二하며 遍統前三일새 故云並稱世主라하니라

"부처님과 그리고 모든 왕을 세주라 이름한다"고 한 아래는 품의 이름을 해석한 것이니,
이것은 세주를 해석한 것이다.
세世라고 한 것은 세간을 말하는 것이니,
곧 세 가지 세간이니
첫 번째는 중생세간이요,
두 번째는 기세간이요,
세 번째는 지정각세간이다.
주主라고 한 것은 군주君主를 말하는 것이니,
곧 부처님과 그리고 모든 왕[638]이니,

---

637 원문에 종고무특終古無忒이란, 장자가 말하기를 '해와 달이 그것을 얻어 영원토록(終古) 변함이 없다(無忒)' 하니, 정현鄭玄이 『주례周禮』에 '종고終古는 영원한 것이라 하고, 특忒은 어긋난다는 뜻'이라고 해석하였다.

638 부처님과 모든 왕이란, 『간정기』에는 부처님은 생략하고 다만 모든 왕이라고

주지신主地神과 주수신主水神과 주림신主林神과 주산신主山神은 곧 기세간의 군주요,
천왕과 용왕과 야차왕 등은 곧 중생세간의 군주요,
여래는 이 지정각세간의 군주이다.
또한 위에 두 군주[639]를 모두 교화하며
앞에 세 가지 세간을 두루 통령하기에 그런 까닭으로 말하기를
"아울러 세주라 이름한다" 한 것이다.

法門依正을 俱曰妙嚴者는 此嚴도 亦說三種世間이니 法門은 爲能嚴이니 唯局於主요 依正은 所嚴이니 通三世間이라 衆生及佛을 俱稱正故니 謂諸世間主가 得別法門하야 自嚴已衆은 卽衆生世間嚴이요 並用嚴佛은 亦智正覺嚴이요 佛成正覺은 是自法門이라 是故로 能令其身으로 充滿一切世間하며 其音이 普順十方國土하사 菩薩衆中에 威光赫奕等은 卽智正覺世間嚴이요 其地堅固하야 金剛所成이며 上妙寶輪과 及衆妙花와 淸淨摩尼로 以爲嚴飾等은 卽器世間嚴이라 器世間嚴이 通二法門하니 一은 佛力令嚴은 是佛自嚴이요 二는 能感者는 是衆海法門嚴이라 是故로 總云호대 法門依正을 俱曰妙嚴이라하니 三世間嚴이 並勝餘敎일새 故標妙嚴하야 以爲品目이니라

"법문과 의보와 정보를 함께 묘엄이라 말한다"고 한 것은, 이 엄嚴이라

만 했다.

639 위에 두 군주란 기세간 군주와 중생세간 군주이다.

고 한 것도 또한 세 가지 세간을 말하는 것이니,
법문이라고 한 것은 능히 장엄하는 사람이 되는 것이니,
오직 세주에만 국한된 것이요,
의보와 정보라고 한 것은 장엄할 바 처소이니
세 가지 세간에 통하는 것이다.
중생과 그리고 부처님을 함께 정보라 이름하는 까닭이니,
말하자면 모든 세간의 군주가 각각 따로 법문을 얻어 스스로 자기의 대중을 장엄하는 것은 곧 중생세간의 장엄이요,
따로 얻은 법문을 모두 써서 부처님을 장엄하는 것은 또한 지정각세간의 장엄이요,
부처님이 정각을 이루는 것은 이것은 자기의 법문이다.
이런 까닭으로 능히 그 몸으로 하여금[640] 일체 세간에 충만케 하며,
그 음성이 시방의 국토를 널리 따라 보살 대중 가운데 위엄스러운 광명이 빛난다고 한 등은 곧 지정각세간의 장엄이요,
그 땅이 견고하여[641] 금강으로 이루어진 바며,
최상으로 묘한 보배 법륜과 그리고 수많은 묘한 꽃과 청정한 마니보배로써 엄식한다고 한 등은
곧 기세간의 장엄이다.

---

640 능히 그 몸으로 하여금 운운은 세주묘음품의 말이다.

641 그 땅이 견고하다고 한 등은 역시 세주묘음품이니, 즉 세주묘음품 초두에 '이와 같이 내가 들었다. 그때에 세존께서 아란야 법보리장 가운데 계시어 비로소 정각을 이루시니 그 땅이 견고하여 금강으로 이루어진 바이며 운운' 하였다.

기세간의 장엄이 두 가지 법문에 통하나니,
첫 번째는 부처님의 힘으로 하여금 장엄케 하는 것은 이것은 부처님이 스스로 장엄하는 것이요,
두 번째는 능히 감득하는 사람은 이것은 대중의 법회에 법문으로 장엄하는 것이다.
이런 까닭으로 모두 말하기를 "법문과 의보와 정보를 함께 묘엄이라 말한다" 하였으니,
세 가지 세간의 장엄이 여타의 교[642]보다 모두 수승하기에 그런 까닭으로 묘엄妙嚴을 표하여 품의 제목을 삼은 것이다.

642 여타의 교란, 화엄 외에 금강·능엄 등 모든 가르침을 말한다.

疏

斯經이 有三十九品이나 此品建初일새 故로 云호대 大方廣佛華嚴經 世主妙嚴品第一이라하니라

이 『화엄경』이 삼십구품이 있지만 이 세주묘엄품이 처음에 건립되어 있기에 그런 까닭으로 말하기를 "대방광불화엄경 세주묘엄품 제일이라" 하였다.

鈔

後에 斯經下는 雙結二目이니 用當諸經序分이라 餘如下說하니라

뒤에 이 『화엄경』이라고 한 아래는 두 가지 제목[643]을 함께 맺는 것이니,
모든 경전의 서분에 해당한다.[644]
나머지는 아래 말한 것과 같다.[645]

---

643 두 가지 제목이란, 경의 제목과 품의 제목이다.

644 모든 경전의 서분에 해당한다고 한 것은, 이 제일권의 왕복서往復序가 모든 경전, 즉 『화엄경』 전체로 보면 서분에 해당된다는 것이다. 이 제일권은 소서疏序이다. 일명 왕복서라고도 하나니, 그 이유는 이 서분이 왕복무제往復無際라는 말로부터 시작하기 때문이다. 이것은 유교경전의 예(일례로 『논어』 학이편 등)에 따른 것이다.

645 나머지는 아래 말한 것과 같다고 한 것은, 이 소문을 해석하는 네 가지 가운데 첫 번째 총서명의總序名意를 제외한 귀경청가歸敬請加와 개장석문開

章釋文과 겸찬회향謙讚回向을 말한다. 즉 총서명의와 귀경청가는 서분이고, 개장석문은 정종분이고, 겸찬회향은 유통분이다.

청량 징관(淸凉 澄觀, 738~839)

중국 화엄종의 제4조.
절강성浙江省 월주越州 산음山陰 사람으로, 속성은 하후夏侯, 자는 대휴大休, 탑호는 묘각妙覺이다.
11세에 출가하여 계율, 삼론, 화엄, 천태, 선 등을 비롯, 내외전을 두루 수학하였다. 40세(777년) 이후 오대산 대화엄사에 머물면서 『화엄경』을 여러 차례 강설하였으며, 이를 토대로 『대방광불화엄경소』 60권, 『대방광불화엄경수소연의초』 90권을 저술하고 강의하였다. 796년에는 반야삼장의 『40권 화엄경』 번역에 참여하였고, 덕종에게 내전에서 화엄의 종지를 펼쳤다. 덕종에게 청량국사淸凉國師, 헌종에게 승통청량국사僧統淸凉國師라는 호를 받는 등 일곱 황제의 국사를 지냈다.
저서로 『화엄경주소華嚴經註疏』, 『화엄경수소연의초華嚴經隨疏演義鈔』, 『화엄경강요華嚴經綱要』, 『화엄경략의華嚴經略義』, 『법계현경法界玄鏡』, 『삼성원융관문三聖圓融觀門』 등 400여 권이 있다.

관허 수진貫虛 守眞

1971년 문성 스님을 은사로 출가, 1974년 수계, 해인사 강원과 금산사 화엄학림을 졸업하고, 운성, 운기 등 당대 강백 열 분에게 10년간 참문수학하였다.
1984년부터 수선안거 10년을 성만하고, 1993년부터 7년간 해인사 강원 강주로 학인들을 지도하였다.
대한불교조계종 교육위원, 역경위원, 교재편찬위원, 고시위원, 중앙종회의원, 범어사 율학승가대학원장 및 율주를 역임하였다.
현재 부산 승학산 해인정사에 주석하면서, 대한불교조계종 단일계단 계단위원·존증아사리, 동명대학교 석좌교수, 동명대학교 세계선센터 선원장 등의 소임을 맡고 있다.

청량국사화엄경소초 1 - 화엄현담 ①

초판 1쇄 인쇄 2020년 4월 10일 | 초판 1쇄 발행 2020년 4월 20일
청량 징관 찬술 | 관허 수진 현토역주 | 펴낸이 김시열
펴낸곳 도서출판 운주사
(02832) 서울시 성북구 동소문로 67-1 성심빌딩 3층
전화 (02) 926-8361 | 팩스 0505-115-8361
ISBN 978-89-5746-593-6 94220
ISBN 978-89-5746-592-9 (총서) 값 22,000원
http://cafe.daum.net/unjubooks 〈다음카페: 도서출판 운주사〉